世界马克思主义与左翼研究论丛

主　编　姜　辉

STUDY SERIES ON
MARXISM AND
LEFTISM AROUND
THE WORLD

全球鸿沟，底层的言说

国外左翼学者视野下的南北差距问题研究

周　淼　著

当代中国出版社
Contemporary China Publishing House

2020 年 · 北京

图书在版编目(CIP)数据

全球鸿沟，底层的言说：国外左翼学者视野下的南北差距问题研究 / 周淼著 . -- 北京：当代中国出版社，2020.10

（世界马克思主义与左翼研究论丛 / 姜辉主编）

ISBN 978-7-5154-1069-2

Ⅰ . ①全… Ⅱ . ①周… Ⅲ . ①发达国家—国际经济关系—发展中国家—研究 Ⅳ . ① F114.44

中国版本图书馆 CIP 数据核字（2020）第 192169 号

出 版 人　曹宏举
责任编辑　隋　丹　焦晓萍
责任校对　康　莹
印刷监制　刘艳平
装帧设计　观止堂_未　氓
出版发行　当代中国出版社
地　　址　北京市地安门西大街旌勇里 8 号
网　　址　http://www.ddzg.net　邮箱：ddzgcbs@sina.com
邮政编码　100009
编 辑 部　（010）66572264　66572154　66572132　66572180
市 场 部　（010）66572281　66572161　66572157　83221785
印　　刷　北京润田金辉印刷有限公司
开　　本　720 毫米 × 1020 毫米　1/16
印　　张　20.5 印张　1 插页　263 千字
版　　次　2020 年 10 月第 1 版
印　　次　2020 年 10 月第 1 次印刷
定　　价　68.00 元

“世界马克思主义与左翼研究论丛”
总　序

新中国成立70多年来，特别是改革开放40多年来，伴随着我国社会主义建设和改革事业的发展，我国的世界马克思主义研究经历了从起步到初具规模再到迅速发展的过程，也取得了一系列重要研究成果。国内译介了大量国外马克思主义流派和思潮的代表著作，推出了一批批具有真知灼见的研究成果，对促进我国的马克思主义研究发挥了重要作用。在不断引进、吸收国外著述和成果的同时，我国有关领域的学者坚持“引进来”和“走出去”相结合，不断把当代中国马克思主义研究成果推向世界，从国际视野出发坚持和发展马克思主义。对于世界马克思主义研究，不同领域、不同学科的研究者从不同的研究视角出发，着眼于不同的研究主题，见仁见智地提出了各自不同的观点，甚而进行了针锋相对的思想碰撞。在这样的争论中，世界马克思主义研究视域不断拓展，研究主题逐渐丰富，问题意识日趋明晰，为发展当代中国马克思主义服务的作用也日益凸显。

进入21世纪以来，世界正经历百年未有之大变局。当前，新旧国际秩序加速更替，“东升西降”的发展趋势日益明显，世界发生着有利于马克思主义和社会主义的深刻转变。处于新一轮衰退期的世界资本主义与处于新一轮上升期的世界社会主义之间的竞争和博弈更趋激烈，中国特色社会主义成为世界马克思主义的旗帜和世界社会主义的中流砥柱，且引领示范作用不断上升。我们就是在这样的时代背景和世界形势下推动世界马克思主义和世界社会主义研究，恢复并提振马克思主义真理的力量，提升运用马克思主义研究和解决实际问题的能力，不断推动21世纪马克思主义丰富发展。

总的来说，我国的世界马克思主义研究取得了较大成绩，但同时代和实践发展的要求相比，同发展21世纪马克思主义的时代任务和要求相比，世界马克思主义研究需要全面提升和加强，世界马克思主义学科需要建立、完善和发展，需要从整体上提升世界马克思主义研究水平。从研究层面看，应该从整体上把握世界马克思主义发展趋势，关注世界马克思主义研究的重大理论和现实问题，加强对当代世界前所未有之大变局的研究，加强对当代世界社会主义新情况、新特点的研究，加强对当代资本主义新变化、新趋势的深入研究，加强对当代中国马克思主义、21世纪马克思主义的研究，为在新时代发展马克思主义做出原创性贡献。为了更好地加强对世界马克思主义和西方左翼的研究，中国社会科学院马克思主义研究院策划出版了这套“世界马克思主义与左翼研究论丛”。

本套丛书涉及的研究范围广、问题多，包括马克思主义基本理论，现实社会主义国家发展，发达国家与发展中国家的马克思主义和社会主义，国外左翼政党和社会运动，世界马克思主义流派和思潮，等等。在研究中着重体现了以下方面的原则和特点：

一是加强对世界范围内马克思主义发展的全面系统研究。世界马克思主义流派众多，如何看待这些流派的性质和内容，如何在研究中以我为主、为我所用，是至关重要的问题。我们研究世界范围内的马克思主义，目的是服务于发展当代中国马克思主义、21世纪马克思主义，所以要以科学、辩证的态度，挖掘有价值的资源，吸收有益成果，拓展我们的视野，得到有意义的启示。习近平总书记指出：“对国外马克思主义研究新成果，我们要密切关注和研究，有分析、有鉴别，既不能采取一概排斥的态度，也不能搞全盘照搬。”[①]国外马克思主义研究内容庞杂，价值取向多元。有的思潮流派从总体上看是在马克思主义框架中研究问题，基本上属于马克思主义范畴；有的虽以“马克思主义”自称，但从实质上看偏离了马克思主义基本原理和价值取向；有的以“创新马克思主义”为旗号，实际上歪曲和否定马克思主义。为此我们要真正坚持马克思主义立场观点方法，区别根本性质，辨析基本观点，挖掘积极内容，并在具体的历史和社会条件下具体对待各个流派和思潮，用科学辩证的态度来研究和认识国外马克思主义。同时，结合当代马克思主义发展的理论需要和现实需要，坚持问题导向，注重吸收有益资源为我所用，通过比较鉴别获得启示，积极推动马克思主义的理论创新，推动21世纪马克思主义的发展。研究中应避免单一化、碎片化、片面化、抽象化、凝固化，秉持批判精神，既深度挖掘国外马克思主义和左翼思潮的合理内核，又分析其立场和方法的局限，认真吸收有益资源，为继续丰富发展马克思主义服务。

二是加强对重大理论和现实问题的研究。当前，全面推进世界马克思主义研究，有三个方面是相互联系、密不可分的：一是世界资本主义研究，二是世界社会主义研究，三是中国特色社会主义研究。只有坚持问题导向，把这三方面研究有机结合起来，才能全面地看问题，深刻掌握世界马克思主义和社会主义的发展现状和趋势。还有，研究中把关注的焦点集中在21世纪

① 《习近平谈治国理政》第2卷，外文出版社2017年版，第67页。

初世界资本主义与世界社会主义的新发展、新变化、新特征，关注两大制度之间在新的力量对比格局下的合作、竞争态势和趋势，关注资本主义危机对两大制度及其关系的影响，关注世界格局和世界体系的演变及走向，关注国外左翼及进步力量的应对战略策略新变化与实践活动新走向，等等，在研究重大理论和现实问题中推动世界马克思主义研究的发展。

三是加强对资本主义发展变化及其新特征的研究。习近平总书记在中共十八届中央政治局第四十三次集体学习时强调指出："当代世界马克思主义思潮，一个很重要的特点就是他们中很多人对资本主义结构性矛盾以及生产方式矛盾、阶级矛盾、社会矛盾等进行了批判性揭示，对资本主义危机、资本主义演进过程、资本主义新形态及本质进行了深入分析。这些观点有助于我们正确认识资本主义发展趋势和命运，准确把握当代资本主义新变化新特征，加深对当代资本主义变化趋势的理解。"[①] 当前，资本主义在经历新的危机后出现了许多全局性、根本性的变化，资本主义各种矛盾激化并深刻影响着世界政治经济格局。要通过全面深刻的研究，把握资本主义变化发展规律及其新特点，在"中国之治"和"西方之乱"的比较研究中，坚定中国特色社会主义的道路自信、理论自信、制度自信、文化自信。

四是加强对世界社会主义及其在21世纪新发展的研究。东欧剧变、苏联解体近30年了，经过时间沉淀、实践检验和历史过滤，在今天不断形成并凸显反映历史真相、趋于客观理性、揭示深层规律的经验教训的总结，意义重大，为21世纪世界社会主义的新发展和走向振兴提供了宝贵的历史借鉴。加强对国际共运史和东欧剧变、苏联解体的研究，可以以史为鉴，从世界社会主义的曲折发展中吸取教训，坚持和发展新时代中国特色社会主义。当前，中国特色社会主义成为世界社会主义发展的最大亮点，成为世界社会

① 《习近平谈治国理政》第2卷，外文出版社2017年版，第67页。

主义的标志性参照系。社会主义中国在世界东方的崛起，正在充分展示着社会主义的优越性、感召力和吸引力。中国在发展崛起中，最重要的是集中精力办好自己的事情，不断提高我们的综合国力，不断改善人民的生活，不断建设比资本主义具有优越性的社会主义，不断为我们赢得主动、赢得优势、赢得未来打下更加坚实的基础。在这样的时代背景下，加强中国特色社会主义与世界社会主义关系的研究，深入研究新时代中国特色社会主义的世界意义，对于21世纪马克思主义和世界社会主义的发展具有重大意义和贡献。

是为序。

姜 辉

2020年5月1日

推荐序

资本主义产生于西方，它开启了人类从“狭隘地域性的存在”到“世界历史性的存在”的发展历程。正如马克思、恩格斯所指出的那样，“资产阶级在它的不到一百年的阶级统治中所创造的生产力，比过去一切世代创造的全部生产力还要多，还要大”。但这也是一部“血与火”的历史，资产阶级使农村屈服于城市的统治，使农民的民族从属于资产阶级的民族，使东方从属于西方，从而造成了巨大的南北差距和贫富差距。马克思早就指出：“当我们把自己的目光从资产阶级的故乡转向殖民地的时候，资产阶级文明的极端伪善和它的野蛮本性就赤裸裸地呈现在我们面前，因为它在故乡还装出一副很体面的样子，而一到殖民地它就丝毫不加掩饰了。”马克思这一论述至今仍有深刻的现实意义。尽管经济全球化对第三世界引进资金、技术和先进管理经验等无疑有正面效应，但从第三世界的角度看，这种全球化给广大第三世界国家带来的更多是灾难性的后果，并在世界范围内产生了极大的消极影响。而且，随着资本主义生产关系向全球的扩张，生产社会化和生产资料私人占有之间的矛盾日益加剧和激化；在更大的历史范畴内，“全球化”的资本主义的生产关系已日益成为社会生产力继续发展的严重桎梏。

西方全球化导致全球范围内巨大的财富和资本向极少数人手里集中，西方全球化的畅通无阻也进一步加剧了少数强国与广大第三世界国家贫富不均的两极分化，使资本主义的基本矛盾更加尖锐。2008 年爆发的国际金融危机的总根源，就是东欧剧变和苏联亡党亡国之后全球范围内贫富两极的急遽分化。这次危机是高度发达的社会生产力即生产社会化乃至生产全球化与现存的生产关系即生产资料被极少数私人占有这一资本主义基本矛盾的一次总爆发。随着这一矛盾的不断发展和深化，可以断言，更大的金融灾难必将紧随其后并在一些年内接连爆发。历史已经反复证明，这一基本矛盾在资本主义生产关系的框架内根本无法摆脱。整个资本主义世界，颇像中国著名古典小说《红楼梦》中内囊逐渐空虚的贾府。

有西方的全球化，便会有反西方的全球化，正如殖民的历史，也是反殖民侵略的历史。第三世界国家在独立前有受奴役、受压迫的共同命运，独立后又面临着反对霸权主义、维护世界和平、发展民族经济的共同任务。第三世界的崛起是战后国际政治、经济中的头等大事。作为活跃在国际舞台上的一支新兴政治力量，第三世界是反对帝国主义、殖民主义、霸权主义、强权政治，构建国际政治经济新秩序的主要力量和生力军。近些年来，尽管这一力量有所减弱，但西方全球化的过程是南北差距不断扩大、贫富两极分化的过程，是被压迫人民和被压迫民族体肤不断遭受熬煎和心灵不断觉醒的过程，广大第三世界国家决不甘心受以美国为首的西方强国的任意摆布，它们在觉醒中必然反抗，它们正在力所能及的范围内开展各种各样的斗争，这是全球范围内的大变革、大调整的根本动力。西方全球化已经并必将继续遭到世界各国特别是第三世界国家的抵制。第三世界无论就其拥有的国家、人口、地域面积，还是拥有的战略交通线、陆地海洋资源等，都具有绝对的优势。第三世界有着团结合作、互相支援的优良传统，至今仍有“不结盟运动”和“七十七国集团”这两个在世界政治、经济领域进行斗争的工具。只要广大第三世界国家能进一步认清根本的共同利益所在，坚持相互尊重各国主权、互不干涉内政、平等互利、互相合作、求同存异，就一定能够妥善解决各种历史遗留问题，进一步联合起来，团结奋斗；就一定能够进一步加强在南北对话中的地位；就一定能够有力地推动公正、合理的国际经济政治新秩序的建立，逐步缩小南北差距。这就在全世界范围内，不仅为新的民族民主运动和社会主义运动准备了相当的物质和文化等方面的条件，而且为促进民族阶级的充分觉醒做了准备。

当今世界，由于经济全球化的进程主要是由西方强国引导和推动的，所以现在国际经济交流和合作中通行的国际惯例和规则主要是由西方强国制定的。其中有相当多的歧视、欺负、损害第三世界国家的极不合理、极不公正的条款。广大第三世界国家要敢于和善于对现存的不公正、不合理的旧有的国际经济秩序开展有理、有利、有节的斗争，积极参与各项国际经济交流与合作规则的制定，积极呼吁修改不公正、不合理的规则，逐步建立符合第三世界国家经济利益的真正合理、公平的国际经济新秩序，这就可以更好地维护广大第三世界国家和民族的长远和根本的利益。当今世界正处于大发展、大变革、大调整时期，随着中国日益走近世界舞台中央，积极参与全球治理体系建设，努力为完善全球治理贡献中国智慧，中国就会同世界各国人民一道，推动国际秩序和全球治理体系朝着更加公正、合理的方向发展。

党的十八大以来，以习近平同志为核心的党中央统筹国内国际两个大局，洞察世界各国人民前途命运越来越紧密地联系在一起的趋势，顺应并引领和平、发展、合作、共赢的时代潮流，提出了构建人类命运共同体的主张。构建人类命运共同体，已经成为中国为顺应新的时代潮流和趋势而向世界提供的核心发展理念，体现了中国将自身发展与世界共同发展特别是第三世界国家发展相统一的全球视野、世界胸怀和大国担当，具有强大的理论吸引力、思想感召力和实践生命力，在全球得到了越来越多国家和人民的认同。实践人类命运共同体理念的“一带一路”倡议，已得到百余个国家和国际组织的支持和参与，成为有关国家实现共同发展的巨大合作平台。中国在宣示以更为广阔的胸襟和更为大胆的力度实行全方位开放的同时，也表明了要以自身发展给世界创造更多机遇、与世界人民共享发展成果的意愿，表明了要通过深化自身实践探索人类社会发展规律并同世界各国分享。中国方案、中国力量正在进入推动新的经济全球化的实践历程。国际社会对全球治理体系中国方案的普遍认可、积极响应，进一步凸显了全球治理视域下中国特色社会主义对缩小南北差距、促进人类共同繁荣发展的世界意义。中国特色社会主义拓展了第三世界国家走向现代化的途径，给世界上那些既希望加快发展又希望保持自身独立性的国家和民族提供了全新选择，为解决人类问题贡献了中国智慧和中国方案。

理论是行动的先导和指南。要有力遏制西方主导的全球化的负面效应，要使第三世界发展运动步入自为的运动，要推动构建人类命运共同体，就必须加强对西方全球化动态的认识、预测和应对，就必须对全球化及第三世界发展中的重大理论和实践问题作出科学的回答。当今之世界，正处在大动荡、大分化、大调整、大变革、大发展的前夜，第三世界的发展面临着许许多多从未遇到过的新情况新问题，需要我们坚持以马克思主义的立场、观点和方法，对这些理论和实践问题作出科学的解答，从而正确应对这些挑战和变化。第二次世界大战后，在西方学术界产生了专门研究第三世界国家社会发展的发展理论。虽然西方学者在自己国家实践基础上研究发展问题有某种独特视角，但从整体上来说，出于政治立场、研究方法等局限性，西方的发展学和现代化理论并不能指导第三世界国家的社会发展。不仅如此，许多第三世界国家在其现代化的探索进程中，受西方一些错误学说和理论思潮的影响，失去了发展自主性，照搬西方模式，不仅没有实现现代化，反而陷入政治局势动荡、经济发展停滞、社会矛盾丛生的“怪圈”。因此，第三世界的发展首先是第三世界人民自己的事业，符合第三世界发展实际的正确理论，决不会产生在诺贝尔奖奖金的证书上和西方议会的讲坛上，而是需要第三世界各国及其人民的艰辛实践和成功创造，需要有良知的政治家、思想家和理论家的总结与提高。

第二次世界大战后，国外左翼学者对第三世界国家的政治经济问题、发展问题、南北差距问题开展了较为深入的研究，分析整理国外学者的相关成果，对全面研究南北差距、第三世界发展问题很有必要。周淼同志的这部著作对国外学者特别是左翼学者关于第三世界发展、南北差距问题的理论观点进行了梳理和研究，这对于我们全面正确地了解和看待南北差距问题，促进第三世界国家的发展和现代化建设，促进世界的和平发展与繁荣进步，推动人类命运共同体建设，具有重要的理论借鉴意义和现实意义。希望周淼同志在这方面取得更加丰硕的研究成果，也希望更多的学者在第三世界发展理论研究方面做出新的贡献。

中国社会科学院原副院长、研究员　李慎明

2019 年 12 月 1 日

目　录

第二章　南北差距问题的表现

第三章　南北差距问题的成因

绪　论

一、研究背景

在我们这个星球上，人猿相揖别，人类步入阶级社会，就有了人与人之间、阶层与阶层之间、阶级与阶级之间、民族与民族之间、国家与国家之间的差距。“人世难逢开口笑，上疆场彼此弯弓月。”在阶级社会中，这种差距和矛盾无法缩小和根除。

法国经济学家托马斯·皮凯蒂（Thomas Piketty）的著作《21世纪资本论》（*Capital in the Twenty-First Century*）自出版以来，引起了广泛的关注和热议。这本书对过去300年来欧美主要国家居民财富收入的历史数据进行了深入研究，得出的结论是：第二次世界大战以来，各个国家的不平等现象逐渐扩大，并且正在变得更加严重。这本书之所以能引起如此广泛的关注，是因为一方面财富及其分配不平等的古老话题，始终是人们关注的焦点；另一方面国际金融危机过后大多数欧美国家经济陷入停滞或者缓慢增长，人们在普遍反思金融危机的根源和资本主义制度本身的缺陷，希望对资本主义经济金融体系进行改革，人们也越来越多地关注社会不平等与贫富差距扩大的问题。不仅仅是欧美国家自身的贫富差距问题，发达资本主义国家与不发达国家之间的发展差距，或者说是南北差距问题也是人们始终关注的全球性重大问题。“资产阶级，由于一切生产工具的迅速改进，由于交通的极其便利，把一切民族甚至最野蛮的民族都卷到文明中来了……它迫使一切民族——如果它们不想灭亡的话——采用资产阶级的生产方式……正像它使农村从属于城市一样，它使未开化和半开化的国家从属于文明的国家，使农民的民族从属于资产阶级的民族，使东方从属于西方。”[①]《共产党宣言》中的这段话，直接指出了欧洲资本主义国家通过帝国主义活动使广大亚非拉地区国家沦为被殖民、被剥削、被压迫的第三世界国家，从而形成了南北差距问题。许多国外左翼学者也继承和发展了马克思、恩格斯的这一思想，美国历史学者斯塔夫里亚诺斯（L. S. Stavrianos）指出，第三世界是在近代早期由于西北欧发生的巨大社会变异而出现的。这场社会巨变就是生气蓬勃的资本主义社会的崛起。它分阶段向海外不断扩张，逐渐控制了地球上愈来愈广阔的地区，及至19世纪在世界范围内建立起它的统治。[②]

第二次世界大战后，大多数南方国家虽然在政治形式上获得了民族独立，但在经济上还没有完全摆脱帝国主义国家的控制与剥削，政治上仍面临帝国主义和霸权主义的威胁。从总体上看，在南方国家普遍独立之后，南北差距问题依然十分严重。一边是北方发达国家财富的不断积累，一边是南方国家贫困、动乱的不断加剧。因此，南方国家始终面临着维护国家主权、发

① 《马克思恩格斯选集》第1卷，人民出版社1995年版，第276—277页。

② ［美］斯塔夫里亚诺斯：《全球分裂——第三世界的历史进程》上册，迟越、王红生等译，商务印书馆1993年版，第7页。

展民族经济、反对强权政治、变革国际旧秩序的共同任务。冷战结束以后，和平与发展成为时代的主题。维护世界和平、促进共同发展是世界各国人民的共同愿望，人们对解决南北差距问题有了更多的期待，解决南北差距问题提上了议事日程。在人类步入新千年之际，联合国（United Nation，简称 UN）发表了《千年宣言》，宣称“将不遗余力地帮助我们十亿多男女老少同胞摆脱目前凄苦可怜和毫无尊严的极端贫穷状况。我们决心使每一个人实现发展权，并使全人类免于匮乏”，并制定了诸多发展目标，其中要“在2015 年年底前，使世界上每日收入低于一美元的人口比例和挨饿人口比例降低一半，并在同一日期之前，使无法得到或负担不起安全饮用水的人口比例降低一半”。但是，现实依然是残酷的。缩小和根除南北差距，绝非一日之功，也不是靠几次国际性会议就能够解决的问题。中国共产党的十七大报告指出，当今世界，全球经济失衡加剧，南北差距拉大……世界和平与发展面临诸多难题和挑战。党的十九大报告也指出，世界正处于大发展大变革大调整时期，和平与发展仍然是时代主题。世界多极化、经济全球化、社会信息化、文化多样化深入发展，全球治理体系和国际秩序变革加速推进，各国相互联系和依存日益加深，国际力量对比更趋平衡，和平发展大势不可逆转。同时，世界面临的不稳定性不确定性突出，世界经济增长动能不足，贫富分化日益严重，地区热点问题此起彼伏，恐怖主义、网络安全、重大传染性疾病、气候变化等非传统安全威胁持续蔓延，人类面临许多共同挑战。据世界银行（World Bank）统计，为了实现从 1990 年到 2015 年贫困人口减少一半的目标，在这 25 年间，必须使贫困人口每年减少 2.7%，才能实现联合国《千年宣言》的要求，任务是相当艰巨的。即使能够实现《千年宣言》的目标，据联合国统计，到 2015 年，发展中国家仍将有 9 亿人生活在极度贫困中，8.26 亿人营养不良，将近 10 亿人仍然无法享用经过改善的水源，撒哈拉以南非洲地区婴儿死亡率仍将超过 10%。在全球 60 亿人口中，有 25

亿—30亿人口（约占总人口的一半）每天生活费用不足2美元。[①] 现在已经到了2020年，联合国的一些“千年发展目标”依然没有实现。而且，用于衡量全球总体趋势的一些发展指标的提高掩盖了一些地区和国家发展不平衡的情况。世界经济论坛发布的《2014年全球风险报告》指出，未来10年，对整个世界产生系统性冲击的全球性风险中，富裕人口和贫困人口之间长期存在的收入水平差距，是最大也是最可能发生的全球性风险。消除贫困、解决南北差距已成为刻不容缓的国际问题。

20世纪80年代末和90年代初，冷战结束以后，资本主义进入国际金融垄断资本主义阶段，国际金融垄断资本在整个资本主义生活中占据了主导和支配地位，从而使金融垄断资本高度国际化和全球化。在国际金融垄断资本主义阶段，资本主义世界体系得以真正形成，资本主义的生产真正成为世界性的大生产。冷战的结束，两极格局的终结，标志着国际格局进入了一个新的时期。特别是自2008年以来，由次贷危机引发的美国和全球的金融经济危机，使全球经济陷入衰退之中，美国以及北方国家的实力受到削弱。同时，一些南方发展中国家利用起点低、劳动力廉价等国内优势，通过经济全球化吸收外资，迅速发展起来，成为新兴国家，如巴西、俄罗斯、印度、中国被称为“金砖四国”。总之，新兴国家的出现，将极大地、深刻地改变国际政治经济格局，世界格局面临着大发展、大调整、大变革。资本主义霸权国面对新兴国家的崛起，会利用自己在生产、金融、军事、文化等方面的综合霸权竭力阻止并瓦解新兴大国的发展。随着国际经济危机的发展，霸权主义国家在北非、中东、亚太等地制造麻烦和事端，一方面是为了控制重要战略地区、遏制和干扰战略对手的发展，另一方面也是为了配合其金融攻势转嫁危机。当今世界还有许多全球性问题，一些国家内部出现了政权更迭和内

① 联合国开发计划署：《2003年世界发展报告》，中国财政经济出版社2003年版，第8页。

战，还有“颜色革命”、领土争端、地缘政治危机以及民族问题、宗教问题、恐怖主义问题等。在这种历史和时代背景下，面对日益扩大的全球鸿沟，面对各国国内和国际上的各种冲突和动荡，科学认识南北差距问题以及各种国际问题的本质，研判国际局势的演变和走向，并作出正确的应对，促进世界的和平发展与繁荣稳定，是至关重要的。

二、研究意义

冷战结束后，“自由世界”一片欢呼雀跃，弹冠相庆“历史的终结”，资本主义一统天下，为万世开了太平，解决南北差距问题更不在话下。正如贾谊在《过秦论》中所言：“天下已定，秦王之心，自以为关中之固，金城千里，子孙帝王万世之业也。”他们憧憬着资本主义能一世、二世，乃至万世！断言他人的终结，可是自己给出的答案、实际行动和结果是什么呢？借“和平演变”社会主义的余威，因利乘便，宰割天下，分裂河山，强国服软，弱国入朝。一个个国家被肢解了，一个个民族被侮辱了，一个个“独裁者”被绞杀了，迄今为止已有三十余年。资本主义霸权国家忙着号令天下，重新整合资本主义的河山以肥私，哪里顾得上南北差距问题。资本主义取世界之人力物力，以本该人类所共享的物质文明，支撑着资本的中心国家，雄视天下，却看不到人类社会的发展方向，看不到自身的发展危机，看不到巨大的南北差距中蕴含着的重大风险，令人嗟叹。冷战结束后，按北方国家“新自由主义”的理论和“药方”，南方国家应该能在资本主义道路上欣欣向荣、蒸蒸日上。然而实际情况是什么呢？依旧是巨大的南北差距，依旧是南方国家的利益被剥夺和被损害，依旧是战乱和杀戮。

自国际金融危机爆发以来，国际形势发生深刻复杂的变化，国际格局和国际秩序加速调整演变，世界正处于大动荡、大调整、大变革的前夜。当今世界，特别是冷战结束以后，不仅仅是南北差距问题，许多国际问题已经超出了单个国家的控制范围，成了人类面临的共同问题，对人类的生存与发展构成巨大的威胁。所有这些，不免给人一种“混乱”或“失控”的深刻印象。而诸多全球问题的根源在于全球两极分化、南北差距导致的资本积累体系和全球政治经济格局的重塑与调整。这需要通过进行全球治理，使全球各种力量携手合作，才能加以应对，以维持正常的国际政治经济秩序，促进世界的和平与发展。以习近平同志为核心的党中央提出构建新型国际关系和人类命运共同体。这深刻洞察了人类历史发展的规律，把握了时代发展趋势。这也是在国际局势发生深刻变化的紧要关头，中国表现出负责任大国的担当，为人类实现持久和平和持续繁荣发展所贡献的中国智慧、中国方案。

国际上有许多学者对南北差距问题进行了研究，一些左翼学者也十分关注南北差距问题。在冷战后世界社会主义运动总体处于低潮的大背景下，对国外学者特别是左翼学者关于南北差距问题的理论观点进行研究和梳理，对于我们正确地了解和看待南北差距问题，积极参与全球治理体系改革和建设，促进世界的和平发展与稳定、人类的繁荣与进步，具有非常重要的理论借鉴意义。同时，国外左翼理论、思潮和运动，在不同国家和地区有不同的表现形式，在许多国家有着重要影响，有着不容忽视的实践力量和影响。在与世界各国、各地区共商共建共享人类命运共同体的过程中，了解这些国家的国情，了解国外社会各界特别是左翼的理论、政策和主张，吸收借鉴其中有益的关于南北差距等全球问题的治理思想，也是很有必要的。总之，原有的全球治理体系和国际制度是以北方国家为主导的，存在着许多不公正、不合理的方面，未能充分反映广大南方国家利益诉求，既有的治理、化解冲突矛盾的机制和方法也不能有效应对全球性风险和挑战。这就需要中国的全球治理方案广泛吸收人类文明成果和国外学者的有益思想，提出有创新性的全球价值观和治理观，以及全球具体治理制度和机制安排，如此，才能在全球性问题的解决上富有成效。

三、研究现状

第二次世界大战结束以后，不仅许多发展中国家面临着独立后现代化建设任务，发达资本主义国家也面临着经济重建的任务，从而吸引了许多经济学家研究经济发展问题，形成了发展经济学。其中一些经济学家坚持用马克思主义经济学原理来研究发展中国家的发展问题，或者说是受马克思主义的研究方法影响较大，如美国激进政治经济学派、世界体系学派和依附论学派等，他们也被称作激进主义发展经济学派，他们的研究成果是具有积极进步意义的。此外，还有一些资产阶级经济学家，主要采用西方经济学的研究范式来研究发展中国家的贫困、不发展以及贫富差距、收入不平等问题，如1998年度诺贝尔经济学奖获得者阿玛蒂亚·森（Amartya Sen）、以《21世纪资本论》闻名的法国经济学家托马斯·皮凯蒂等，他们在感情上是同情贫穷不发达国家以及社会底层的，对贫困和不发达问题进行了研究，也取得了较大的研究成果，但得出的解决方法和措施却是不科学的或是空想且难以实现的。此外，许多学者在研究中发现，发展中国家的发展问题不仅仅是经济问题，政治、社会、文化等问题也需要被关注，这也促成了发展政治学、发展社会学等新兴学科的诞生。这些学科之间还有交叉，如发展经济学、发展社会学等学科和理论均涉及了发展中国家的政治发展问题。因此，本项目主要是对国外学者，特别是国外左翼经济学者、政治学者和一些左翼人士关于南北差距方面的思想进行探讨和梳理，以期对我们的研究有所启示。

关于南方国家和北方国家的概念及划分范围等问题。国内外一般认为南北差距就是发达资本主义国家与不发达资本主义国家（第三世界国家）之间的差距。发达资本主义国家，指经济发展水平较高，技术较为先进，民众生活水平较高的资本主义国家。不发达资本主义国家，一般指经济上落后，正在努力发展民族经济，推进工业化和国民经济现代化的国家。目前在国际上，还没有一套明确的指标体系来衡量发达与不发达。但公认的标准是：较高的人均国内生产总值（Gross Domestic Product，简称 GDP）和社会发展水平。国际上，发达国家通常指加入经济合作与发展组织（Organization for Economic Co-operation and Development，简称 OECD）的 36 个成员国，其中以美国、日本、德国、英国、法国、意大利和加拿大七国最为发达。一般来说，成为经济合作与发展组织的成员就是获得国际承认，成为发达国家的重要标志（不过属于发展中国家的墨西哥和土耳其也是成员国）。近年来，国际上也将塞浦路斯、巴哈马、斯洛文尼亚、以色列、韩国、马耳他、匈牙利、捷克等国列入了发达国家。由于大部分发达资本主义国家在北半球，不发达国家大部分在南半球，所以有了南方国家和北方国家这种称谓。美国学者罗斯托（W. W. Rostow）在 1960 年出版的《经济成长的阶段——非共产党宣言》（*The Stages of Economic Growth*）一书中，在用词上较早地使用了“南北”这一概念。他指出，我们所处的时代背景是：成长阶段不仅在北半球向前推进——北半球的成长过程支配了过去两百年的历史——而且也在南半球和中国向前推进。[①] 南方国家包括亚洲、非洲、拉丁美洲及其他地区的 130 多个国家，占世界陆地面积和总人口的 70% 以上。

与南北概念相对应，国际上还有东西方国家的概念，三个世界的概念，发展中国家、不发达国家和发达国家的概念，等等。对此，在做研究之前，需要给予界定和说明。东方国家是指第二次世界大战后的社会主义阵营，西方国家是指以英美为首的资本主义阵营。在世界政治和经济著作中，南方国家也被称作第三世界、发展中国家。第三世界的概念与冷战时期两极格局、

① 陈其人：《南北经济关系研究》，复旦大学出版社 1994 年版，第 74 页。

两大阵营以及第一世界、第二世界的划分相关。1974 年 2 月，毛泽东主席提出了“三个世界”划分的战略思想，他指出：“我看美国、苏联是第一世界。中间派，日本、欧洲、澳大利亚、加拿大，是第二世界。咱们是第三世界。”[①] 冷战期间，西方学术界认为，美欧日等西方国家属于第一世界，苏联东欧等社会主义国家属于第二世界，亚非拉国家属于第三世界。这与毛泽东主席的划分不相同，但在第三世界的划分上是一致的。冷战结束后，三个世界的范围有所变化，学术界这样划分三个世界：美国为第一世界，欧盟、日本、俄罗斯、东欧、加拿大、澳大利亚等发达国家为第二世界，其他国家仍属第三世界。[②] 苏联解体以后，发达资本主义国家有一种议论，认为可以把“第三世界”这个术语从政治词典中彻底删除。他们到处使用“发展中国家”的概念。[③] “发展中国家”的概念是现代国际政治经济中常用的概念，对于“发达国家”“不发达国家”“发展中国家”的概念，许多国外左翼学者有他们的认识。他们认为，“不发达”指的是一国或一地区经济社会发展扭曲与滞后的状态，犹如生物成长的发育不良，而不仅仅是“未发展”的状况。“发达”与“不发达”如同硬币的两面，正是资本主义世界体系造成了落后国家的“不发达”，落后国家的“不发达”是历史的产物。在资本主义世界体系下，落后国家的“不发达”并不像“发展中”概念那样，意味着正在走向“发达”，现在的“不发达”状态不是实现“发达”的前一时段，而是“发达”的产物，“发达”在出现的同时也制造了“不发达”。德国著名左翼学者安德烈·冈德·弗兰克（A. G. Frank）指出，一般认为，经济发展出现于一系列的资本主义阶段，而今天的不发达国家则仍然处于现在的发达国家早已经

① 《毛泽东外交文选》，中央文献出版社 1994 年版，第 600 页。

② 谈世中主编：《历史拐点：21 世纪第三世界的地位和作用》，中国经济出版社 2004 年版，第 7 页。

③ 卫建林：《科技属于人民——全球化与科技》，兴大大视野论坛编辑部 2002 年版，第 10 页。

历过的原始历史阶段。然而，甚至稍有一点历史知识就可以看出，不发达状况既不是原始的也不是传统的，不发达国家的过去或现在同目前发达国家的过去也并无任何重大类似之处。目前的发达国家过去虽然可能经历过未发展状态，但是绝没有经历过不发达状态。人们也普遍认为，一个国家当前的不发达状态可以完全理解为是该国自身经济政治、社会和文化特点或结构的产物和反映。然而历史研究表明，当代的不发达状态大部分是不发达的卫星国和现在发达的宗主国之间过去与当前经济等关系的历史产物。而且，这些关系正是全世界资本主义制度整个结构和发展的一个主要组成部分。①

学术界有学者将不发达资本主义国家包括不发达的社会主义国家都归于南方国家的范围，这种划分和三个世界的划分重叠起来，认为第一、第二世界都是北方国家，第三世界就是南方国家。但是这些划分方法，使南北关系和东西关系发生了交叉。这些划分包括发达国家和发展中国家，都不问社会制度。如三个世界的划分，第三世界中有不同社会制度的国家，既有资本主义国家，又有社会主义国家。还有一种看法，将南北界定为资本主义制度内两种发展水平不同的国家，将社会主义国家排除在外。复旦大学的陈其人教授在《南北经济关系研究》中认为，南与北应界定为资本主义经济制度内两种经济发展水平不同的国家，将社会主义国家排除在外。因为能够列为一方的，构成这一方的因素就必须有质的相同性。② 本项研究因涉及社会主义与资本主义对南北差距的影响问题，为了方便研究，因而认同陈其人教授关于南北方国家的划分。因此，本项研究所涉及的南方国家和北方国家，仅指发达资本主义国家和不发达资本主义国家。

目前国外学术界包括国内学术界很少有专门性、系统性地介绍南北差距

① ［美］查尔斯·K. 威尔伯：《发达与不发达问题的政治经济学》，高铦、徐壮飞等译，商务印书馆 2015 年版，第 162 页。

② 陈其人：《南北经济关系研究》，复旦大学出版社 1994 年版，第 76 页。

问题的专著。谈及南北差距，人们首先提及的是南北贫富差距、南北经济发展差距。而南北差距是一种全面的差距，有经济发展差距，也有政治、社会、文化等差距。从南北差距特别是整体全面差距的角度有助于我们对不发达国家的发展问题有一个全景式的深刻认识，从而更有针对性地研究和解决不发达国家的现代化建设问题。国外学者主要是国外左翼学者在这方面的研究是一些关于资本主义世界体系、落后国家经济发展、南北不平等经济关系等方面的著作，如保罗·巴兰（Paul A. Baran）《增长的政治经济学》（*Political Economy of Growth*）、沃勒斯坦（Immanuel M. Wallerstein）《现代世界体系》（*The Modern World-System*）、萨米尔·阿明（Samir Amin）《不平等的发展》（*Unequal Development*）、特奥托尼奥·多斯桑托斯（Theotonio dos Santos）《帝国主义与依附》（*Imperialism and Dependence*）、弗兰克《依附性积累与不发达》（*Dependent Accumulation and Underdevelopment*）、托达罗（Michael P. Todaro）《第三世界的经济发展》（*Economic Development in the Third World*）、普雷维什（Raul Prebisch）《外围资本主义——危机与改造》（*Capitalismo Periferico: Crisisy Transformation*）、缪尔达尔（Gunnar Myrdal）《世界贫困的挑战——世界反贫困大纲》（*The Challenge of World Poverty: A World Anti-poverty Program in Outline*）、保罗·哈里森（Paul Harrison）《第三世界——苦难·曲折·希望》（*Inside the Third World: The Anatomy of Poverty*）、斯塔夫里亚诺斯《全球分裂：第三世界的历史进程》（*Global Rift: The Third World Comes of Age*）等。这些左翼经济学者主要探讨了发达国家和不发达国家之间依附性的社会经济关系，并对南北经济不平等关系的来源、成因、解决对策等，进行了研究。国际上还有不少对国际贫富差距问题进行研究的著作，或者是在论著中谈及了南北贫富差距问题，并对解决南北差距问题提出了自己的见解，如美国学者丹尼尔·辛格（Daniel Singer）《谁的新千年——他们的还是我们的？》（*Whose Millennium?: Theirs or Ours*）、英国学者保罗·科利尔（Paul

Collier)《最底层的 10 亿人》(*The Bottom Billion*)、美国学者伊斯比斯特(John Isbister)《靠不住的诺言——贫穷和第三世界发展的背离》(*Promises Not Kept: Poverty and the Betrayal of Third World Development*)等。一些发展政治学、发展社会学领域的学者，以及研究国际政治经济问题的一些学者，对南北社会、政治、文化等方面差距问题也有所触及，但总体来看，并不具有系统性、专门性。总之，研究资料比较宽泛。

关于南北差距的表现。许多国外左翼学者认为南北差距是一种全面整体性的差距，包括经济、政治、社会、文化等差距，其中主要是经济发展差距。经济发展差距主要表现在生产力水平、产业结构、民族资本的强弱、是依附性还是自主性的经济、居民的生活水平等。政治差距主要表现在政治权威的世俗化与合理化、政治制度化、政治参与、政治文化等方面。社会差距主要表现在社会分层与分化、社会管理与控制、社会福利与保障、城市化、环境等方面。文化是指人类所创造的精神财富，如文学、艺术、教育、科学等，其所反映的差距主要表现在是否是民族的、独立的文化等方面。关于南北差距问题形成的国际国内原因。其一，历史的原因。普遍认为北方国家最先进入资本主义，属于先发内生型国家；南方国家后进入现代化，属于后发外生型，其向资本主义制度、向现代化迈进是由于外界的促动。同时，北方发达资本主义国家通过征服、掠夺等方式对南方国家进行殖民侵略和剥削，造成了南北双方发展起点的不平等。南方国家贫穷落后的历史根源是资本主义列强推行老殖民主义。其二，国际上的原因。第二次世界大战结束后，北方发达国家又通过建立国际政治经济旧秩序，继续处于世界的主导和支配地位。在这一秩序下，南北双方在世界生产、贸易与金融等国际活动中都处于不平等地位，南北差距持续拉大。由于北方发达国家，推行新的经济殖民主义，即以“经济兼并”为基础的殖民主义，大多数南方不发达国家仍要遭受北方发达国家的剥削和控制，这是战后南北关系中的本质特征。南北之间关系的实质是剥削与反剥削、控制与反控制的关系。南北差距的扩大，从根本上说，是由旧的不合理的国际政治经济秩序造成的，是北方发达国家继续推行新殖民主义的结果。其三，南方国家自身的原因。因旧的政治经济制度制约，存在着众多的前资本主义政治经济成分，如封建经济。还有市场经济不发达、政治制度不完善、照搬照抄外国的政治经济制度、政治体制落后、行政效率低下等原因，加之又实施了错误的发展政策。

关于南北差距问题的解决。普遍的观点认为，首先，反对霸权主义、强权政治，改革不合理的国际政治经济旧秩序，建立新的国际政治经济秩序，才能使南方不发达国家的经济比较顺利地发展，从而使南北差距得到改善，这是解决南北差距问题的根本途径。其次，加强南南合作是解决南北差距的有效途径。南南合作的加强和顺利开展，有助于南方国家发展经济，提高它们在南北对话中的地位，在债务问题、国际资金分配问题、贸易摩擦问题、环境保护问题等方面，争取北方国家的让步，促进南北差距问题及早解决。加强南南合作，坚持集体自力更生，还可以加强南方国家内部的团结，增强整体的力量。其中，采取有效形式实现地区集团化和区域经济一体化是南方国家的明智选择。最后，南方国家还要制定符合本国实际的发展政策，在以自力更生为主的原则下参与到全球化进程中，这是谋求发展的重要保证。经济全球化为各国最大限度地摆脱资源和市场的束缚提供了条件，它为南方国家赶上和超过北方国家提供了机遇。经济全球化带来了国际分工的变化，产业的转移，资本、技术等生产要素的流动，对于南方国家弥补本国资本、技术等生产要素的缺口，迅速实现产业升级、技术进步、制度创新和经济发展，都是非常有利的。当然，全球化也给南方国家带来了新的政治、经济霸权的现实威胁，损害其国家主权和经济的正常发展。因此，经济全球化既是机遇，又是挑战。南方国家只有积极参与，采取谨慎的态度和正确的发展对策，才能抓住机遇，趋利避害，在这一历史潮流中找准位置，乘势前进。

四、研究概述

目前国内学术界对南北差距问题的研究多关注于南北贫富差距，或在政治、社会、文化等方面进行分学科研究。而南北差距问题和发展中国家的发展问题是系统性的问题，国外许多学者认为南方国家的不发达表现在许多方面，这些不发达的因素相互影响、相互制约，共同阻碍着南方国家的发展。

本研究通过系统整理国外学者特别是左翼学者关于南北整体性差距的表现、成因、危害与解决对策等方面的相关研究论述，以期对国外学者关于南北差距问题的研究有一个全面的梳理和介绍。南北差距问题是一个整体性、综合性的问题，需要进行多学科综合研究，许多国外学者也是从整体上对南方国家发展问题做跨学科研究的。世界体系论重要代表性学者沃勒斯坦就主张冲破学科边界和放弃分门别类的研究模式，积极地融合众多学科资源，努力构建一体化学科研究范式。这种多学科研究方法，“是一种比单学科和跨学科方法层次更高的方法，把经济学、政治学、社会学、历史学、人类学、文化学、军事学、宗教学等学科的理论和方法融为一体，不是简单的拼凑综合，而是有机地联系衔接成一体，力求从整体上揭示出资本主义世界体系发生、发展和演变的脉络和历程”①。沃勒斯坦还指出：“社会科学由许多‘学科’构成，这些学科形成彼此有别、学术上互容的主题群。这些学科最经常地被排列成人类学、经济学、政治科学和社会学。至少从 1945 年以来，有一个日益增长的倾向。那就是谴责在‘学科’之间存在的不必要的障碍并认可‘跨学科’研究和 / 或教学的价值。世界体系分析的论点非常简明。三个认定的共同人类活动的领域——经济的、政治的和社会或社会文化的领域——不

① 孟凡东、张平：《伊曼纽尔·沃勒斯坦的现代世界体系观评析》，《黑龙江教育学院学报》2005 年第 2 期。

是独立的社会活动领域。它们没有独自的‘逻辑’。更重要的是它们的约束、选择、决定、准则和‘合理性’的相互结合是那样的紧密，以致没有任何有用的研究方式可以按照经济、政治和社会的分类把‘这些因素’分开。”[①]

目前，做综合研究也是一种趋势。如发展理论，它从兴起之时起，基本上是分学科研究的理论。20 世纪 80 年代以后，发展理论研究开始向整体性的方向发展，综合性的问题受到重视。从整体上做南北差距比较，是较为困难的，国外学者的相关论述也比较分散。通常做比较，是取两类国家中的典型国家进行比较。但在南方国家内部，其差别是巨大的，有新兴工业化国家和地区，也有日益被边缘化的“第四世界”等。同样，就是在北方发达国家内部，虽然有经济发达、技术先进等总体特征，各国之间差别也还是很大的。但从总体上说，两类国家中还是具有各自的共同典型特征的，是可以做比较的。国外学者的相关论述虽然比较分散，但围绕南北差距问题，还是有比较系统的整体上的研究成果，因而本项研究是成立的。

本书将坚持马克思主义的立场、观点、方法，具体采用历史和逻辑相统一的方法、理论和实践相结合的方法、比较研究的方法、跨学科研究的方法等，力求得出科学的研究成果。目前学术界对南北贫富差距问题的关注探讨较多，本项研究将对国外学者关于南北差距问题的研究进行较为全面的分析探讨，这对我们从整体上研究南北差距问题有较强的理论借鉴和启示意义。做南北差距的全面研究，特别是分析整理国外学者的相关研究，是一个较为宏大的问题，本项目只是做了一些初步的基础性的研究，还存在着诸多有待研究的问题。本研究涉及了诸多学科，涉及国外学者的诸多论作，面对大量理论、数据、资料的梳理和收集工作，需要用马克思主义的观点进行科学的界定与分析，做准确把握，这种理论水平笔者还亟待提高。

---

① ［美］伊曼纽尔·沃勒斯坦：《沃勒斯坦精粹》，黄光耀、洪霞译，南京大学出版社 2003 年版，第 164—168 页。

第一章

南北差距问题的背景分析

南北差距起源于资本主义世界体系的出现与形成，之后随着资本主义基本矛盾的运动而不断发展。社会主义革命和运动的产生，打破了资本主义一统天下的局面，开创了人类历史的新纪元，也使南北差距问题有了更为广阔的历史背景。当今时代，是社会主义在多国胜利、发展并同世界资本主义竞争的时代，是从资本主义向社会主义过渡的新时代，任何问题都须放在这个大时代中来解读。在世界资本主义发展的各个过程中，南北差距问题的表现、发展也不尽相同，社会主义对南北差距问题的影响也由来已久。作为资本主义继承者、对立者、取代者的社会主义，随着资本主义的发展而出现，又随着资本主义在全球的发展而传遍世界。社会主义在其发展的各个时期，对南北差距问题也产生了深远的影响。

第一节　资本主义的发展与南北差距

一、自由竞争资本主义阶段

资本主义自产生之日起，就是世界性的，资本主义开启了世界整体密切联系的历史进程。资本主义从创立到发展的过程，是一种由地域的民族的到世界历史的过程，黑格尔就此曾提出了“世界历史”的概念。根据近代资本主义的历史现实，马克思运用唯物史观的基本观点、方法，批判继承黑格尔世界历史观，重塑了“世界历史”概念，创立了具有丰富内涵的“世界历史”理论。马克思认为，“世界历史”不是各国历史的机械凑合，也不是一开始就有的，它形成于资本主义时代。它是指世界生产力发展到了资本主义阶段，各国家、各民族通过普遍的交往，形成整体化世界，相互依存程度加深以来的历史。马克思说：“各个相互影响的活动范围在这个发展进程中越是扩大，各民族的原始封闭状态由于日益完善的生产方式、交往以及因交往而自然形成的不同民族之间的分工消灭得越是彻底，历史也就越是成为世界历史。”[①] 马克思指出，资本主义“首次开创了世界历史，因为它使每个文明国家以及这些国家中的每一个人的需要的满足都依赖于整个世界，因为它消灭了各国以往自然形成的闭关自守的状态”[②]。“世界历史”是一个指称人类社会整体运动的过程性概念，“世界历史”概念是对人类社会在资本主义大工业推动下、以世界市场为纽带所形成的整体性历史运动的概括。“世界体系”则是反映“世界历史”形成后，世界成为相互依存的整体的结构特征性概念。在“世界

① 《马克思恩格斯选集》第 1 卷，人民出版社 1995 年版，第 88 页。

② 《马克思恩格斯选集》第 1 卷，人民出版社 1995 年版，第 114 页。

历史”的运动中，整个世界日益连为一体，形成了资本主义世界体系。“世界历史”理论揭示了人类历史向世界历史转变的这一新的历史事实，是马克思主义世界观和方法论的重要组成部分。从此以后，不论是国家的、民族的还是地区的问题，都必须放到整个世界的范围来认识，只有这样，才能真正搞清楚问题，才能找到解决问题的正确途径。

对于世界何时真正成为一个普遍联系和相互影响的整体，国外左翼学者有不同的认识。沃勒斯坦认为，人类历史虽然包含着各个不同的部落、种族、民族和民族国家的历史，但这些历史不是孤立发展的，而是相互联系地发展和演变的，常常形成一定的“世界性体系”。16 世纪以前，“世界性体系”主要表现为一些“世界性帝国”，如罗马帝国、中华帝国等。这些“世界性帝国”有一些单一的政治中心，但没有与之相对应的“世界性经济”，即使有一点，也是极不稳定的。到了 16 世纪，随着资本主义生产方式的发展，开始以西北欧为中心，形成“世界性经济体系”或者是“资本主义的世界经济体”。沃勒斯坦有时也称它为“历史资本主义”，因为这个体系本身是在历史中不断地变化着的。沃勒斯坦将世界体系等同于资本主义世界经济体系，在前资本主义历史时期出现过许多政治上的帝国体系，但它们不是世界体系，资本主义世界经济体系是真正的世界体系，亦称“现代世界体系”。阿明将前资本主义史上的帝国体系称为“纳贡体系”，以区别于资本主义世界体系，他还把资本主义世界体系称为“全球资本主义体系”。弗兰克则认为，真正的世界体系不是沃勒斯坦的“500 年”资本主义体系而是“5000 年”世界体系，这个“5000 年”世界体系的中心不在欧洲而是在东亚（或中国）。对此，沃勒斯坦指出，资本主义世界体系形成前世界上存在着许多比较重要的政治经济活动中心，把它们称为“世界帝国”比较合适。这些“世界帝国”相互间开展远距离的主要是“奢侈品”的贸易，并将未组成“世界帝国”的各地区纳入了贸易区和贸易网络，但这一贸易网络都不是建立在整体生产过程中轴性分工基础上的，因此这些“世界帝国”构不成一个单一的体系。最重要的是这些历史上的“诸体系”都不是“资本主义性质的”，都不是建立在连续不断的资本积累这一结构性需求之上的。[①]

不管严格意义上的世界体系是500年还是5000年，国外学术界普遍认为1492年哥伦布“发现”美洲大陆，1498年达·伽马绕过好望角进入印度洋和太平洋水域，标志着世界历史发生了一次根本性的巨大断裂，或者说是“大分流”。从16世纪初到18世纪中叶，西方国家率先进入资本主义社会，东方日益落后于西方。中国古代在科技、文化等方面对人类文明发展做出了很多重要贡献，一些国外左翼学者甚至认为中国是古代世界体系的中心，但为什么科学和工业革命没有在近代的中国发生？为什么资本主义和现代科学起源于欧洲而不是中国或世界上其他地区？这就是由英国学者李约瑟在编著《中国科学技术史》（*Science and Civilisation in China*）时提出的著名问题，被称为“李约瑟之谜”（*Joseph Needham Problem*）。对此，很多国外左翼学者有深入的探讨。美国激进政治经济学派学者保罗·巴兰指出，首先，在封建制度的内部压力下，促使封建制度向资本主义制度转化的其他决定性条件几乎在世界各地都成熟，即使成熟的时间和速度有所不同。商业资本积累的规模和速度以及新兴商人阶级地位的上升，这在瓦解封建社会，创造其最终灭亡的条件中起了主要作用。在西欧，商人资本积累数量特别多，而且相当重要的一点是高度集中，这主要是由于西欧国家所处的地理位置为早期航海事业的发展和随之而来的海上及沿岸贸易的迅速扩张提供了可能性。其次，西欧国家自然资源比较匮乏，而且当时这些国家的经济发展在许多方面落后于而不是比较先进于其进行商业渗透的世界其他地区，从而使这些国家竭力攫取

① ［德］安德烈·冈德·弗兰克、巴里·K. 吉尔斯主编：《世界体系：500年还是5000年？》，郝名玮译，社会科学文献出版社2004年版，第352—353页。

在邻近地区得不到的各种热带产品如香料、茶叶、象牙、靛青等，并尽力进口一些珍贵的东方手工艺品如高质量的布匹、装饰品、陶器等，最后出现了野蛮地掠夺他们国内奇缺的贵金属和宝石的现象。随之而来的远距离贸易，伴之以海盗行为、非法抢劫、贩运奴隶，以及金矿的发现，导致了巨大财富迅速集中到西方欧洲商人手中。这种财富具有通常的滚雪球的趋向。发展航海事业的需要给了科学发明和技术进步以巨大的推动力。造船、制造海外征战的装备、制造他们所需要的武器等，所有这一切都为资本主义企业的发展提供了有力的刺激，大大促进了从封建生产方式向资本主义生产方式的转变过程。① 沃勒斯坦也探讨了欧洲率先发展出资本主义生产方式的原因，他认为 14 和 15 世纪欧洲的封建制度经历了一场危机，战争频发、农民起义、人口下降、耕地面积缩减、疾病和经济困难等，这是 16 世纪以后欧洲对外扩张及其经济社会制度转变的序幕和背景。沃勒斯坦指出，从 1150 年左右到 1300 年之间，在欧洲封建生产方式构架内出现了一次扩张，这同时是地理的、商业的和人口的扩张。从 1300 年左右到 1450 年之间，那已有的扩张又在地理、商业和人口三方面收缩。扩张之后的收缩引起一场“危机”，这不仅在经济领域而且在政治领域都显而易见（两个主要表现是，贵族自相残杀的战争和农民起义）。“封建制度的危机”是一种定期趋势、一个直接的周期性危机和气候条件恶化引起的衰退汇合在一起形成的危机局势。正是这种局势的巨大压力使如此大规模的社会变化成为可能。②

资本主义世界格局和体系的变动又是有周期性的，由于资本主义基本矛盾的存在，资本主义经济不断处于扩张或收缩之中，从而形成了经济周期。

---

① ［美］保罗·巴兰：《增长的政治经济学》，蔡中兴、杨宇光译，商务印书馆 2000 年版，第 225—226 页。

② ［美］伊曼纽尔·沃勒斯坦：《现代世界体系》第 1 卷，尤来寅等译，高等教育出版社 1998 年版，第 27—28 页。

在资本主义国际政治经济格局变动中不仅存在着周期性的经济危机，还存在着长周期性的霸权积累周期。资本主义政治经济发展的不平衡规律使不同的霸权周期存在着不同的处于全球积累中心的霸权国。在资本主义世界体系中，后起的资本主义国家发挥"后发优势"，后来居上超过老牌的资本主义国家，形成新的全球霸权积累中心。阿瑞吉（Giovanni Arrighi）将资本主义世界体系的资本积累分为四个体系周期：热那亚周期（15 世纪末至 17 世纪初）、荷兰周期（16 世纪末至 18 世纪末）、英国周期（18 世纪下半叶至 19 世纪末）和美国周期（20 世纪初至今）。在每个霸权的中后期，都有新兴霸权国在崛起，从而形成了霸权更替。沃勒斯坦认为资本主义世界体系主要有两种周期，即康德拉季耶夫周期和特长周期，在此基础上，他认为特长周期与"霸权兴衰周期"密切相关，即每一个特长周期中都存在着一个主要的霸权国家，就像世界经济体系在不断地周期性运动一样，国家体系也会出现周期性的变动，我们可以称之为"霸权周期"。沃勒斯坦认为资本主义世界体系自产生以来有三个霸权周期，产生了三个典型的霸权国家，分别是 17 世纪中期的荷兰、19 世纪中叶的英国和 20 世纪中期的美国。

与这些资本主义霸权国和霸权积累中心相对应的是广大南方国家的被边缘化和受压迫地位，它们陆续被纳入资本主义世界体系中。随着新航路的开辟，16 世纪初到 19 世纪中后期，欧洲资本主义开始了早期殖民侵略和扩张的历程，对美洲、亚洲、非洲人民进行了一系列的掠夺、屠杀、征服和奴役。马克思指出："美洲金银产地的发现，土著居民的被剿灭、被奴役和被埋葬于矿井，对东印度开始进行的征服和掠夺，非洲变成商业性地猎获黑人的场所——这一切标志着资本主义生产时代的曙光。"[①] 北方国家在大力发展资本主义，也把世界落后国家卷进来，推动了资本主义世界体系的建立。广

① 《资本论》第 1 卷，人民出版社 2004 年版，第 860—861 页。

大亚非拉国家开始沦为北方国家的殖民地半殖民地，形成了政治上和经济上的从属地位。在北方国家染指南方国家之前，南方各民族和国家大多处于封建的自然经济状态，有着自己独立的社会发展进程。南方国家的形成，并不是历史发展的原生形态和自然形态，它是资本主义向原来的农业世界（前资本主义地区或非资本主义地区）进行扩张而后形成的。在殖民掠夺与剥削下，南方国家的独立和主权受到了巨大损害，生产力遭到巨大破坏，经济社会发展停滞不前，从而造成了南北差距。在这个时期，许多现在的南方国家内部前资本主义成分占主体，只是在开始进入资本主义世界体系后，南北之间的差距逐渐扩大。它们之间的人均收入差额之比，在 1500 年是 3∶1，到了 1850 年，相差至 5∶1。①

南北差距的出现，南北的不平等地位，有着深刻的经济根源。资本主义生产是建立在生产社会化和经济商品化、市场化基础上的，它以商品生产和交换为媒介，以国际分工为纽带，把世界各国、各民族在经济上日益密切地联系起来。由于北方国家率先进入资本主义，完成了第一次工业革命，使机器大工业得到了巨大的发展，“一种与机器生产中心相适应的新的国际分工产生了，它使地球的一部分转变为主要从事农业的生产地区，以服务于另一部分主要从事工业的生产地区”②。这是南北差距最重要的经济根源。此后，南方国家一直没有摆脱农业国的地位，在实现工业化的道路上任重道远。

这一时期的资本主义世界体系尚处于萌芽和成长阶段，还缺乏全球性的深度和广度。斯塔夫里亚诺斯认为，当西北欧发展起一种资本主义经济，使大众必需品贸易能够取代传统的有限的奢侈品贸易时，第三世界就出现了。

---

① ［美］斯塔夫里亚诺斯:《全球分裂——第三世界的历史进程》上册，迟越、王红生等译，商务印书馆 1993 年版，第 15 页。

② 《资本论》第 1 卷，人民出版社 2004 年版，第 519 —520 页。

这种大宗贸易在1400年至1800年间逐步发展起来并形成一个洲际的市场经济。它包括的地区有：提供粮食和海军补给品的东欧；提供金银和诸如糖、烟草等种植园作物的南、北美洲；作为种植园奴隶劳动力来源的非洲；而西北欧则是首创这一经济体系的中心发源地，并且是资本、海运和工业制造品的提供者。19世纪前，尽管欧洲已经控制亚洲海域，但还未能征服亚洲大陆，所以亚洲尚未成为这一经济秩序的一部分，其他诸大陆也仅仅是表面上由欧洲人控制。19世纪前欧洲的洲际资本主义秩序由于不能囊括亚洲大陆而缺乏全球性，又由于无法渗入海外大陆的腹地而缺乏深度。[①]资本主义世界体系的萌芽与发展阶段也被称作是资本主义的自由竞争阶段，资本所有制的具体形式主要是单个资本家独自经营的资本和企业。资本主义在自由竞争阶段，尚未得到充分发展，没有形成占社会统治地位的大资本，在经济上崇尚自由主义。资本主义市场经济的进一步发展迫切要求取消一切不利于资本主义发展的政府政策和限制措施，并消除封建残余，实现新兴资本的自由经营、自由竞争和自由贸易。特别是在对外关系上，资本主义强国鼓吹自由贸易，进行商品输出，但这却是殖民扩张和掠夺下的自由贸易。因为只有这样，才能打开处于前资本主义阶段南方国家闭关锁国、自给自足的大门。

南方国家对于资本主义的形成和发展具有十分重要的意义。资本主义生产方式的建立和发展，既需要大批有人身相对自由、丧失生产资料、一无所有的劳动者，还需要占有大量财富和货币，来组织和实现资本主义生产。北方的资本主义国家通过殖民扩张和对外掠夺，为资本主义大发展提供了巨额财富和国外市场，弥补了国内市场和资金的不足。前资本主义社会内部财富和货币的积累有限，如果仅通过资产阶级在一国内的生产活动来发展本国工

① ［美］斯塔夫里亚诺斯：《全球分裂——第三世界的历史进程》上册，迟越、王红生等译，商务印书馆1993年版，第161—162页。

业，积累和集中财富，那将是极为缓慢的速度，旷日持久，于是需要对外殖民和扩张来快速积聚财富。北方国家的海外殖民扩张和掠夺，是资本主义进行资本原始积累的一个重要手段，这对资本主义生产方式的建立起到了重大作用，也大大加速了北方国家资本主义的发展。这些行动掠夺和榨取的大量财富被转化为资本，加速了资本主义的产生。在这一时期，商业资本的国际运动是表现资本主义世界性的主要形式。资本主义发展初期的商业资本的活动，为产业资本的大量产生和发展创造了重要条件。通过商人资本的活动，建立和发展了为世界市场生产的部门，从而弱化了工业对本国狭小市场的依赖，克服了市场狭小和封建割据等困难，使产业资本获得大发展。

二、一般垄断资本主义阶段

19 世纪中后期，资本主义开始进入到了一般垄断资本主义阶段。一般垄断资本主义阶段，从 19 世纪末期与 20 世纪初期开始到第二次世界大战结束。自 18 世纪 60 年代始，工业革命由英国先后扩展到美、法、德、俄、日等国，世界上一些主要国家迅速走上发展资本主义的道路，使资本主义制度在世界范围内确立。斯塔夫里亚诺斯指出，在 19 世纪最后的 25 年间，竞争的工业资本主义让位于垄断资本主义，并伴随着国际事务方面的自由贸易帝国主义转变为全球性的殖民主义。新的垄断资本主义在全世界范围内的活动开展得更加广泛和深入。早先的自由贸易帝国主义的象征是非洲的利文斯通和中国海上的英国军舰。而新时代的象征物——连接大洋的苏伊士运河和巴拿马运河，好几条横跨非洲、西伯利亚和北美的洲际铁路、海底电缆网和布满各洲大陆的电报电话线路网，以及为庞大的上层建筑提供财政资源的劳埃德、巴克利、罗斯柴尔德等大银行——它们对全世界的渗透和分裂作用大大超过以往的自由贸易帝国主义。[①]一般垄断资本主义阶段，资本主义国家奴役和控制了世界上绝大部分的土地和人口，资本主义世界殖民体系形成，资本主义世界体系得到了初步发展。

19 世纪，英国的霸权到达了鼎盛时期，形成了被称为“日不落”的庞大殖民帝国。英国在 15 世纪时还并不为欧陆国家所重视，只是一个偏僻的岛国。伴随着资本主义的兴起与发展，英国逐步发展成为统治范围覆盖南亚、东南亚、非洲南部地区、太平洋大部分地区及北美和加勒比海地区的庞大殖民帝国。阿瑞吉认为，相对于荷兰霸权，英国霸权更称得上是一个世界性的帝国体系。他指出，在荷兰霸权周期时期，荷兰人从未真正治理过他们所创建的体系。当威斯特伐利亚体系确立起来以后，荷兰立即开始丧失它刚获得的世界大国地位。在英国霸权周期时，情况就大不一样了，英国等霸权国家建立起了殖民帝国。阿瑞吉还指出英国在与欧洲大国的争霸过程中凭借经济金融优势以及外交、军事手段最终胜出，建立起了“世界帝国”。他认为，就世界权力而言，荷兰霸权周期后新的统治体系的主要受益者是荷兰的前盟友英格兰和法国。在接下来的一个半世纪里，国际体系的头等大事是这两个大国之间为世界霸权而展开的斗争。随着 1815 年《维也纳协定》的签署以及随后 1818 年“亚琛会议”的召开，至此英国霸权最终确立。正如荷兰人在反对哈布斯堡西班牙的帝国抱负的斗争中成功地领导了行将诞生的国际体系一样，英国人也在反对拿破仑法国的帝国抱负的斗争中成功地领导了行将灭亡的国际体系。19 世纪开始的时候，西方国家声称拥有地球表面 55% 的陆地，但是实际上只拥有大约 35%，到 1878 年，后者的比例已经升至 67%，到 1914 年时达到 85%。英国获得了这次领土征服的最大一份，它在世人前

① ［美］斯塔夫里亚诺斯:《全球分裂——第三世界的历史进程》上册，迟越、王红生等译，商务印书馆 1993 年版，第 260 页。

所未见的范围内建立了帝国统治。英国统治者在全世界范围内建立了依附并效忠于联合王国财富和权力扩张的网络。对世界市场的这种控制，连同对全球均势的掌握以及与“巨额融资”之间的互为工具的密切关系，使得英国可以像“世界帝国”一样有效地管理这个国际体系。在19世纪英国霸权下重建的资本主义世界经济，既是一种“世界经济”，又是一种“世界帝国”。它确定无疑的是一种全新的“世界帝国”，但还是“世界帝国”。①

19世纪末，虽然英国依旧拥有巨大的霸权优势，还行使着某种意义上世界政府的职能。然而，随着美国、德国等大国的崛起，英国开始失去对欧洲均势乃至对全球均势的控制，世界体系逐步过渡到美国霸权体系。阿瑞吉指出，19世纪末，英国占据资本主义世界经济中心的能力正在受到一个新的国民经济的崛起的削弱，这个国民经济的财富、规模以及资源都大于英国自身的国民经济。这就是美国，它发展成为一种具有强大吸引力的“黑洞”，吸引着来自欧洲的劳动力、资本以及企业家精神。英国几乎没有机会与之竞争，更不用说那些不如英国富有和强大的国家了。德国和美国对英国的世界权力发起挑战，使两者互相加强，削弱了英国支配国际体系的能力，并最终导致了一场新的为争夺世界霸权而展开的空前剧烈和空前残忍的斗争。②美国体系是作为主导性的英国体系的积累结构中一个不可分割的从属组成部分而产生的，而后又在动摇和摧毁这种结构中起了作用，最后成为新的主导体系。美国内战后的半个世纪里，美国企业经历了一场组织革命，涌现出一大批纵向联合的、官僚机构管理的公司。那些公司在完成美国国内大陆范围的

---

① ［意］杰奥瓦尼·阿锐基：《漫长的20世纪：金钱、权力与我们社会的根源》，姚乃强等译，江苏人民出版社2001年版，第69页。

② ［意］杰奥瓦尼·阿锐基：《漫长的20世纪：金钱、权力与我们社会的根源》，姚乃强等译，江苏人民出版社2001年版，第70页。

联合以后，立即开始跨国扩张。[①]

垄断导致资本主义列强加紧对外侵略扩张，使南方国家许多国家和地区沦为它们的殖民地半殖民地，成为它们的经济附属，使南方国家独立自主的发展进程中断。各北方发达国家争先恐后地争夺殖民地，划分势力范围。这一时期，许多南方国家进入资本主义世界体系的标志就是被殖民地化。北方国家对外扩张的主要手段和形式是以经济实力为基础，以炮舰为开路先锋，在全球建立殖民统治。它们保证自身利益主要靠霸占和瓜分殖民地，对殖民地进行直接统治。斯塔夫里亚诺斯指出，劲头十足的垄断资本主义导致19世纪最后20年期间非洲被瓜分，以及中国和俄国被纳入国际市场经济。第二次工业革命开始于1870年左右，其特点是具有崭新的大规模生产技术和把科学系统地应用于工业方面。以前的独立的工业公司被拥有充足资金能够垄断全国性工业以致后来垄断国际性工业的巨型卡特尔所代替。与此同时，新近的工业化国家成功地向英国作为“世界工场”的优势地位进行了挑战。接踵而来的竞争，以资本主义在垄断阶段的不断增长着的军事和经济力量为后盾，导致史无前例的殖民扩张。19世纪初期的自由贸易帝国主义让位于先发制人的夺取领土的帝国主义。整个世界被瓜分为像非洲那样的彻底的殖民地或像奥斯曼帝国和中华帝国那样的半殖民地。人类历史上最大的一次领土霸占的结果，造成了欧亚半岛控制世界其余部分这样一种非常奇特的现象。[②]沃勒斯坦也指出，在1733—1817年前后的新一轮经济扩张（和通货膨胀）的过程中，欧洲世界经济体突破了它在“延长的”16世纪创造的边界，开始把广大的新地区融入它的有效的劳动分工体系之中。这一过程是通过将16世

① ［意］杰奥瓦尼·阿锐基：《漫长的20世纪：金钱、权力与我们社会的根源》，姚乃强等译，江苏人民出版社2001年版，第333页。

② ［美］斯塔夫里亚诺斯：《全球分裂——第三世界的历史进程》上册，迟越、王红生等译，商务印书馆1993年版，第260—261页。

纪以来已经成为欧洲世界经济体外部领域的地区，融入经济体开始的——其中最特别，也是最重要的，是将印度次大陆、奥斯曼帝国、俄罗斯帝国和西非融入了进来。这些地区是从18世纪后半期到19世纪前半期开始，被融入世界经济体当中的。这一过程后来加速了，在19世纪末20世纪初，整个地球，甚至那些从来没有成为过资本主义世界经济体外部领域的地区，最终也被卷入了进来。①

一般垄断阶段，垄断组织成为社会经济结构的主体，一个大企业或少数几个大企业对相应部门的产品生产和销售实现了独占和联合控制。资本家与政府结合日益紧密，抛开了所谓自由主义的外衣，国家逐渐加强了对经济生活的干预和调节。资本主义经过自由竞争阶段的发展，生产集中和资本集中日益发展和提高，这是垄断形成的物质基础。资本主义的进一步发展，并经过科技革命的洗礼，世界上各主要资本主义国家纷纷采用新技术，资本雄厚、以先进技术装备的大企业在竞争中取胜，更多的小企业被挤出市场，促进了工业资本的集中和垄断。资本主义发展到垄断阶段，是由于资本主义社会的基本矛盾生产社会化与资本私人占有之间的矛盾贯穿于资本主义社会发展的始终，迫使资产阶级不断地进行着生产关系的调整，在资本主义生产关系内部一切可能的限度内，把生产力当作社会生产力看待。随着生产社会化程度的提高，为缓解资本主义基本矛盾，需要调整生产关系，使资本社会化，以适应生产力社会化发展的要求。垄断资本主义的基本特征，是生产的高度集中和以金融资本为核心的垄断资本的统治。列宁把垄断资本主义的基本特征概括为五个方面：生产和资本的集中发展到这样高的程度，以致造成了在经济生活中起决定作用的垄断组织；银行资本和工业资本已经融合起

① ［美］伊曼纽尔·沃勒斯坦：《现代世界体系》第3卷，尤来寅等译，高等教育出版社1998年版，第181页。

来，在这个“金融资本”的基础上形成了金融寡头；和商品输出不同的资本输出具有特别重要的意义；瓜分世界的资本家国际垄断同盟已经形成；最大的资本主义大国已把世界上的领土瓜分完毕。[①]当时各国的垄断资本，如德国的电气总公司和钢业辛迪加，美国的通用电器公司和洛克菲勒的煤油托拉斯，以英国和德国为主所组成的国际钢轨卡特尔和国际锌业辛迪加等，都是有一定规模的垄断企业。这些垄断企业还和银行融为一体，成为金融资本。这些金融资本形成后，成为各个国家居统治地位的力量。它们不仅控制着整个国民经济，而且操纵政府，左右国家政治生活。以摩根财团为例，19 世纪 90 年代，美国由于经济危机导致黄金外流，政府的黄金储备急剧下降，美国政府不得不请求摩根财团帮助。到 1913 年美国联邦储备银行建立以前，摩根银行事实上充当着中央银行的角色，不仅发行货币，而且垄断了 1878 年、1894 年财政部的公债发行。

这一时期，由于世界领土已基本被瓜分完毕，世界上除了北方国家，或者是完全殖民地国家，或者是北方国家的附属国，或者是半封建半殖民地国家。世界上一切民族，都被完全或部分地卷入到资本主义的世界体系当中。广大南方国家，“一切固定的僵化的关系以及与之相适应的素被尊崇的观念和见解都被消除了，一切新形成的关系等不到固定下来就陈旧了，一切等级的和固定的东西都烟消云散了，一切神圣的东西都被亵渎了。人们终于不得不用冷静的眼光来看他们的生活地位、他们的相互关系”[②]。对于第三世界国家进入资本主义殖民体系所遭受的苦难和某种历史必然性，马克思曾经指出：“从人的感情上来说，亲眼看到这无数辛勤经营的宗法制的祥和无害的社会组织一个个土崩瓦解，被投入苦海，亲眼看到

① 《列宁选集》第 2 卷，人民出版社 1995 年版，第 651 页。

② 《马克思恩格斯文集》第 2 卷，人民出版社 2009 年版，第 34—35 页。

它们的每个成员既丧失自己的古老形式的文明又丧失祖传的谋生手段，是会感到难过的；但是我们不应该忘记，这些田园风味的农村公社不管看起来怎样祥和无害，却始终是东方专制制度的牢固基础，它们使人的头脑局限在极小的范围内，成为迷信的驯服工具，成为传统规则的奴隶，表现不出任何伟大的作为和历史首创精神。”[①] 马克思还认为，历史中的资产阶级时期负有为新世界创造物质基础的使命：“一方面要造成以全人类互相依赖为基础的普遍交往，以及进行这种交往的工具；另一方面要发展人的生产力，把物质生产变成对自然力的科学支配。资产阶级的工业和商业正为新世界创造这些物质条件，正像地质变革创造了地球表层一样。只有在伟大的社会革命支配了资产阶级时代的成果，支配了世界市场和现代生产力，并且使这一切都服从于最先进的民族的共同监督的时候，人类的进步才会不再像可怕的异教神怪那样，只有用被杀害者的头颅做酒杯才能喝下甜美的酒浆。”[②] 因此，不管在情感上多么同情南方国家的历史遭遇，我们不得不承认这种历史现实，“人类社会的史前时期就以这种社会形态而告终”[③]。

殖民地经济对于北方国家极为重要，但很多并不是资本主义生产方式。此时，剩余价值的生产仍主要是在一国范围内完成，殖民地经济只是资本循环和增值的个别环节，主要是部分原材料和产品的销售超出了国界。资本输出已经具有重要意义，1900 年，英、法、德、美和荷兰五国对外投资总额已达 222.6 亿美元，1913 年又增加至 385.5 亿美元。[④] 但这时资本输出的主要部分是借贷资本的输出。借贷资本已经代替商业资本成为资本国际化的主要形

① 《马克思恩格斯文集》第 2 卷，人民出版社 2009 年版，第 682—683 页。

② 《马克思恩格斯文集》第 2 卷，人民出版社 2009 年版，第 691 页。

③ 《马克思恩格斯文集》第 2 卷，人民出版社 2009 年版，第 592 页。

④ 宋则行、樊亢主编：《世界经济史》中卷，经济科学出版社 1994 年版，第 231 页。

式。资本主义的殖民体系至此形成，但资本主义世界体系未最终形成。绝大多数南方国家沦为了殖民地半殖民地，丧失了国家独立和主权，受到宗主国的控制，这个时期南北差距明显。在世界生产方面，北方国家又抓住了第二次科技革命的机遇，生产力飞速发展，它们在世界经济中始终占据着主导地位。据统计，在 19 世纪的最后 30 年至 20 世纪初，北方发达国家工业生产占世界工业生产的 4/5 以上。南方国家大多数还处于前资本主义时期，形成了殖民地半殖民地经济，具有一定的资本主义经济成分，只有极少的简单的民族工业。它们只是初步进入到资本主义世界体系，仅是农产品和工业原料，或者初级产品的供应地，是北方工业国家工业品的销售市场，绝大多数南方国家在世界工业生产中的地位微不足道。1900 年，南北双方人均收入的差额之比已经达到了 6：1。

三、国家垄断资本主义阶段

第二次世界大战后，资本主义又进入了一个新的历史发展阶段，即国家垄断资本主义阶段。国家垄断资本主义是西欧马克思主义经济学讨论的重要议题之一。法国的一些马克思主义经济学者还撰写了《马克思主义政治经济学论著——国家垄断资本主义》一书。法国马克思主义学者把“垄断阶段”的资本主义分为“简单垄断”和“国家垄断”两个时期。“简单垄断”是列宁所论述的帝国主义阶段，而“国家垄断”即国家垄断资本主义。国家垄断资本主义在第一次世界大战期间初步形成，20 世纪 30 年代资本主义“大萧条”和第二次世界大战期间，国家垄断资本获得了大发展。法国马克思主义学者认为国家垄断资本是包括政治、经济、意识形态和军事等方面因素的“有机整体”。国家垄断资本主义的基本特征表现为“国家投资、国营部门、国家消费以及垄断性的计划”，以及“经济的军事化、意识形态和政治上的强制性、反动势力的集结、政治专制主义的趋势”。[①] 斯威齐（Paul Sweezy）指出，帝国主义的再起和军国主义的发展，意味着国家权力的增大和国家职能范围的扩张。在帝国主义时代，积累过程中正在成熟的各种矛盾，又为扩大了的国家活动，特别是它在经济领域中的活动，提供了新增的场地。[②] 应该说，在资本主义发展的始终，政府对经济生活的干预和调节，是从来就有的，但资本主义发展的前期，这种干预和调节的力度和范围都较小。

垄断资本同国家政权紧密结合，对经济生活进行直接干预和调节，使垄断资本集团获得最大利润，以维护资产阶级的统治。在资本主义发展前期，社会化大生产程度不太高，生产社会化与生产资料私人占有之间的矛盾还没有达到不可调和的地步之时，国家仅维持最基本的职能即可，也没有必要对经济进行过多的干预。进入 20 世纪后，经济大危机频繁爆发，且危害性巨大，足以埋葬资本主义，这表明资本主义的基本矛盾单靠市场机制自身调节已无法解决。作为资产阶级利益总代表的国家，此时不得不扩大其职能范围，广泛地、大规模地干预和调节经济，确保资本主义制度得以延续和完善。国家采取各种手段，包括财政、税收、行政等手段，对经济进行干预和调节。国家对经济的干预和调节，已成为当代资本主义运行的内在机制。国家成为最大的资本所有者，凭借手中掌握的巨大政治经济力量渗入到社会再生产的各个环节，成为社会再生产的一个有机组成部分，形成了国家有计划地对经济进行调节的机制。这样，与以往资本主义自由竞争阶段乃至一般垄断阶段大大不同，国家调节机制与市场机制并存，互相结合，在一定程度上促进了资本主义经济的较快发展。主要资本主义国家还通过实行国有化和直接投资建立国有企业，使国有经济在当代资本主义国家经济中占有一定

① 顾海良、张雷声：《20 世纪国外马克思主义经济思想史》，经济科学出版社 2006 年版，第 502 页。
② ［美］保罗·斯威齐：《资本主义发展论》，陈观烈、秦亚男译，商务印书馆 1997 年版，第 342 页。

地位。

同时北方国家凭借国家资本主义，继续主导着资本主义世界体系的发展。第二次世界大战后，民族解放运动蓬勃发展，资本主义世界殖民体系土崩瓦解。在从殖民地撤退中，北方国家千方百计把老殖民主义向新殖民主义转化，以形成新殖民体系，企图对获得政治独立的国家继续进行控制、干涉与掠夺，保持新生国家对原宗主国的依附性，维持旧的资本主义世界体系的国际不平等关系和国际政治经济旧秩序。广大殖民地半殖民地人民斗争力量日益强大，促使了老殖民主义的终结。但是广大南方国家的力量和世界进步力量还不是特别强大，第二次世界大战后独立的原殖民地、半殖民地国家仍处于相对落后的地位，未取得压倒性的胜利，这就为昔日的殖民列强推行新殖民主义提供了条件，促使新殖民主义得到了存在和发展。

新殖民主义不是进行武力征服和直接的殖民统治，而是承认政治独立，采取各种方式尤其是隐蔽的方式进行间接支配，达到控制、干涉与掠夺落后国家和地区的目的。北方国家对南方国家进行政治、经济、文化渗透（必要时也使用军事手段），把南方国家置于它们的控制之下，以使这些国家继续充当其商品市场、原料产地和投资场所，最大限度地榨取财富。斯塔夫里亚诺斯认为，垄断资本主义一直持续到今天，但是现在它必须应付震动着外缘地区的民族主义和社会革命运动。直接的殖民统治既在军事上变得不切实际，又在财政上无能为力。于是，便有了大规模的非殖民化运动以及从殖民主义转变为新殖民主义。如果说殖民主义是一种凭借强权来直接进行统治的制度，那么新殖民主义就是一种以让与政治独立来换取经济上的依附和剥削的间接统治制度。[①] 新殖民主义的掠夺方式主要有：加强资本输出，以“援

① ［美］斯塔夫里亚诺斯：《全球分裂——第三世界的历史进程》下册，迟越、王红生等译，商务印书馆 1993 年版，第 486 页。

助”为名为私人资本的扩张开路；跨国公司成为推行新殖民主义的重要工具；借助对现代科技的垄断控制掠夺南方国家等。

新殖民主义是由现代垄断资本主义的本质所决定的，是垄断资本主义对外关系的一种体现。垄断资本追逐高额利润，控制市场、原料和投资场所，要做到这些，就必须对已取得政治独立的广大南方国家进行不同形式的控制。老殖民主义手段失灵，就千方百计地实行新殖民主义。新殖民主义还是一种制度化的较为完善的国际统治体系，由于第二次世界大战后美国彻底巩固了其霸权地位，这一体系就主要由美国建构。阿瑞吉指出，第二次世界大战时期的国际对抗很快就变成建立一个以美国为中心的，并由它组织的一种新的世界秩序。这种新秩序在几个主要方面都不同于已经死亡的英国世界秩序，成为资本主义世界经济进行新的扩大再生产的基础。到第二次世界大战结束的时候，这个新的世界秩序的主要轮廓已经初见端倪：在布雷顿森林，建立了新的世界货币体系的基础；在广岛和长崎，新的武力手段显示出了新的世界秩序的军事基础将会是什么样子；在旧金山，联合国宪章规定了合法立国和进行战争的新规范和新规定。①

推行新殖民主义最根本的方式就是进行资本输出，建立国际剥削和控制纽带。列宁指出：“对自由竞争占完全统治地位的旧资本主义来说，典型的是商品输出。对垄断占统治地位的最新资本主义来说，典型的则是资本输出。”②资本输出是在20世纪初迅速发展起来的，在一般垄断资本主义阶段，资本输出得到了较快的发展。进入国家垄断资本主义阶段后，资本输出的规模大大提高，还有了新的特点。这一时期的资本输出除了私人资本之外，还有北方国家的国有资本。在1950—1973年，主要北方国家向南方国家输出

① ［意］杰奥瓦尼·阿锐基：《漫长的20世纪：金钱、权力与我们社会的根源》，姚乃强等译，江苏人民出版社2001年版，第325页。

② 《列宁选集》第2卷，人民出版社1995年版，第626页。

的资本总额中，国有垄断资本占 56.9%，其中在 50 年代这一比重高达 65% 以上，远远超出了私人垄断资本的输出。[①] 国有资本的输出，主要是为私人资本开拓国外市场。如北方国家对南方国家的外援，经常规定该款项必须用来购买援助国家的商品。国际开发委员会的报告承认，“外援经常是以促进和资助发达国家的出口为其目标，而同受援国的开发目标并没有什么联系”[②]。借助资本输出，北方国家还实现了对南方国家经济和政治的控制，以新殖民主义代替旧殖民主义。北方国家通过资本输出，控制了南方国家的经济命脉，进而使这些国家在政治上倾向自己。随着资本的增值与周转在全球范围内进行，形成了资本的国际循环。随着大规模的资本跨国运动与资本国际循环的展开，大批南方国家独立后走上资本主义道路（国内前资本主义成分还存在，但规模已极小），资本主义生产方式成为真正意义上的世界性的生产方式，剩余价值的生产开始在全球范围内完成，资本主义世界经济体系初步形成。

这一时期的南北差距表现在南方国家虽然获得了独立，在资本主义的道路上向工业化的目标奋力挺进，但在新殖民主义的世界体系下，成绩乏善可陈，南北差距继续扩大。南方国家虽然在政治上获得了独立，但实质上南北双方不平等的政治经济地位并没有根本改变，南方国家仍受着北方国家占主导的世界体系的控制、剥削和掠夺，南北发展不平衡的状况也没有根本改观。一些南方国家虽然建立了一定的工业体系，如一些拉美国家，但大多是劳动密集型产业，在工业制成品的技术含量等方面，仍然有巨大的差距。在国际生产领域“南方国家原料产地—北方国家工业中心”的生产格局依旧存在，大多数南方国家的生产结构依然是单一结构或畸形结构。它们或者大量

① 仇启华、姬兵：《当代资本主义若干问题研究》，江西人民出版社 1996 年版，第 84 页。

② ［加］莱斯特·B. 皮尔逊等：《开发援助中的伙伴关系》，厦门大学南洋编译组译，商务印书馆 1975 年版，第 61 页。

种植经济作物，或者集中开采矿物材料，或者二者兼而有之。南北差距在人均国民收入方面，差距依然是继续拉大。南北差距在1955年是1∶30.8，到1980年就扩大为1∶40.8，1985年又扩大为1∶43.7。[①]

四、国际垄断资本主义阶段

20世纪80年代末90年代初，冷战结束以后，资本主义进入了一个新的阶段。许多国外左翼学者认为当代资本主义世界体系是以全球性垄断资本主义为特征的，因此可以将当前资本主义的发展阶段称为国际垄断资本主义阶段。阿明将当代资本主义的主要特征归纳为普遍化垄断、全球化垄断和经济金融化，美国左翼学者约翰·贝拉米·福斯特（John Bellamy Foster）把当代资本主义称为全球垄断金融资本主义。资本天然寻求最高利润，需要在不断向全球扩展空间逐利的同时实现对稀缺资源的垄断性占有，并且扩大对各国社会的控制力。在国际垄断资本主义阶段，资本主义的生产和集中冲破了民族国家的地域界限，力图在全球范围内配置资源，实现资本最大限度地增值。

国际垄断资本在资本主义发展的早期就已出现了，在一般垄断资本主义阶段，大量资本输出促进了生产和资本的国际化，形成了以殖民体系为基础的国际垄断。这个时期，资本家国际同盟——国际卡特尔，是国际垄断资本的主要形式。国际卡特尔的类型多样，有的以组成股份公司的形式划分市场，统一价格和销售；有的根据不同产品签订一系列协议等。1938年，国际卡特尔已经控制了世界贸易额的40%。在国家垄断资本主义阶段，跨国垄断组织获得了广泛的发展，如跨国公司1971年的国际生产总值约为5000亿美

---

① 张雷声：《寻求独立、平等与发展》，中国人民大学出版社1998年版，第34页。

元，是世界资本主义生产总值的 20%；1983 年其国际生产总值已达 23750 亿美元，是世界资本主义生产总值的 40%。[①] 但国际垄断资本主义真正作为一个历史发展阶段，则开始于冷战结束后。冷战结束以后，新科技革命、全球通信信息网络和交通网络的发展为资本的全球流动提供了必要的物质基础和技术手段；东欧剧变、苏联解体，一些曾经的社会主义国家、一些宣称走社会主义道路的国家彻底地走上了资本主义道路，一些曾经的社会主义措施被放弃，为资本流动提供了更加广阔的空间范围，这都推动了垄断资本的全球大扩张，形成了历史上从未有过的规模空前的统一大市场。面对猛烈增长的社会生产力，国家垄断资本主义已经完全不能适应生产社会化程度进一步提高的要求，国际垄断资本主义阶段到来了。

国际垄断资本主义形成的主要标志是国际垄断资本在整个资本主义生活中占据了主导和支配地位，从而使垄断资本高度国际化和全球化。国际垄断资本的表现形式是跨国公司或多国公司，以及各种形式的垄断公司之间的国际联盟。各种形式的跨国公司、多国公司和国家垄断同盟，在全球经济中形成主导和支配地位。这些国际垄断企业实行全球化的经营方针，在全世界范围内寻求技术、资源和廉价劳动力等生产要素的最佳组合。国际垄断资本主义作为第二次世界大战后生产力高度发达、高度社会化的必然产物，是资本主义生产方式的新发展。这些国际垄断资本大力进行对外直接投资，在众多经济领域，已经被巨型国际垄断资本控制。根据《1994 年世界投资报告》统计，世界上最大的 100 家跨国公司（不包括银行和金融领域）拥有的资产为 3.4 万亿美元，其中投在本国之外的就有 1.3 万亿美元，其海外投资占世界对外直接投资的 1/3。[②]1997 年跨国公司内部的交易总额为 7.2 万亿美元，大大

① 刘国平、范新宇：《国际垄断资本主义时代》，经济科学出版社 2004 年版，第 47 页。

② 陈同久、薛荣久：《国际贸易》，对外经济贸易大学出版社 1997 年版，第 203 页。

高于世界贸易总额的6.3万亿美元。[①]资本的全面国际化，是国际垄断资本主义的实质，资本在以生产资本为主体的各种形态资本的国际化运动中，实现其价值增值和垄断利润。

国际垄断资本主义的形成，使全球经济出现了全球化的趋势。资本主义生产方式覆盖到全球大部分国家和地区，北方垄断资本将世界的生产和交换活动更加紧密地连为一体。资本主义国家经济的开放度不断扩大，商品、服务、资本和技术的国际流动更加通畅。但是这种全球化只是国际垄断资本的全球化、流动的通畅化，是北方垄断资本主导的全球化，是片面的全球化。如劳动力的流动，在现今民族国家和阶级国家的条件下，南方国家的人员能随便流动到北方国家享受高福利吗？北方少数发达国家的政府自己厉行干预主义政策，实行政府补贴、设置各种非关税壁垒等保护主义措施，却以“新自由主义”经济学为理论基础，利用其所控制的国际经济组织，代表跨国公司全球化生产的要求，不断对南方国家施以重压，驱动贸易、投资的自由化和资本账户的自由兑换等，胁迫南方国家不断降低关税，减少非关税壁垒，进一步开放国内市场，特别是金融市场。由此国际垄断资本的掠夺活动可以不受抵制、为所欲为。从总体上说，迄今为止的全球化，是资产阶级掌握历史主导权的、资本主义性质占据主导地位的全球化，亦即西方全球化或者资本主义全球化，在一定意义上，也可以称之为帝国主义全球化。[②]从本质上说，这种全球化是以资本主义为主导的、以实现全球少数人利益为目的的资本征服整个世界的现象和过程。[③]这种全球化，并不是彻底的全球化。真正彻底的全球化，只有在未来社会才能实现。

① 刘国平、范新宇:《国际垄断资本主义时代》，经济科学出版社2004年版，第53页。

② 马也:《历史是谁的朋友》，中央民族大学出版社2003年版，第532页。

③ 李慎明:《全球化与第三世界》，《中国社会科学》2000年第3期。

也正是在国际垄断资本主义阶段，资本主义世界体系才得以真正形成，资本主义的生产真正成为世界性的大生产。美国学者威廉·I. 罗宾逊（William I. Robinson）指出，生产的全球化已经使得复杂的生产链碎片化和分散化，同时也使得这些链条上的各个不同组成部分具有分布范围的世界性和功能一体化的特点。然而，生产进程的这种世界范围的分散化和碎片化是伴随着跨国资本对全球经济支配和控制的集中化而发生的。按照这种方式，全球化正在把世界统一成一种单一的生产方式，一种单一的全球体系，并且促使不同国家和地区整合为一种新的全球经济。① 在资本主义自由竞争阶段，商业资本的国际运动是表现资本主义世界性的主要形式；在一般垄断资本主义阶段，资本输出已经具有重要意义，借贷资本的国际循环代替商业资本的国际循环成为资本国际化的主要形式；国家垄断资本主义的大发展，使资本的国际运动从流通领域加速扩展到生产领域；以产业资本的国际运动为核心的资本国际化一旦形成，国际垄断资本主义阶段也终于来临。资本的全面国际化，使资本主义世界体系最终形成。国际垄断资本主义阶段，资本主义世界体系的形成使众多资本主义国家真正连为一体，资本主义的发展超越了民族国家的界限，成为一个大的资本国家。法国政治经济学者克里斯蒂安·帕罗瓦斯（Christian Parovas）也在其研究资本国际化的著作中论述了这个过程：商品资本循环是国际化的第一个循环，主要表现为世界贸易；货币资本循环是第二个循环，主要表现为证券投资资本进入海外风险投资；生产性资本循环是最近才出现的，主要表现为第二次世界大战结束以后跨国公司的大规模增长。②

① ［美］威廉·I. 罗宾逊：《全球资本主义论——跨国世界中的生产、阶级与国家》，高明秀译，社会科学文献出版社 2009 年版，第 18 页。

② ［美］威廉·I. 罗宾逊：《全球资本主义论——跨国世界中的生产、阶级与国家》，高明秀译，社会科学文献出版社 2009 年版，第 19 页。

国际垄断资本主义同时也是一种国际金融垄断资本主义，当代资本主义日益从实体经济向虚拟经济演进，资本积累过程出现了金融化的趋势，国际金融垄断资本主导着整个资本主义政治经济生活。法国学者让-克洛德·德洛奈（Jean-Claude Delaunay）指出全球“金融垄断资本主义”有以下几个特点。（1）生产资本的全球化。资本主义在生产领域，尤其是自20世纪90年代以来，实现了全球化。资本主义制度的全球化已经有几个世纪了，但是生产资本的全球化却是不久前的事。这是对17世纪以来欧洲形成的民族国家形式的局部超越。生产资本从部门和领土的角度，向全球扩张并互相渗透。（2）资本主义经济的金融化。（3）世界垄断寡头即跨国公司的形成。在当代金融资本框架下的资本全球化的有力推动下，资本主义企业实现了空前规模的积聚。来自各个不同的国家的资本的相互渗透和并购，最终形成了巨大的全球垄断寡头，即产量超过中等国家国民生产总值的巨大的跨国公司。（4）全球金融垄断资本主义形成。这里所说的全球金融垄断资本主义是指金融资本与世界范围内的产业资本、商业资本、服务资本、保险资本和各种投资资本的复合体。各国的私人垄断资本和国家垄断资本融合成全球的私人垄断资本。（5）高技术资本主义的形成。[①]在国际垄断资本主义阶段，当今的资本主义世界体系依旧是一个不平等的层级结构。“依附理论”认为，当今资本主义世界是一个“中心—外围”式的层级结构。北方发达资本主义国家拥有强大的综合国力，处于体系中的“核心”“主导”地位；南方不发达资本主义国家实力弱小，处于“外围”“依附”地位。“中心—外围”结构的实质是中心国家支配外围国家，中心国家对外围国家进行控制和剥削。“世界体系理论”认为，资本主义的世界体系由中心区、半边缘区和边缘区三个部分组成。当前，资本主义

① 李其庆：《当代资本主义新变化——法国学者让-克洛德·德洛奈访谈》，《国外理论动态》2005年第9期。

世界体系的现状是美英等发达国家居于体系的中心，一些中等发达国家处于体系的半边缘，大批落后的南方国家处于体系的边缘。资本主义中心国家对半边缘和边缘国家进行经济剥削，以维护自己的优势地位；半边缘国家既受中心国家的剥削，又剥削更落后的边缘国家；而边缘国家受到中心和半边缘国家的双重剥削。这种控制和剥削的形式，依然是新殖民主义的方式。

在国际垄断资本主义阶段，北方国家之所以能采取新殖民主义的方式，而不用采取赤裸裸的旧殖民方式，是因为它们拥有巨型的国际金融垄断寡头，以往用炮舰才能得到的利益，现在只用对外投资即可轻松获取。当前的世界经济体系，是被国际垄断寡头统治的世界经济体系；当前的国际政治经济秩序，实际上是被国际垄断寡头所支配的少数大国所控制。国际垄断资本凭借强大的科技和经济实力，迫使南方国家不得不被动地迎接着经济全球化的浪潮，任凭利润流向北方。

在这一时期，纵然是看到了资本主义世界体系不平等的结构依旧存在，纵然在人均国民收入等指标上南北差距依然巨大，但生产国际化的发展，各国资本主义经济的增长，使人们对南北差距的缩小和解决有了更多的期待。这种期待主要体现在对南方国家工业化成就的希望上。20 世纪 90 年代以来，南北双方的国际垂直型分工在形式上有了较大的变化。典型的垂直型分工是农业国和工业国的分工，北方国家专门从事制造业生产，落后的南方国家则是农业和矿业原料的生产者和供应者。如今，一些南方国家也从事制造业，有向水平型国际分工发展的趋势。水平型分工是经济发展水平大体相同的国家之间的分工，各国在制造业的不同部门之间有分工，在同一部门的不同产品生产方面有分工，在同一产品的不同零部件和工序方面也有分工。但这只是表面现象，因为核心技术和核心部件的生产依然被牢牢控制在北方国家手中，一些南方国家的经济虽然有很大的发展，但还未摆脱单一经济状态，垂直型国际分工的格局没有得到根本改变。

第二节　社会主义运动的发展与南北差距

一、社会主义运动的积极作用

首先，社会主义国家的产生和壮大，加速了殖民体系的崩溃，使广大南方国家赢得了独立和发展。十月革命打破了资本主义一统天下的局面，实现了社会主义从理论到现实的飞跃。十月革命以前，殖民主义、帝国主义长期奴役、剥削世界弱小国家和民族，将世界瓜分完毕后，建立了野蛮的殖民体系。苏联社会主义制度的建立，增强了广大殖民地、半殖民地人民反抗殖民压迫的信心，推动了中国等亚洲国家反帝反封建的民族民主革命运动，促进了革命运动在全世界的爆发，成为世界民族解放斗争的催化剂。美国学者托马斯·E. 韦斯科夫（Thomas Viskoff）指出，社会主义国家设计的模式为反对资本主义的运动提供了有远见的鼓舞作用。在中心地区的资本主义国家过去的历史中，反对资本主义霸权发展的运动，通常在一开始时就注定失败，因为它大都是缺乏远见的。它鼓励毁坏机器并颂扬传统生活方式的美德，却提不出未来的形象，也拿不出堪与资本主义利用技术进步而获得不断增长的力量相匹敌的任何积极方案。但是，社会主义模式却为当代第三世界国家反资本主义的抵抗运动提出了一个有关社会、经济和技术进步的中心问题。[①] 匈牙利历史学教授塔马什·克劳斯（Tamás Krausz）指出，在世界各地，俄国革命带来了希望，特别是对于下层社会阶级，它使许多近乎乌托邦的理想变成了现实。就好像一夜之间，成千上万的人有胆量相信他们可以建立一个更人道

① ［美］查尔斯·K. 威尔伯：《发达与不发达问题的政治经济学》，高铦等译，商务印书馆 2015 年版，第 230 页。

的社会，不受压迫，不受雇佣劳动的束缚。就其全球影响而言，十月革命给民族解放运动和反对殖民主义的斗争带来了决定性的鼓舞。[①] 美国著名生态学马克思主义学者约翰·贝拉米·福斯特也指出，西方今天的主流意识形态认为1917 年的俄国十月革命从头到尾彻底失败了。不可否认的是，苏联历史上尽管存在着一些历史悲剧和矛盾，但苏联的历史也经历了非凡的工业发展，工人阶级的状况普遍得到改善。第二次世界大战中苏联在反对法西斯的斗争中也做出了巨大贡献，苏联的存在也激励了第三世界的人类解放运动。[②] 苏联对各国革命和人类反对资本主义霸权主义进步事业的大力支持，有力遏制了帝国主义在全球的殖民扩张。在世界反法西斯主义的战争中，苏联还成为反对帝国主义、法西斯主义发动的世界大战的主力军。世界反法西斯战争的胜利，极大地推动了世界社会主义运动、民族解放运动的发展，使一大批社会主义国家、民族独立国家建立起来。除了新建立的社会主义国家，战后大规模的民族独立和解放运动风起云涌，使其中大多数国家走上了某种形式的资本主义道路。从客观历史的角度来看，这些落后的前殖民地国家走上资本主义道路，毕竟也是一种进步。从殖民地半殖民地国家到独立自主的民族国家，这是历史的飞跃，所以说，没有社会主义的存在，帝国主义的殖民政策还会持续更长的时间，南北差距还会更大。

其次，社会主义国家支持和联合南方国家持续开展反对资本主义强权政治和霸权主义的斗争，有利于建立公正合理的国际政治经济新秩序。第二次世界大战后，社会主义阵营的出现，两极格局的形成，结束了西方列强独霸全球事务的历史。阿明指出，由于苏联在建设方面取得的成功——而不是

---

① Tamás Krausz，“One Hundred Years，One Hundred Messages”，*Monthly Review*，Vol.69，No.3 (July-August 2017)，https：//monthlyreview.org/2017/07/01/one-hundred-years-one-hundred-messages/.

② John Bellamy Foster，“Revolution and Counterrevolution，1917—2017”，*Monthly Review*，Vol.69，No.3 (July-August 2017)，https：//monthlyreview.org/2017/07/01/revolution-and-counterrevolution-1917-2017/.

失败——终于使它跻身军事超级大国的行列。它为迫使帝国主义统治退出第三世界发挥了重要的政治（和军事）作用，为亚洲和非洲统治阶级（及其人民）开拓了实行自治的空间，而这种空间已经随着苏联解体而消失了。众所周知，美国粗暴的军事化的霸权主义攻势正是从 1990 年开始的。苏联的存在使得世界——从 1945 年到 1990 年——形成了多极化的结构。[①] 美国学者托马斯·E. 韦斯科夫也认为，战后时期和过去历史时期之间的一个重大区别是：现在存在着很大一批社会主义国家同资本主义大国竞相对第三世界施加影响。一些社会主义国家还能够向外围地区反资本主义统治的革命运动提供直接的物质援助以及政治的和意识形态的支持。[②] 广大南方国家独立之后，依旧面临着旧的国际政治经济秩序对自身发展的束缚，面临着北方国家的反扑。这就要求新兴民族独立国家联合起来，共同进行反帝反殖斗争，维护国家的主权和独立。20 世纪 50 年代的亚非会议，60 年代形成的“不结盟运动”和“七十七国集团”，是这些南方国家联合斗争的三个划时代的里程碑。在这些过程中，社会主义国家的作用功不可没。如在亚非会议上，中国代表团在周恩来总理的亲自带领下参加了会议。面对帝国主义者的破坏，周总理提出了著名的“求同存异”方针，并提出了和平共处五项原则，使会议顺利召开，通过了《亚非会议最后公报》。阿明也写道，20 世纪 60 年代和 70 年代被联合国认定为“发展的 20 年”。这一时代同样还呈现出亚洲国家和新非洲国家的强大团结。在 20 世纪 60 年代和 70 年代里，通过一个又一个的首脑会议，“不结盟”由此便形成了集合几乎所有亚非国家的“不结盟运动”的组织，其立场必然地从支持解放斗争和拒绝军事条约为宗旨的政治团结阵线，逐渐

① ［埃及］萨米尔·阿明：《多极世界与第五国际》，沈雁南、彭姝祎译，社会科学文献出版社 2014 年版，第 55—56 页。

② ［美］查尔斯·K. 威尔伯：《发达与不发达问题的政治经济学》，高铦等译，商务印书馆 2015 年版，第 230 页。

转为“向北方国家争取经济权利的辛迪加”组织。社会主义国家的国际政治经济活动也和南方国家争取独立、团结反霸的斗争活动结合在了一起，并促进了南方国家的独立反霸活动。阿明还指出：“第三国际成立的目的是纠正第二国际的偏差，它支持在资本主义世界体系的所有周边地区建立共产主义政党，倡导西方的工人和东方的农民结盟。这一变化还反映在毛泽东主义扩大了上述的国际化号召：它建议把受压迫的人民吸收进来，和全世界无产者并肩作战。1943 年，第三国际正式解散，1948 年，又以共产党和工人党情报局的名字重组。第三国际和 1955 年万隆会议不结盟运动以及 1966 年的亚非拉三大洲会议相结合，强化了把反资斗争在全球范围内世界化的观点和实践。”[①] 总之，社会主义的推动，使第三世界作为一种新兴的国际政治经济力量出现在国际舞台上，它们反对霸权主义、强权政治，促进了世界和平力量的发展和壮大，从而逐渐改变了国际政治经济格局，促进了世界格局向多极化发展。

最后，南方国家独立之后，由于社会主义阵营的存在，促使美国等北方国家向其中一些国家提供了慷慨的“外援”，并扶植其发展。战后北方国家为了和社会主义阵营争夺南方国家，为了尽量维持前殖民地国家与它们的传统关系，保护既得的利益，还不得不对一些有战略价值的国家进行援助、扶植，主要是大规模的经济援助，以及资本输出和市场开放等。正如美国总统肯尼迪在民族民主运动风起云涌的 1962 年所言，“外援”是美国为了在世界上保持其影响力和控制性地位，并维护一大批国家的现有地位，防止它们崩溃或倒向共产主义集团所采取的一种办法。第二次世界大战后，美国对亚非拉民族独立国家和其他落后地区，实施了技术援助和开发落后

① ［埃及］萨米尔·阿明：《多极世界与第五国际》，沈雁南、彭姝祎译，社会科学文献出版社 2014 年版，第 227 页。

地区计划，即“第四点计划”，强化对南方不发达国家和地区的控制。缪尔达尔认为，1950年前后，美国的对外援助预算突然开始加快增长，其主要的动因与其说是希望满足不发达国家的发展，不如说是因加剧的冷战所迫。他还说：“在我最为深入研究的、不发达世界那个很大的地区南亚尤其是这种情况。一个不发达国家的结盟，以及在某些情形中并非不友好的中立，变得对美国颇有政治利害关系，美国此时正扮演着主角，提供80%或更多的对该地区的所有赠予和贷款。”援助的政治目的明确无误地反映在对各国的援助分配上。作为同美国政治和军事结盟的报酬，巴基斯坦除了得到军事援助之外，平均每个人头得到相当于印度2倍之多的经济援助，然而，最近几年这个结盟并未见得多么牢靠。[①]美国学者托马斯·E. 韦斯科夫也指出，资本主义大国之间的竞争以及资本主义和社会主义大国之间的竞争已经改善了它们对外国和外国公司讨价还价的地位。此外，中心国家有远见的资本家现在也往往把外围地区的经济增长看成是可能预防社会主义革命的一剂良药。第三世界各国政府讨价还价能力的提高，有助于大量财政援助从富国流向穷国。[②]可见，由于社会主义的存在，为了使大多数南方国家留在资本主义阵营之内，北方国家的支持和援助客观上为一些南方国家提供了较为良好的发展机遇。

其中一些国家和地区东西逢源，得益颇丰。如韩国、中国台湾等，冷战时期，它们都处在以美国为首的资本主义阵营的反共前哨，都是美国反共的马前卒。为了遏制并进而打败社会主义阵营，美国就不得不大力援助、扶植这些国家和地区，把它们栽培为“样板”，与东方国家进行制度竞争，提高

① ［瑞典］冈纳·缪尔达尔：《世界贫困的挑战——世界反贫困大纲》，顾朝阳等译，北京经济学院出版社1991年版，第295页。

② ［美］查尔斯·K. 威尔伯：《发达与不发达问题的政治经济学》，高铦等译，商务印书馆2015年版，第214页。

资本主义的吸引力。例如，仅从 1945 年占领朝鲜半岛南部开始到 1971 年，美国共向韩国提供了总额约为 44 亿美元的无偿经济援助。[①]提供无偿军事援助的时间更长，主要项目延续到 1976 年，总额约为 52 亿美元。[②]第二次世界大战后，美国除了采取措施促进韩国经济发展之外，还十分关心韩国经济组织形式的选择。一般来说，经济发展计划、国家干预经济和公有制是社会主义经济增长方式的主要特征。因此，在第二次世界大战后的十年里，美国坚决要求韩国发展私营企业、反对国家干预并排斥详细的经济发展计划。但是，因为感觉到韩国经济的发展前景并不乐观，就开始考虑借助长期经济发展计划促使韩国取得经济进步。在肯尼迪政府时期，美国极力推动朴正熙政权制定五年经济发展计划，并支持韩国政府对国民经济的广泛干预政策。当今，在东西冷战结束之后，南方国家在世界格局中的地位下降，南北不平等关系加剧，北方发达国家运用政治经济力量向南方国家施加更大的压力等，就从另一个角度说明了社会主义对南北差距问题的影响。

二、社会主义运动的发展为南方国家创造了国际发展空间

首先，社会主义力量依然在不断发展，是维护世界和平与发展的重要力量。在世界社会主义运动史上，社会主义的发展起起伏伏，波浪式前进，并不是一帆风顺。20 世纪 80 年代末 90 年代初，就发生了众多令人震惊的挫折性大事件。苏联和东欧社会主义国家相继发生剧变，上演了一幕幕亡党亡国之令人叹息的历史悲剧，走上了资本主义道路。不少原社会主义国家在北方发达资本主义国家的干涉下还陷入了四分五裂、内战不断的境地，坠入了苦

① ［韩］安永美：《外援的政治经济学》，博士学位论文，耶鲁大学，1992 年，第 373 页。

② ［韩］尹钟浩：《韩美军事关系的政治学》，博士学位论文，利兹大学，1989 年，第 196 页。

难深渊。这场剧变，使这些国家几十年社会主义建设成果一时化为乌有，社会生产力遭受空前破坏。东欧剧变、苏联解体，使蓬勃发展的世界社会主义力量暂时受到削弱，使社会主义与资本主义的力量对比发生了重大变化，使社会主义运动陷入低潮，处于重新酝酿发展期。北方资本主义势力借此妄言社会主义的"大失败"和共产主义的"历史终结"，似乎从此整个世界就是资本主义的天下了。

东欧剧变、苏联解体，这是社会主义所遭遇的重大挫折，但并不是像一些人所说的是社会主义的"历史终结"。社会主义从 20 世纪 90 年代中期进入"调整期"，并出现了局部复兴，在世界上仍然是和资本主义相抗衡，是资本主义势力欲置之死地而后快的主要否定性力量。世界社会主义运动的出现还大大促进了人类文明的进步。大卫·哈维（David Harvey）说道："我们必须承认，19 世纪以来共产主义潮流形成了非常重要的政治力量。我不认为这些潮流完全失败了，我认为正是苏联、中国这样的非资本主义国家的存在，威胁了资本主义，使资本主义妥协。我认为我们今天所拥有的一切，在某种程度上都要归功于共产主义运动，比如更好的教育、保健，欧洲、美国都是这样。"[①] 而且除了中国等社会主义国家，苏东地区的社会主义力量并没有消沉，有了一定程度的复兴。原执政的各国共产党虽然普遍丧失政权，有的改变了性质和名称，有的宣布解散，但从 1992 年起，社会主义力量又以新的形式崛起和复兴。这些国家坚定的共产党人又重整旗鼓，集结起来，组建共产党的后继组织。新共产党在俄罗斯、白俄罗斯、乌克兰、摩尔多瓦等国充当了社会主义力量的主体，是国内举足轻重的政治力量。摩尔多瓦共产党人的成就较大，重建后在 2001 年国内大选中上台执政，后又在 2005 年大选中

① 高丹、竹君：《大卫·哈维：美国应对危机的方式是关心钱，不关心人》，澎湃新闻网 2017 年 5 月 21 日。

保持了执政地位，连选连任，这是欧洲第一个共产党人通过选举上台执政的“红色政权”。

北方发达国家的共产党人也稳住阵脚，坚持斗争，成效也较为显著。东欧剧变、苏联解体初期，一些北方国家的共产党或改旗易帜，改为社会民主党；或发生分裂；或宣布自行解散，销声匿迹。在这样的困难条件下，大浪淘沙，许多坚定的共产党人仍然坚持社会主义、共产主义的奋斗目标，总结经验、创新理论、调整政策，经过艰苦努力，北方发达国家共产党保住了党员的基本队伍和选民队伍。目前，西欧地区有 20 多个共产党，其中比较有影响的党是法国共产党、意大利重建共产党、葡萄牙共产党、希腊共产党。第二次世界大战结束之后，南方国家纷纷走上独立道路。资本主义力量的削弱，旧殖民体系的瓦解，社会主义运动的勃兴，苏联社会主义建设成就的吸引，使社会主义在广大南方国家成为潮流，不少南方国家也高举社会主义大旗。随着东欧剧变、苏联解体，许多国家又纷纷宣布放弃马克思主义、社会主义，实行资本主义。但大多数国家的共产党人坚持下来，并有了较大的发展。尼泊尔共产党（毛主义中心）在 2008 年 4 月 10 日制宪会议选举中大获全胜，获得组阁权，成为执政党。两年前还被尼泊尔、印度和美国政府认定为“恐怖组织”的前反政府武装在总共 601 个席位中获 220 席，成为第一大党。在拉美，现有共产主义政党 30 多个，党员人数 40 多万人，其中巴西和智利共产党的力量较大。

社会主义在拉美的影响较为深远。20 世纪 90 年代，“新自由主义”在拉美的改革以失败告终。它不但未能给拉美带来繁荣与稳定，反而使拉美付出了经济危机频发和社会严重分化的沉重代价，“新自由主义”因而在拉美声名狼藉。拉美民众对右翼政府深感失望，他们纷纷将选票投向左翼和中左翼政党。1998 年，查韦斯通过选举上台执政，并逐步提出了“21 世纪社会主义”理论，开始了社会主义取向的探索。与其他左翼和中左翼拉美政府所进行的

“温和的、局部的”改良有所不同，查韦斯在脱离资本主义，打破旧有的政治经济结构，逐步提出并不断完善符合本国实际的社会主义思想理论来作为指导思想，改革国家机器，在生产资料所有制形式上进行社会主义式的变革，团结反霸抵御外部势力干预等方面，比其他左翼政府走得更远，作出了继往开来的伟大探索，取得了巨大成就。自查韦斯提出“21 世纪社会主义”执政理念之后，大多数执政的拉美左翼政党的领导人也纷纷提出了自己的社会主义执政理念，宣布要在自己的国家进行“社会主义建设”。“社会主义”成为拉美政坛最时尚的字眼，“要社会主义、不要资本（帝国）主义”，是一大批拉美国家民众的向往和愿望。在执政理念上，不仅有委内瑞拉、厄瓜多尔的“21 世纪社会主义”，玻利维亚也提出了“社群社会主义”，巴西劳工党提出了“劳工社会主义”，智利、乌拉圭等左派则提出了“社会民主主义”。总之，反对“新自由主义”，“社会主义”的执政理念在拉美许多左翼政府中成为共识。查韦斯总统逝世以后，拉美左翼力量所面临的内部环境和外部环境都发生了重大变化，面临着种种挑战，这需要左翼力量借鉴查韦斯的理论和实践探索，进行及时变革、转型，勇于迎接这些挑战，不断获得发展。墨西哥国立自治大学政治哲学专家索尼娅·托雷斯（Sonia Torres）教授认为，拉丁美洲的社会主义斗争由来已久，查韦斯作为其中突出的思想者和实践者，发挥了很大的作用，如今，虽然他已经逝世了，但是左翼阵营中依然有其他坚定的成员。虽然在这场（拉丁美洲玻利瓦尔革命）运动之中，委内瑞拉起到了不容忽视的作用，但是仍然有其他国家参与其中。她相信，随着时间不断推移，（和古巴类似的左派国家）未来将会和北美帝国主义展开一场别开生面的斗争。托雷斯还认为，“查韦斯思想”已经不再是属于查韦斯一个人的思想，而是属于一个团队、一个国家、一个地区的思想。不管查韦斯在世与否，这种思想在拉丁美洲都会发挥非常重要的影响力。查韦斯不仅仅是一个个人，而是一个集体，是一群和他共事的重要思想家共同的（精神）财富。而如今，查韦斯精神的具体体现就是和强权的不懈斗争。北美的帝国主义势力随时都在试图恢复他们对拉美土地的影响和控制，而在委内瑞拉（和其周围的拉美小国）诞生的社会主义运动（不仅在现在，而且在将来）都会一直阻挡着这股强权南下的步伐。[①]

中国、越南、老挝、朝鲜、古巴坚持社会主义的基本制度和发展方向，积极探索适合本国国情的发展道路，把社会主义事业不断向前推进。社会主义国家对大国的霸权主义和强权政治起着有效的制约作用。中国作为联合国安理会的常任理事国，对国际事务有着不可替代的独特影响。社会主义国家积极支持南方国家的正义斗争，帮助南方国家振兴民族经济，并积极推动南南合作的发展。例如，新中国自成立以来，向非洲国家提供了大量不附带任何条件的援助，而且这些援助在不同历史阶段、适应时代发展要求被赋予不同的内涵，受到非洲国家政府和人民的高度称赞。自 20 世纪 90 年代以来，中国对非洲的援助注重在技术管理指导、优惠贷款提供、投资贸易等方面拓展内容和加大力度。

其次，北方国家继续对社会主义国家和苏东地区排兵布阵，在某种程度上开始了新的冷战，南方国家又有了喘息之机。社会主义国家自诞生以来，就一直遭到资本主义的敌视，资本主义不遗余力、"持之以恒"地对社会主义国家进行围攻和绞杀。在第二次世界大战以前，这主要是用武力来进行的。第二次世界大战以后，北方发达资本主义国家对社会主义国家一直采取"和平演变"策略，企图把社会主义国家纳入资本主义的轨道。冷战后，北方国家继续采用"和平演变"战略，采取各种手段，在政治、经济、思想方面对社会主义国家施加压力，企图颠覆这些国家的社会主义制度。冷战结束以来，北方国家为了全球霸权的需要，继续对社会主义国家和俄罗斯进行

---

① 万戴：《学者称后查韦斯时代左派思潮仍将在拉美壮大》，中国新闻网 2013 年 3 月 6 日。

战略遏制和围堵，在某种程度上开始了新的冷战。阿明说："美国统治阶级公开宣称，他们不会容忍任何能够动摇美国统治全球的垄断权力的经济力量和军事力量方面的重构；并且，为了达到这个目的，他们赋予了自己发动预防性战争的权力。美国主要瞄准的目标有以下三个。俄罗斯是其首要的目标。自从俄罗斯从苏联分离出来之后，它就成为了美国的主要战略目标。……美国的第一选择就是永久而彻底地摧毁已经饱经沧桑的对手俄罗斯。普京会明白这一点并着手动员俄罗斯统治阶级抛弃他们的幻想吗？中国是美国的第二个目标，中国的强大和经济成就令美国感到忧心忡忡。美国的战略目标是瓦解这个大国。欧洲是世界新主人的这种全球视野中的第三个目标。"①

北方敌对势力认为中国是仅存的共产主义大国，中国已经成为北方敌对势力对社会主义进行西化、分化的主要目标。它们一直在利用所谓的人权、民族、宗教和中国台湾、西藏、新疆等问题，干涉我国内政，破坏我国的政治安全。美国把中国列为2015年后美国最可能遇到的头号潜在对手，大肆渲染中国在经济、军事、政治、环境、资源等方面的潜在挑战。从20世纪90年代开始，美国对中国的军事侵扰和战略包围步步升级，中国的发展环境和国家安全面临着越来越严峻的挑战。美国主要是通过构筑围堵中国的战略包围圈，通过与中国周边国家在政治、经济、军事等领域的战略合作以达到其在战略上包围和遏制中国的目标。因此，美国大力加强了与中国周边国家的军事合作关系，还进一步加强了与日本、韩国的军事安全同盟。加强与东盟的关系，谋求在南中国海方面牵制中国。美国通过与东盟在反恐等非传统安全领域的合作，巩固了与东盟主要成员国（菲律宾、新加坡和泰国）的战略伙伴关系，扩大了双方在区域内外军事合作的领域。建立与印度的战略

① 曹义恒、曹荣湘：《后帝国主义》，中央编译出版社2007年版，第134页。

伙伴关系牵制中国。美国出于遏制中国的需要，近年来不断加强与印度的军事合作。2006 年 3 月，美国总统布什访问印度并签署美印民用核合作协定。布什称赞印度同美国是“拥有共同价值观的友好国家”，誓言帮助印度成为“21 世纪的世界大国”。印度巧妙地利用美国遏制中国的心理，通过积极支持美国发动的全球反恐战争等举措，大大改善了与美国的关系，获取了战略利益。因此，自“9·11”事件以来，在中美关系有所缓和的表象之下，中国除了北部地区之外，周边的地缘政治环境明显恶化。中国周边的这些国家，通过与美国的合作，继续获得政治、经济、军事等利益。

东欧剧变、苏联解体之后，俄罗斯虽然走了资本主义道路，但美国继续对其进行“削弱、遏制和防范”。这是因为，以美国为首的国际垄断资本主义势力想一家独大，要将东欧和原苏联地区的国家完全纳入它的控制之中。俄罗斯拥有仅次于美国的战略核武器库，倘若能东山再起，无疑对以美国为首的国际大资本形成挑战，损害它们的既得利益。以美国为首的北约不断东扩，挤压俄罗斯的战略空间，削弱俄罗斯的影响力。美国还支持独联体地区内反俄势力，策动和资助独联体国家的一系列“颜色革命”。这最终造成俄罗斯国内民族主义情绪的高涨。俄罗斯也开始了反击。俄罗斯在一系列问题上开始对美国采取强硬的不合作政策，加剧了美国发动伊拉克战争后全局性的外交困境，使全球战略态势发生了深刻变化。俄罗斯还强化了与中国的战略协作关系，与伊朗保持密切关系，在反对北约向乌克兰和格鲁吉亚扩张方面采取强硬立场。2008 年 8 月爆发的俄格冲突，使本已紧张的俄罗斯与美国的关系雪上加霜，政治分析人士形容当前的俄美冲突已经呈现出所有“新冷战”的特征。俄罗斯还盯上了美国的“后院”，不仅派遣远程战略轰炸机前往加勒比海沿岸的委内瑞拉，而且委俄两国还于 2008 年 12 月 1 日至 3 日在加勒比海举行了代号为“委俄 2008”的联合军事演习。很多人认为，“新冷战”将迫使华盛顿和莫斯科给予拉美更多关注，使某些国家有机会利用华盛顿和莫斯科之间的冲突来谋求战略利益。俄罗斯有社会主义留下的强大的综合国力和种种战略资源，有和美国抗衡的资本，其他国家在国际垄断资本的压榨下也有了喘息的机会，这也是社会主义为南方国家留下的丰厚战略遗产。

三、社会主义为南方国家提供了可借鉴的制度工具和发展道路

首先，北方发达资本主义国家开辟的资本主义现代化发展模式及其提供的制度工具具有局限性。英美等北方发达资本主义国家先后通过资本主义工业革命走上资本主义现代化道路，开启了世界现代化进程。人类社会从传统社会转变为资本主义社会、从农业社会转变为工业社会。在这个时期，其他地区还在农业社会里徘徊，处在沉睡状态，几乎完全看不到现代社会的影子。这种表现在发展阶段上的巨大落差，以及处于强势地位的北方列强惨无人道的海外殖民掠夺，也唤醒了倍受北方发达国家欺凌的其他落后国家图强求变、缩短发展差距、进而实现现代化的民族意识。因此，北方国家的资本主义现代化道路对于南方国家来说，拥有绝对的吸引力。曾经有很长一段历史时期，许多人都认为北方资本主义国家就是落后国家强国富民、发展现代化的榜样。北方国家之外的经济落后国家，要想实现现代化，摆脱贫穷落后挨打的局面，唯一的选择就是走北方国家的“资本主义化”道路。资本主义为广大南方国家提供的制度工具主要是政治上的资本主义民主政治，经济上的资本主义私人所有制和以自由市场作为资源配置的方式。在发展模式上的主要特征为生产上对剩余价值的追求，以私人投资经营为主发展经济，以自发的市场作为配置资源的方式。然而事实证明绝大多数经济文化落后的南方国家通过资本主义走向现代化的道路并不成功。资本主义制度基本矛盾的存在，使阶级与阶级之间的矛盾、国家与国家之间的矛盾、民族与民族之间的

矛盾、人与人之间的矛盾、人与社会之间的矛盾、社会与人类生存的自然环境之间的矛盾愈演愈烈。这种种矛盾的存在足以把人类带向末途。于是，探索一种完全不同于北方国家传统的新型发展道路，在世界上便成为一种势在必行的潮流和趋向。

其次，社会主义制度和发展模式对世界的影响。社会主义从理论成为实践，开启了一条完全不同于资本主义的发展之路。社会主义制度建立以后，如何缩小与资本主义发达国家之间的差距以至赶超资本主义发达国家，如何避免资本主义现代化的弊病，尽最大努力减少现代化的代价，是后发外源型现代化国家所共同面对的问题。十月革命之后，列宁、斯大林结合俄国实际探索了一条完全不同于资本主义的制度和现代化模式——社会主义现代化模式和制度。这种制度和现代化模式是社会主义性质的，其基本制度内涵包括：政治上，确立国家的无产阶级专政制度和社会主义的发展方向、共产党在社会生活中的核心作用和领导地位、马克思主义在思想领域的指导地位、国家政权民主集中制的组织原则。经济上，生产资料几乎全部归国家所有，国家主要用行政手段来协调经济，实现对国民经济的统一领导和管理；在经济管理上高度集中化，国家通过指令性计划对生产的各个方面进行控制和监督。在发展模式上，第一，以高速度地发展国民经济为首要任务。这是为了迅速增加国家的经济实力和国防实力而选择的经济发展战略。第二，为了迅速增加国防实力和经济实力，以重工业为固定的发展重点。第三，以高度集中的计划作为资源配置的主要方式。这种制度和发展模式坚持了社会主义的基本原则，适应了当时的国际局势和苏联的具体国情，使落后的苏联在没有任何外援的条件下，依靠自身的力量在十几年的时间内建立了现代化的工业和国防力量。这种发展速度是人类历史上的奇迹，仅仅十几年时间，苏联成功地从一个农业国转变为世界工业强国。

总之，由苏联探索建立起来的社会主义制度和现代化发展模式在北方资本主义国家的危机年代中显示了独特的优越性。因此对南方国家乃至全世界产生了示范效应，为这些国家提供了发展的制度工具和发展模式、发展道路，进而影响了这些国家的现代化进程。斯塔夫里亚诺斯指出，直至1917年以前第三世界可以效仿的社会模式只有西方的资本主义。在布尔什维克革命和几个五年计划以后，苏维埃社会提供了第二种选择，而且在“大萧条”和第二次世界大战期间是一种特别引人注目的模式。[①] 他还说，对于第三世界来说，苏联的制度代表着从国际市场经济的第一次脱离，并且是取代传统西方资本主义的第一个可行的模式。苏联模式中包含的那些发展战略在今天看来已经很平常了，可是，它们在两次世界大战之间的年代里却富有惊人的大胆革新精神。发展战略之一是将社会革命作为全面的政治社会改组的先决条件，而这种改组乃动员人力物力之所必需。苏联模式的第二个特点是，斩断与宗主国中心地区既定的经济联系，这样，当地的资源就能用来满足本地区而不是帝国的需要。最后，苏联模式必需在全国范围内通过教育、技术培训、公共卫生工作来进行持续不断的人力资本开发运动。[②] 美国学者托马斯·E.韦斯科夫也指出，社会主义国家之存在本身的重要性在于它打破了那种除了资本主义外根本没有其他出路可以改善经济状况的保守神话。[③] 虽然这种模式本身也存在着诸多缺陷，需要随着时代的发展逐步改革和完善，但在当时的历史条件下，这种模式的确发挥过重要作用并产生过重大影响。这用实践告诉人们，社会主义现代化作为资本主义现代化的替代方案不仅是可行的，而且具有资本主义现代化模式无法比拟的优越性。在20世纪30年代，当北方

① ［美］斯塔夫里亚诺斯:《全球分裂——第三世界的历史进程》下册，迟越、王红生等译，商务印书馆1993年版，第660页。

② ［美］斯塔夫里亚诺斯:《全球分裂——第三世界的历史进程》下册，迟越、王红生等译，商务印书馆1993年版，第552页。

③ ［美］查尔斯·K. 威尔伯:《发达与不发达问题的政治经济学》，高铦等译，商务印书馆2015年版，第230页。

发达资本主义国家遭受经济大危机时，经济上受到重创，社会动荡，苏联的社会主义工业化却大踏步前进，人民生活富足安康，社会主义制度的优越性极其充分地展现在世界面前，与整个资本主义世界一片凄凉和衰败形成了鲜明的对照。面对经济大危机，北方国家开始放下“身段”，羞羞答答、遮遮掩掩地借鉴社会主义国家的某些做法，以在毁灭的边缘中挽救资本主义。罗斯福通过借鉴社会主义发展经济的一些做法，把资本主义从经济危机中拯救出来。美国总统罗斯福一上台就立即宣布实施“新政”，采取了扩大政府开支，推行公共工程计划，实施通货膨胀法令等一系列措施。这些新政措施在美国见效后，西欧国家纷纷效仿。当时，美国就有不少人针对罗斯福推行国家干预经济的政策，讥讽罗斯福抄袭了《共产党宣言》。

第二次世界大战以后，资本主义国家进入到国家垄断资本主义阶段，更是开始积极吸收社会主义国家的做法，对当代资本主义进行调整和改革。这些措施包括：加强对经济的计划调控和直接干预，由国家对公共服务项目进行直接投资，对国民收入进行不同程度的再分配，建立保障中下阶层利益的社会福利制度等。从某种意义上说，国家垄断资本主义的典型特征——国家干预，即是借鉴社会主义的做法。北方发达资本主义国家这样，南方国家亦如此。第二次世界大战以后除了新建立的社会主义国家，还有相当多的南方国家宣称选择社会主义道路，还有一部分走资本主义道路的国家，也都不同程度地接受了社会主义国家发展经济的一些做法和制度选择。如以韩国、新加坡为代表的东亚“发展型国家”，其经济发展模式的重要特点就是突破了“新古典经济学”的“政府的作用仅限于补充市场机制不足”的教条，建立了一种高度集权的政府或军人政权，对政治、经济、社会生活进行了全面的干预。政府不仅承担着一般的公共管理职能，而且主导着社会经济发展，以扶持和推动经济发展为己任，政府实行强有力的经济干预，有力地促进了经济的发展。

第二章

南北差距问题的表现

国外左翼学者认为南北差距是一种全面的差距。阿明指出，一个国家在全球等级体系中的地位是由它在世界市场上的竞争力所决定的。而这种竞争力是经济、政治和社会等方面许多要素综合决定的产物。[①]阿明还把中心区的综合优势概括为“五大垄断力”，其中包括对技术、金融、自然资源、媒体和通信、大规模杀伤性武器的垄断。美国发展经济学家 M.P. 托达罗指出，正如发展中国家的经济生活不可避免地同其社会、政治和文化的生活结为一体一样，这些国家的国内社会系统也同国际社会系统——世界经济的组织和行为准则，相互联系在一起。这种联系的一个重要方面，是许多发达国家和欠发达国家之间存在的控制和依附现象。这种控制和依附关系渗透到各个方面，也

① ［埃及］萨米尔·阿明:《全球化时代的资本主义——对当代社会的管理》，丁开杰等译，中国人民大学出版社 2005 年版，第 3 页。

存在于政治、知识和文化等领域。[①] 总之，南北之间的差距包括政治、经济、社会和文化等诸多方面，这些因素是相互影响、相互制约的，共同构成了南方国家不发达的现状，严重影响着南方国家的发展。

第一节　政治发展差距

南方国家在资本主义民主政治进程中虽然取得了一些西式的民主政治成果，初步建立了类似北方发达资本主义国家的一整套政治制度，但仍有许多国家处于政局动荡、西式民主失灵的局面，徘徊在经济停滞与“民主”僵局之间，难以走上有效的政治发展之路。国外左翼学者认为，这说明许多南方国家虽然照搬了西式的民主制度，但这种制度并不符合本国国情，依然与北方国家有着较大的政治发展差距，南方国家依旧面临着实现政治稳定、民主发展的艰巨任务。总体来说，南方国家与北方国家在主权独立性和政治安全性、国家能力、政治权威的合理化与世俗化、政治结构分化和政治制度化、政治文化、政治参与、政治腐败度等方面仍有较大的差距。以下对上述几个方面的分析，只是从相对意义上来说，北方国家不仅在国体上是资产阶级统治的国家，民主制度也受到资本和金钱的操纵，具有腐朽性、剥削性、局限性、虚伪性和欺骗性，北方国家民众接受的是资本主义的政治文化，政治参与的深度和广度受到制度性的限制，享受的民主权利也是有限的和虚假的。因此，北方国家的资本主义民主制度本身就有诸多缺陷，南方国家只是表现得较为突出和明显而已。

---

① ［美］M.P. 托达罗：《第三世界的经济发展》上册，于同申、苏蓉生等译，中国人民大学出版社 1988 年版，第 26 页。

一、国家主权独立性和政治安全性方面的差距

南方国家主权独立性和政治安全性差。托达罗指出，南方国家在国际关系中处于劣势地位，具有依附性和脆弱性。在这种地位中，它们控制不了力量强大，能够对它们整个经济和社会福利起决定性的、支配性的影响。① 第二次世界大战以前，南方国家大多处于被奴役、受剥削、受压迫的地位，南方国家为争取国家主权和独立，经历了曲折漫长的民族解放斗争，终于赢得了胜利。国家主权是指一国固有的处理其国内和国际事务而不受他国干预和限制的最高权力。国家主权的基本属性包括对内的最高统治权，对外的独立平等权、防范侵略的自卫权。② 领土、居民、政权组织和主权是一个国家应具备的四项要素，而最能反映现代民族国家基本特征的就是国家主权，所以民族国家又称为主权国家。因此，主权便成为国家的象征，国家的完整和独立主要体现为主权的完整和独立。政治安全是指一个国家在政治上不存在危险或受威胁的状态，即主权国家能有效防范来自外部的政治干预、压力和颠覆以及内部敌对势力的破坏活动。

南方国家获得独立前，殖民主义要求打破民族和国家的界限，在全世界进行扩张，因而将民族国家主权视为最大障碍，极力予以限制。而广大被压迫民族则要求争取民族独立，维护国家主权。国外左翼学者认为南方国家虽然普遍取得了政治独立的地位，但是由于依附性的经济地位，导致其国家主权和政治安全依然时时受到北方霸权国家的威胁，当代国际政治经济关系仍然是不平等的。

---

① ［美］M.P. 托达罗：《第三世界的经济发展》上册，于同申、苏蓉生等译，中国人民大学出版社1988年版，第64—65页。

② 陈岳：《国际政治学概论》，中国人民大学出版社2006年版，第86页。

发达国家利用其强势地位，从未停止过对南方国家内政的干涉和主权的侵犯，以达到维护自身利益和推行北方发达国家主导的国际秩序的目的。冷战后，北方国家为在全球范围内继续发挥大国影响力，推行强权政治，以各种理由，通过各种手段，侵害和破坏南方国家的国家主权，颠覆南方国家的政权，严重影响着南方国家的政治安全。西方学者在冷战后提出的新干涉理论就明确提出了对传统主权的挑战。新干涉主义认为：国家主权原则不能成为一些严重侵犯人权的国家逃避国际社会制裁的护身符。为此，它们提出“主权过时”“人道主义干涉”“人权高于主权”等否定国家主权的观点，作为它们干涉他国内政，甚至军事侵略的“遮羞布”。同时，资本主义主导的经济全球化的快速发展，使得国内事务与国际事务的界限日益模糊，传统国家主权的属性发生了变化，出现了许多对传统国家主权学说提出挑战的理论，概括起来说，主要有这两种：一是国家主权弱化论。这种理论认为，当今各种国际组织越来越多，作用增加，对国家主权起着“抵制、侵蚀或约束”的作用。二是国家主权转让论。此种理论认为，经济全球化使各国相互依存性提高，国家主权已不是任何一个国家自己的事情，国家主权不仅是可分的、可共享的，也是可以转让的。这些理论学说也被北方国家所利用，纷纷要求南方国家淡化国家主权观念，并力图抛弃或修正传统的国家主权理论。对此，埃及经济学家萨米尔·阿明认为只要当代世界体系的基本逻辑仍然受到资本主义生产关系的支配，那么帝国主义就不会消失。帝国主义列强争霸、各自扩张的时代已一去不复返，正出现在世人面前的是一个以美欧日三边世界狼狈为奸的“集体帝国主义”时代。美国通过全球军控计划来推行其霸权主义战略，该计划意味着废除国际法，允许华盛顿发动“先发制人”战争等。美国霸权主义战略的开展和集体帝国主义的形成相辅相成。[①] 今

---

① ［埃及］萨米尔·阿明：《多极世界与第五国际》，沈雁南、彭姝祎译，社会科学文献出版社 2014 年版，第 55—56 页。

天，摆在三大洲人民面前的世界体系在很多方面和第二次世界大战后的殖民体系相类似，其特点是：否认亚非拉各国的主权，向各国强制输出有利于帝国主义中心垄断扩张的经济制度以及与之配套的政治制度。[①]因此，南方国家“至今仍然完全受自我中心的民族国家边界影响的政治社会控制也在弱化”[②]。

北方国家的学者之所以鼓吹国家主权可以“转让”“弱化”“人权高于主权”，是因为北方发达国家在经济全球化条件下，凭借其政治、经济、军事优势地位，在全球范围推行霸权主义，它们的国家主权一分也不会丧失。而南方国家的国家主权却有极大的脆弱性，由于政治体制的弊端、经济的不发达、军事力量的薄弱，在主权的独立性和维护主权的能力方面和北方发达资本主义国家有较大的差距。“转让”“弱化”和被干涉的只能是南方国家的主权。北方国家要求南方国家在经济、文化领域全面放开，在政治领域部分转让甚至放弃国家主权，在军事领域对不听它们指挥的国家大打出手，向主权平等和不可侵犯等公认的国际关系准则提出了挑战。事实上，由于国家主权频频受到侵犯，南方国家的政治独立性已经受到极大地削弱。南方国家不能自主地选择自己的社会政治经济制度，独立自主地制定本国的内外政策，有效地维护自己的国家利益，甚至国家领土也在北方国家的干涉下遭到分裂。1999 年，美国总统克林顿绕过联合国，利用北约以“人道主义干预”名义轰炸塞尔维亚长达 87 天。直至 2008 年 2 月 17 日，塞尔维亚的科索沃省，在美国等北方国家的暗地操纵下单方面宣布独立。这是美国与某些北方国家推行霸权主义干涉并分裂南方主权国家的又一恶劣罪证，开创了一个危险的先例。

① ［埃及］萨米尔·阿明：《多极世界与第五国际》，沈雁南、彭姝祎译，社会科学文献出版社 2014 年版，第 290 页。

② ［埃及］萨米尔·阿明：《全球化时代的资本主义——对当代社会的管理》，丁开杰等译，中国人民大学出版社 2005 年版，第 3 页。

南方国家政治独立性、安全性较差，国外左翼学者认为还有一个重要表现就是外部关系较为动荡，这也是殖民主义帝国撤离时遗留下的众多祸因中的一个。帝国主义国家在殖民地时期划分势力范围和领地较为轻率，为以后南方国家领土纷争埋下祸根。英国学者保罗·哈里森指出，欧洲人根据偶然的因素划分各自领地之间的疆界，有的是划在双方防区恰巧接壤的地方，有的是在地图上那些没有考察清楚的空白地区大笔一挥，就武断地划出的。他们径直切开部落和王国的古老领土，取走自己的一份，以对原有联系十分轻率的态度，只是为了自己的方便而划定了新的行政区域。西班牙人和葡萄牙人基本上按照一位从未踏上拉美大陆的教皇划定的界限瓜分了拉丁美洲。独立时，讲西班牙语的新国家基本上是按原来的总督辖地形成的，或者是按为独立而战的军人的势力范围产生的。新的疆界并没有根深蒂固的合法性，很快就在一系列代价高昂却又毫无结果的战争中受到挑战。[①] 此外，北方殖民主义者还出于种种战略图谋，在领土划分方面人为地制造祸端。如印度和巴基斯坦经常为克什米尔的归属问题发生争议和战事。克什米尔地区的居民大都是穆斯林，可英国却把它划归于基本上由印度教徒组成的印度。保罗·哈里森还指出，西方还给第三世界留下了中东冲突。英国在委任统治巴勒斯坦时，完全没有考虑当地人民的意见就做出决定，说那块地方是让一直受到欧洲人迫害，并被逼成复国主义者的犹太人建立一个“民族家园”的合适地方。由于这些潜在和公开的麻烦，世界从第二次世界大战结束以来一天也没有安宁过。据匈牙利战争分析专家伊斯特万·坎第（Istvan Kandy）教授估计，仅仅在1945年到1976年间，世界上发生的战争就有130次之多，涉及80个国家，平均每天都有12场战争在

① ［英］保罗·哈里森：《第三世界——苦难·曲折·希望》，钟菲译，新华出版社1984年版，第442页。

进行中，而几乎所有战争都发生在第三世界。[①]

二、国家能力方面的差距

南方国家的国家能力差。国家能力是统治阶级通过国家机关行使国家权力、履行国家职能，有效统治国家、治理社会，实现统治阶级意志、利益以及社会公共目标的能力和力量。国家能力的强弱，主要体现在它能否有效履行国家职能方面。国家职能主要分为政治职能和社会职能。政治职能是阶级压迫、阶级统治的职能。当资本主义的统治秩序受到威胁时，便会用暴力或其他镇压手段维护其政治秩序。社会职能包括国家对社会经济生活、社会再分配的干预，以及协调社会阶级矛盾包括统治阶级内部矛盾的职能。

国家能力还可以具体划分为几个方面，进行指标化。美国学者米格代尔（Migdal）将国家能力定义为一国中央政府影响社会组织，规范社会关系，集中国家资源并有效地加以分配或使用的能力。具体地说，包括以下四个方面。第一，国家对社会各部门发挥影响的浸透能力；第二，社会内多种关系的调节能力；第三，社会内存在的各资源的汲取能力；第四，把汲取资源适当地分配或使用的能力。[②] 王绍光和胡鞍钢在《中国国家能力报告》里也认为国家能力可以概括为四种能力：第一，汲取能力，即国家动员社会经济资源的能力，国家汲取财政的能力集中体现了国家汲取能力；第二，调控能力，即国家指导社会经济发展的能力；第三，合法化能力，即国家运用政治符号在属民中制造共识，进而巩固其经济地位的能力；第四，强制能力，即

① ［英］保罗·哈里森:《第三世界——苦难·曲折·希望》，钟菲译，新华出版社 1984 年版，第 444 页。

② Joel S. Migdal, *Strong Societies and Weak States*, Princeton: Princeton University Press, 1989, pp.4-5.

国家运用暴力手段、机构、威胁等方式维护其统治地位的能力。[①]北方国家的国家能力强，也就具体体现在这些方面的能力较强。南方国家的国家能力弱，也就表现在这些方面的能力较为薄弱。

这是因为北方国家的资产阶级是在历史上自然形成的，统治阶层稳定，因而国家能力较强。美国发展经济学家 M.P. 托达罗指出，在发达国家进行产业革命之前，它们大体上是巩固的民族自治国家，能够根据大众对“现代化”的主张和看法这种一般的舆论来实施国家的政策。[②]其在运用国家政权，履行国家职能方面，统治经验更加丰富，更加具有欺骗性，较好地维护了资本主义统治阶级的利益和统治秩序。为了履行政治职能，维护统治秩序，北方国家动用军警镇压工人罢工、群众运动或种族骚乱的事例屡见不鲜。但在当代，由于北方国家的统治秩序较为稳定，它们已经较少得像 19 世纪资本主义国家那样频繁、赤裸裸地依靠使用暴力镇压国内被统治阶级。北方国家的社会职能成为国家职能中较为重要的内容，诸如对经济过程的干预和调节，对社会各阶级、各阶层、各利益集团利益的协调，特别是为缓和社会矛盾实行一整套社会保障制度等。同时国家在行使权力时，其统治方式和手段强调“法制化”“民主化”，各阶级、各党派、各集团的行动，都被纳入资本主义法制的轨道。资产阶级内部结构复杂，存在着各种利益集团，其国家权力的意向和行使往往是不同利益集团整体合力的结果。北方国家在统治阶级内部实行“分权”和“制衡”，对权力进行制约和监督；选举制度、政党制度的发展，给当代资本主义国家蒙上了一层“全民的”“超阶级的”代表的面纱，既蒙蔽了被统治阶级，使之心甘情愿地接受统治，又使统治阶级内部利益关系得到合理协调，不至于使统治阶级内部的矛盾演变为统治危机。总

---

① 王绍光、胡鞍钢：《中国国家能力报告》，辽宁人民出版社 1993 年版。

② ［美］M.P. 托达罗：《第三世界的经济发展》上册，于同申、苏蓉生等译，中国人民大学出版社 1988 年版，第 178 页。

之，当代北方国家履行政治、社会职能的能力大大加强，能较为有效地维护资产阶级的统治。

南方国家由于政治经济发展落后，迫切需要较强的国家能力促进经济发展。但与北方国家相比，仍有较大的欠缺。托达罗认为许多第三世界国家只是新近获得了政治独立，它们还必须具有制定并实行国家发展战略的实际能力才能成为巩固的民族国家。在稳定的和灵活的政治制度能够巩固并得到广大公众支持之前，发展中国家现存的社会和文化的支离破碎，对其加速民族经济进步的愿望很可能起抑制作用。[①] 南方国家的统治阶层统治经验欠缺，统治方式和手段不够完善，不能很好地履行国家职能。国外左翼学者认为最主要的是南方国家由于国家独立性差，民族资产阶级、官僚买办利益集团受到国际垄断资本的控制，易依附于北方国家。由于不能像国际垄断资本那样可以依靠汲取落后国家的经济剩余从而缓和国内阶级矛盾，只能依靠盘剥本国人民来维护统治阶层的奢侈生活，因而南方国家促进经济社会发展的国家能力低下。

保罗·巴兰曾经深刻地写道："使发展计划成为泡影的严酷事实，是当权政府的政治和社会结构。不能指望控制大多数不发达国家命运的有产者阶级联盟来制订和执行一套违反他们全体切身的既得利益的措施。即使为了安抚公众的不满而正式宣布了诸如土地改革、公平的税法等进步措施的计划，但执行这些计划时仍会遭到蓄意破坏。政府是土地势力和企业家势力之间政治上妥协的产物，它不可能制止地产经营中的浪费现象，也不可能制止寡头势力的挥霍浪费；不可能制止企业家的垄断活动、牟取暴利、资金外流和奢侈生活。这个政府之所以被建立起来，为的是保卫和支持现存的财产权和种种

① ［美］M.P. 托达罗：《第三世界的经济发展》上册，于同申、苏蓉生等译，中国人民大学出版社1988年版，第178页。

特权，它不可能制订一项政策来摧毁阻挡经济进步的特权并把财产及其收入用来为全社会服务。”[①] 在履行国家经济职能的能力上，南方国家本身经济不发达，跨国企业又拿走了大多数利润，导致财政汲取的资金有限，不能有效支持国家的发展目标。托达罗还指出，欠发达国家经济内部富裕的和起支配作用的部门和集团往往以牺牲人数大得多，但在政治、经济方面不那么强大的劳苦大众的利益为代价而变得越来越富。[②] 这些依附性统治阶层或成为“分利集团”，左右国家发展政策，使国家发展政策失误；加之南方国家还未形成制度化、法制化的解决利益集团矛盾冲突的模式，导致经常以暴力作为解决冲突的方式，影响了国家发展。

南方国家由于资本主义经济不发达，社会各阶层发育不成熟，没有权威性的统治集团，经常控制不了国内局面，导致政治动荡。冷战后，在北方国家鼓动的“民主化浪潮”中，许多南方国家又接受了“新自由主义”的发展模式，主张国家职能最小化、经济彻底的私有化、市场作用最大化和贸易自由化、金融自由化。“新自由主义”是北方发达国家在后殖民时代向南方国家灌输的价值观念和意识形态，为的是欺骗和控制南方国家。“新自由主义”鼓吹“国家作用的弱化”，使南方国家的国家能力又被大大削弱。因而，缪尔达尔又把南方国家的政府形容为“软政权”，他指出，所有的不发达国家都属于“软政权”。“‘软政权’这个词应理解为包括所有的各式各样的社会纪律，它们表现为：缺乏立法和具体法律的遵守和实施，各级公务人员普遍不遵从交给他们的规章与指令，并且常常和那些他们本应管束其行为的有权势的人们与集团串通一气。在一个特征可以描述为软政权的国家中，松弛和随

① ［美］查尔斯·K. 威尔伯：《发达与不发达问题的经济学》，高铦等译，商务印书馆 2015 年版，第 156 页。

② ［美］M.P. 托达罗：《第三世界的经济发展》上册，于同申、苏蓉生等译，中国人民大学出版社 1988 年版，第 66 页。

意可以为那些掌握着经济、社会和政治大权的人所利用来牟取个人私利。一方面软政权提供的可大量利用的机会当然只供上等阶层任意享用；另一方面即使社会地位相当低下的人也常常找到这样的机会来牟取些小利。但是，即使除开那些个人利益，在软政权里也将有一个所有阶层中广泛得多的人们反对公共控制及其实施的总的倾向。”[①] 保罗·哈里森对于南方国家的“软政权”也有深刻的评析和描述，他指出，在大多数贫穷国家，国家是软弱无力的，并不能完全控制自己的行政机器。“大脑”不敢担保“双手”是否在按它的指令行动，也没办法核实。国家管理效率低，程序马虎，纪律松懈。但是，大多数国家存在的不仅仅是磕磕绊绊、效率不高的问题（尽管由于教育水准低，存在这一因素）。在整个结构中发生的并不是一些完全偶然的错误。那些错误有一定的格局，低效率也是一种带倾向性的低效率，而制度不起作用又总是对富人有利。[②] 此外，南方国家能力弱的另外一个表现就是，许多国家政府都是依靠政变上台的，政局时常不稳定。

三、政治权威合理化和世俗化方面的差距

政治权威实质上是一种政治关系范畴，它反映的是以权力强制的社会合法性为基础的、对权力实体的领导的一种自觉服从。[③] 政治权威是一个国家政治发展和政治稳定的基础。亨廷顿（Samuel P. Huntington）在总结比较了世界大多数国家的现代化进程的有效性后，也发现了政治权威的重要性。他认为，南方国家与北方国家相比，“更加缺乏的是政治上的一致，以及高效、

---

① ［瑞典］冈纳·缪尔达尔：《世界贫困的挑战——世界反贫困大纲》，顾朝阳等译，北京经济学院出版社 1991 年版，第 184—185 页。

② ［英］保罗·哈里森：《第三世界——苦难·曲折·希望》，钟菲译，新华出版社 1984 年版，第 441 页。

③ 宋惠昌等：《政治哲学》，中共中央党校出版社 2003 年版，第 233 页。

权威的合法政府”。随着人类政治文明类型的不断完善和发展，政治权威产生和运行的合法性基础也在发生着变迁。亨廷顿认为，政治现代化涉及权威的合理化，亦即以单一的、世俗的、全国性的政治权威取代各种传统的、宗教的、家族的和种族的政治权威。这种变化意味着政府是人的产物，而不是自然界或上帝的产物，而一个组织良好的社会一定要有一个明确的、根源于人的最高权威，对这一权威的成文法的服从，超过了其他各种义务。[①] 马克斯·韦伯（Max Weber）也把统治的合法性基础分为三类：一种是建立在一般的相信历来适用的传统的神圣性和由传统授命实施权威的统治者的合法性之上的“传统型政治”。一种是建立在非凡的献身于一个人以及由他所默示和创立的制度的神圣性，或者英雄气概，或者楷模样板之上的“魅力型政治”。再一种是建立在相信统治者的章程所规定的制度和指令权利的合法性之上，他们只是合法授命进行统治的“法理型政治”。[②] 当然，对于西方政治学者关于政治权威和政治合法性的学说，我们也要以马克思主义政治学说为指导，吸收其合理的成分，摒弃其不合理的地方，进行客观的评价。总的来说，北方国家政治权威的合法性基础被认为来源于个人的“同意”（这种个人同意是指民众受资产阶级意识形态和民主政治学说影响，接受资本主义政治经济制度安排）和相互的“认同的”形式上的协议和契约中，即来源于资本主义宪法所授予的法律性权威，它们的统治基本上是一种资本主义法理型统治。北方国家法理型政治的两大支柱是资本主义政治经济学说和法律、法规制度。资本主义现代政治体系中的法律法规和制度已不再是宗教神性和个人魅力的体现，而是资本主义世俗理论学说的结晶。同时，政治组织的建构和运作，政治人物的行为基本上以资本主义世俗的法律、法规和制度来规范

① ［美］塞缪尔·P. 亨廷顿：《变动社会的政治秩序》，张岱云等译，上海译文出版社 1989 年版，第 37 页。

② ［德］马克斯·韦伯：《经济与社会》（上），林荣远译，商务印书馆 1997 年版，第 241 页。

和衡量。

随着反帝、反殖、反封建的民族解放运动的发展和民族国家的建立以及资本主义民主化浪潮的冲击，南方国家传统政治权威合法性出现了危机，以法律体系为基础的资本主义现代政治权威逐步在南方国家中建立。但许多南方国家的政治、社会观念和文化大多还深受传统影响，因此许多南方国家特别是非洲国家面临着“国家的认同意识”问题。托达罗认为，发达国家在工业化以前就是文化同质、物质适应、政治统一并且注重理性主义和现代科学思想的社会。现代化观念体现在理性主义、科学思想、个人主义、社会与经济的灵活性、职业道德，以及对于民族的物质与文化价值的献身等概念之中，这同当代许多第三世界社会基本上是格格不入的，或许这些国家中受过教育、居统治地位的杰出人物除外。[①]美国政治学者加布里埃尔·A. 阿尔蒙德（Gabriel A. Almond）指出，在许多当代的实例中，尤其在非洲，新兴国家是从一些种族的、政治的和地理的准国家单位中产生的。这些准国家单位之间没有共同的政治联系，其成员在各个方面获得的信息都极少，或是只知道效忠于地方单位。国家缔造的过程部分地涉及有关国家单位信息的传播和对国家单位承担的义务。在任何一个国家历史的某一时刻，当对传统的准国家单位的忠诚同对国家的忠诚和国家的目标发生冲突时，政治共同体的问题就可能成为首要的问题，并造成重大的政治危机。于是，全国政治共同体的合法性，即它能否名正言顺地使人们服从，就成问题了，随之而来的就是分裂主义运动。[②]

因此，南方国家社会中还存在着在宗教信仰基础上形成的神权观念；一

① ［美］M.P. 托达罗：《第三世界的经济发展》上册，于同申、苏蓉生等译，中国人民大学出版社1988年版，第178页。

② ［美］加布里埃尔·A. 阿尔蒙德、小G. 宾厄姆·鲍威尔：《比较政治学——体系、过程和政策》，曹沛霖等译，东方出版社2007年版，第35页。

些南方国家的国家整合、民族认同的任务尚未完成，如许多非洲国家是建立在部族基础上，在有限地域和人群范围内，仅对部族、种族传统权威存在着认同观念；还存在着在等级观念基础上形成的盲目服从传统权威、建立在“不平等”原则基础上的权威主义意识等。许多南方国家还以君主、国王、宗教领袖、酋长以及“魅力型个人”为权威代表，政治的合法性基础还是传统的，即家族统治、世袭等，如在许多亚洲国家都存在着许多封建世袭与家族政治现象。其中最明显的是南亚，主宰政坛的都是一些政治家族，如印度的尼赫鲁家族、巴基斯坦的谢里夫家族和布托家族、斯里兰卡的班达拉奈克·库马拉通加家族等。南方国家向资本主义现代政治发展，要以资本主义现代民主政治的政治权威取代原有的传统的政治权威，必然不能一蹴而就，就会出现不同政治权威的杂糅和共存现象，很容易出现“权威真空”“权力真空”“国家认同危机”，无政府主义、政治腐败等现象极易泛滥成灾，也就容易出现政治合法性危机，使政治体系内部出现紊乱，时常打断南方国家的经济社会发展进程。

四、政治结构分化和政治制度化方面的差距

政治结构分化是指政治系统面对环境变化的挑战，在系统的结构、功能方面发生了变异，产生新的政治实体和关系形式，新旧部分的功能不断专门化的过程。北方国家基本上实现了政治结构的高度分化，政治体系分为政府的立法结构、行政结构、司法结构和政党结构、利益集团、政治文化结构等，政治体系层次较为分明、权限清晰、体制也较为完善。总的说来，南方国家的政治体系也出现了资本主义的立法结构、行政结构以及政党结构等，但这些次政治体系和政治集团内部专门化程度低，在有些更为落后的国家内部政治体系甚至完全未分化。如许多南方国家的政党、政治社团不发达，虽

然民意能得到反映，但不充分。非洲许多国家的政党是建立在部族的基础上，即政党部族化，还不是现代意义上的政党。南方国家政治社团的种类以及渗透范围和能力有限，许多非洲国家的社会由完全分离和脱节的两部分组成，即城市市民社团和农村的传统共同体，少数知识分子及精英主导和把持着城市市民社团，几乎处于前资本主义社会的农村共同体由传统“精英”（部族长老等）控制着，二者互不相融。当城市利益集团积极运用结社、罢工、罢课等资本主义民主政治手段进行利益诉求时，广大的农村人口却不为所动，或只能以部族和村社为基础的传统社团为依靠来表达利益需求。

政治制度化是指政治体系由一系列法律制度加以规则化、程序化，以提高政治体系对变化着的社会环境系统的适应能力、内聚能力和创新能力的过程。用亨廷顿的话来说，所谓制度化就是组织和程序借以取得重要性和稳定性的过程。政治结构分化后，还需要进行政治制度化把各种组织和角色的行为予以合法化、固定化、程序化、规则化。总之，在北方国家，各种政治制度较为健全和完善，政治体系运行的一切主要方面和主要环节依法活动而形成了一个符合资本主义统治秩序的过程。而南方国家政治制度化的程度还很有限，主要表现为：一是南方国家建立了基本的政治制度框架，但还欠缺大量有效的系统的法律和制度规范。二是虽然也有对大多数政治行为进行约束的法律和制度，但缺少对最高领导人的行为和政府行政权力具有强烈约束力的制度规范，即使名义上有，在实际政治生活中常常约束力不足。三是虽然建立了与北方国家同样的法制规范，但却不适合南方国家的国情，这些规范在南方国家没有发挥出在发达国家中的作用，即是说这种法制规范不具自主创新性。大多数南方国家只是初步建起了一个包括宪法制度、议会制度、司法制度、行政制度、政党制度和选举制度在内的资本主义民主制度框架，但这些制度还需要进一步的完善和成熟，保证公民较为充分行使政治和社会权利的一系列法律制度的建立和完善则刚刚开始，还有漫长的路要走。

总体说来，由于政治结构分化和政治制度化方面的差距，使得南方国家和北方国家在政局稳定与发展方面的表现大相径庭。北方国家纵使两个或多个资产阶级政党观点对立，吵得不可开交，统治人物不停地更换，由于制度化水平高，冲突能得到合法地解决，并不干扰国家其他部分、其他功能的正常运转，其行政效率和统治能力依然强大，政局还是稳定的，资产阶级的根本利益是得到较好维护的。南方国家由于政治结构未充分分化和发展，政治制度化水平低，各种政治次体系之间的磨合与发展尚待时日，协调资产阶级内部矛盾、统治阶层与被统治阶层矛盾的制度化形式不完善，使得政局时常动荡，政治危机频发，这是南方国家国家能力较差的一个重要原因。因此，托达罗也指出，在稳定的和灵活的政治制度能够巩固并得到广大公众支持之前，发展中国家现存的社会和文化的支离破碎，对其加速民族经济进步的愿望很可能起抑制作用。[①]

五、政治文化和政治参与方面的差距

所谓政治文化，就是一个国家中的阶级、团体和个人，在长期的社会历史文化传统的影响下所形成的某种特定的政治价值观念、政治心理和政治行为模式。[②]各个资本主义国家的政治文化虽然具有各种差异，但其主导型政治文化的性质却是相同的，它们的基本原则是维护资本主义私有制和资产阶级的政治统治。资本主义政治文化形成于反对封建主义的过程中，虽然具有明显的阶级性，却也有一定的历史进步性。在政治意识形态领域内，当时的资产阶级思想家提出了他们的民主观、平等观、自由观、主权学说、分权学说

① ［美］M.P. 托达罗：《第三世界的经济发展》上册，于同申、苏蓉生等译，中国人民大学出版社 1988 年版，第 179 页。

② 王惠岩主编、韩冬雪副主编：《政治学原理》，高等教育出版社 1999 年版，第 231 页。

等政治原则和政治思想，反对封建制度，反对神权统治，要求人身自由和思想自由，丰富了人类政治文明的成果，促进了资本主义民主政治和市场经济的发展。相对于北方国家成熟的资产阶级政治文化，南方国家的政治文化还有许多前资本主义色彩，在一定程度上阻碍了资本主义民主政治和市场经济的发展。美国学者阿尔蒙德和维巴将不同的政治文化分为三种类型，即地域型政治文化、顺从型政治文化和参与型政治文化，[①] 这种分类法抓住了政治行为主体“人”与政治体系的关系，被学界普遍接受和使用，可以用来比较南北双方政治文化的特征。

正如阿尔蒙德所分析的那样，广大南方国家受制于地域——顺从型政治文化，虽然大多数人倾向于中央政府机构主导的政治系统，但是由于宗教、部落、乡村和一些封建性组织的政治权威仍然存在，一些国家的民众对政治体系缺乏明确意识，对传统共同体则感情强烈和忠诚。在南方国家的民众中还存在着一种保守型、封闭型的政治文化，对政治活动保持冷漠，和政治体系是一种被动关系，没有积极参与政治体系；或者处于一种偏狭型政治文化中，政治参与过程中充斥着暴力、互不信任，易采取一些极端主义的行为，不相信可以在社会既有的政治规则中解决社会问题。而在相对成熟的资本主义参与型政治文化中，有较多民众具有一整套关于资本主义民主政治的价值观念及意识形态取向，表现出较为强烈的权利意识、参与意识、国家意识，等等。总体来说，发达国家有许多公民虽然受到资产阶级意识形态和民主价值观的影响，对民主政治有错误的认识和理解，但在资本主义制度范围内，能在一定限度内参与到政治生活中，对自己的义务和权利有一定的意识。在南方国家，传统政治文化的弊端及其影响的根深蒂固决定了资本主义政治文

---

① ［美］加布里埃尔·A. 阿尔蒙德、西德尼·维巴：《公民文化：五国的政治态度和民主》，马殿君等译，浙江人民出版社 1989 年版，第 19—23 页。

化培育和建设的长期性和复杂性，与制度的建设相比，更深层的政治文化的嬗变过程要漫长和困难得多。

资本主义政治参与一般是指以西式普选权为核心的公民权利的行使过程，它包括政治投票、选举、结社（政党、社团活动）和表达（如集会、请愿、言论）等主要途径。第二次世界大战以来，由于民众的斗争，世界范围内资本主义民主化浪潮的高涨，以及与社会主义竞争的需要，北方国家比较注重自身民主制度的形式化，普遍扩大了民众政治参与的范围和程度。公民可以在资本主义法律允许范围内通过个人的政治、法律行为，或以团体、组织、政党为单位，通过集体的政治、法律行为，对国家政策的制定与执行施加压力，从而对国家权力意向的形成和行使产生影响。另外，随着北方国家阶级结构的变化，教育水平的不断提高，人民参政议政能力和民主意识普遍增强，人们要求在政治、经济和社会事务方面切实实行平等、民主，直接参与政治、经济和社会问题的决策过程。公民政治参与形式的日益多样化，选举权限制的减少，使北方国家经常以“自由国家”“民主国家”自诩。与北方国家相比，广大南方国家虽然规定了许多民主权利，但它们的政治参与水平是较为低下的，参与的方式和渠道较少，参与的范围和层级也极为有限，参与主体的参政意识和技能较差，民主意识淡薄，民主能力不足，不能有效地行使民主权利。目前，大多数南方国家的多党民主不乏广度，但缺乏深度，资本主义民主政治主要还是一种“城市现象”。尤其是在广大的农村地区，交通信息闭塞，农村居民不了解候选人的情况，选举投票有很大的盲目性，容易受政治精英和权威人物的操纵和控制，而自己真正的民主意愿难以表达。这样的民主更多的是形式上的，而不是实质性的，不能实现形式和实质较好的统一。民主政治在许多国家成了政治精英的特权，特别是成了政客们基于政治竞争原则进行权力角逐的一种“政治游戏”。这也使得南方国家的民主只是停留在“精英民主”的程度上，而不是真正的大众民主。

对此，缪尔达尔曾经深刻地论述道："在大多西欧国家，成人的普选是在那些选举权被剥夺了的人们的几十年有组织的奋斗后才到来的，通常直到第一次世界大战后才在完整的规模上进行选举。民法事务上妇女更大的平等同样是在持续了更长时期的斗争后才逐步取得的。这意味着当权利最终被赋予时，会有热心而有组织的公民团体准备去使用这些权利。南亚国家的情况不是这样。在许多国家，某个不同形式的更为独裁的政权取代了民主政体，只有精英们才要求普选，广大民众从未要求过，甚至从未想过。可以相当普遍地断言，政权无论有什么变化，照例都是社会顶层的上等阶层内部争斗的结果。除了目前的越南外，其他国家政权的取得从来不是贫苦大众奋起反抗压迫的结果。印度到目前为止保持着以成人普选为基础的议会制度，广大的选民阶层并未被组织起来要求其利益。类似地，印度反对种姓的立法从来不是由广大贱民中基础广泛和有组织的运动要求的，他们中的大多数人可能直到今天还相信他们低贱的社会地位是上帝和因果报应注定的。抑郁而漫无目的的不满并不代表有效的社会和政治力量。"① 当然北方国家的民主就其实质而言，也是一种资本主义精英民主，只是在形式上和部分内容上，多了一些大众性。另则，南方国家由于经济落后，政治体系所掌握的用于分配的价值物极其有限，再与低水平的政治制度化相伴，一旦被动员起来进行大规模的政治参与，往往又造成政局的动荡不安。

不过这里需要强调的是，北方国家和南方国家在政治参与和政治文化方面的差距只是相对的，建立在有利于资产阶级利益的经济政治制度、意识形态、思想文化基础上的北方国家的政治参与、政治文化也是极为有限的、虚假的。即使发达资本主义国家的民众，目前享有的民主也是"低烈度"的民

① ［瑞典］冈纳·缪尔达尔：《世界贫困的挑战——世界反贫困大纲》，顾朝阳等译，北京经济学院出版社 1991 年版，第 192—193 页。

主。美国学者威廉·I. 罗宾逊指出，多头政治是指这样一种体系，其中一个小的集团实际掌握统治权，而大多数人参与决策仅限于在受到高度控制的选举进程中、在相互竞争的精英阶层中作出选择。这一“低烈度”的民主并不包含人民的权力，更不要说结束阶级统治或结束实际上的不平等了，因为它们在全球经济下正在得到成倍的增长。[①] 而且近年来，由于逐步认清生产资料私有制条件下资本主义民主政治的虚伪和阶级性，许多北方国家民众政治参与的热情下降，许多国家的选举投票率较低。不仅如此，许多民众的阶级意识和阶级觉悟较低，在选举中还存在着易受蛊惑，容易感性而不是理性思考问题的现象。这里以特朗普的当选来说明这个问题。马克思在《路易·波拿巴的雾月十八日》中分析法国农民为什么支持路易·波拿巴时，指出由于缺乏阶级意识，他们不能组织起来真正实现自己的利益，从而只能在统治阶层内部寻找代表者。“各个小农彼此间只存在地域的联系，他们利益的同一性并不使他们彼此间形成共同关系，形成全国性的联系，形成政治组织，就这一点而言，他们又不是一个阶级。因此，他们不能以自己的名义来保护自己的阶级利益，无论是通过议会或通过国民公会。他们不能代表自己，一定要别人来代表他们。”[②] 因此特朗普的出现和当选，不仅是危机时代垄断资本的选择，也是美国工人阶级的阶级力量和阶级意识现状的产物。

在“新自由主义”资本金融化积累体制下，美国原有的工会力量一直受到资方和政府的打压、渗透和控制，劳动的临时化和非正规化使许多劳动者难以成立工会维护自己的权益，工人阶级缺乏组织和教育，没有阶级力量。工人阶级不仅生存、生活条件日益恶化，也日益碎片化和分散化，地位进一步下降，阶级意识薄弱，他们没有阶级身份认同，只有地域、肤色、种族等

① ［美］威廉·I. 罗宾逊:《全球资本主义论——跨国世界中的生产、阶级与国家》，高明秀译，社会科学文献出版社 2009 年版，第 106 页。

② 《马克思恩格斯选集》第 1 卷，人民出版社 1995 年版，第 677—678 页。

身份认同。那么，他们把不幸归结为什么？把希望寄托在谁的身上？他们只能非理性凭感觉在资产阶级内部选择代表人，寄托希望。而且美国还有自身的特点，在垄断资本主义未形成时，美国由于是个移民国家，历史负担轻，阶层流动性相对较强，加之地广人稀、资源禀赋深厚，普通美国人在历史上还形成了所谓的“美国梦”，深信美国是一个机会平等的社会，只要个人经过努力奋斗，便能获得更好的生活。国际学术界曾经发出为什么美国没有社会主义之问，其中一个重要原因就是普通美国人的这个“梦”。虽然在“占领华尔街”运动中一些美国人喊出了“社会主义”的口号，但很多美国人的“美国梦”还没破灭。特朗普的支持者主要是没有上过大学的中年白人男性，这类人文化程度不高，经济上比较困难，政治上没有影响力，发出的声音得不到关注，却持白人至上主义，把怨恨和不满倾泻到了少数族裔身上。而特朗普在艰难时事中，大胆、强有力的形象能给一些下层群众以某种希望、慰藉和依靠；无从政经验，口不择言、直来直去这些负面特点，与政客的虚伪、做作形成鲜明对比，人们反倒赞扬他坦率、真实。普通民众还认为既然他是一个成功的商人，他就会知道怎么拯救美国经济，怎么与外国谈判做生意。人们幻想他能给自己带来改变、带来工作机会，认为他有其他候选人都不具备的带领人民走出困境的能力，如此种种，个人的野心抱负与客观形势相结合，特朗普就登上了历史舞台。

六、政治腐败度方面的差距

政治中的腐败现象，存在于不同发展水平、不同经济社会制度的国家中。一般来说，从表面来看，南方国家的腐败现象比北方发达国家严重。腐败是公务人员滥用公共权力以牟取私人利益的一种行为。腐败的行为包括索贿受贿、贪污、渎职、利用职权为私人或少数团体牟利、弄权勒索、徇私舞弊等。南方国家由于处在由传统社会向现代资本主义社会的过渡期，新的社会秩序还没有完全建立起来，与北方国家相比，在主权独立性和政治安全性、国家能力、政治权威的合理化、政治结构分化和政治制度化、政治文化、政治参与等方面存在差距，因而其政府公职人员的行为缺乏规范和约束，腐败现象较为严重。缪尔达尔指出，腐败是不发达国家软政权总状况的重要部分。它是所有加强社会纪律的努力的主要限制和障碍。不仅政治家和行政官员，而且商人，实际上是所有的人都受到腐败盛行的影响。尽管有或这或那的个别差异，拉美同南亚的最终结果基本是一样的：腐败盛行并且总的说来在加剧。据报道大多数非洲新独立的国家很快堕入了不断扩大的腐败局面，“受过教育的”新的上等阶层小集团在一个独立的新时期无法抗拒利用手中权力的诱惑。他还认为，腐败有种种危害，更重要的是腐败在危及政权稳定上的后果。南方国家的新政府继承了一个其中忠诚已经分裂的传统社会。它们在发展上的努力必须力求通过克服这种分裂来使人们的观念现代化。但是，“腐败和腐败的广泛消息阻碍了巩固国家的努力，特别是降低了对政府的尊敬和忠诚”①。英国学者保罗·哈里森指出，行贿受贿现象就像木材中大量存在的白蚁一样充斥着许多南方国家公共生活的每一部分。哈里森引用了加纳政府一个关于调查行贿和腐化现象的官方报告，报告列举了162项受贿案例，涉及官员的任命、提升、调动，从海关提取物资，给可可定等级，向失业者发放劳动证，指定售货地点，向学生泄露试题，给犯人某些方便，向正在被调查的罪犯出卖有关案情调查的文件，等等。对于腐败的危害，哈里森认为行贿受贿是大多数第三世界国家内部的恶性肿瘤，它蚕食着人民与统治者之间相互信任的基础，加重了发展中国家所具有的两个关键性的弱

① ［瑞典］冈纳·缪尔达尔：《世界贫困的挑战——世界反贫困大纲》，顾朝阳等译，北京经济学院出版社1991年版，第208—210页。

点。一个弱点是政治势力与经济势力不光彩的联姻，通过这种联姻，金钱买到影响力，权势吸引金钱。另一个是冈纳·缪尔达尔所说的国家“软弱性”：无力实施自己的法律和法规。因此，改革即使在法律上通过了也很难实施。①

总部设在德国的“透明国际”（Transparency International）组织自1995年起，每年公布一次国际清廉指数，采取10分制，10分为非常清廉，0分为非常腐败。多年来，根据“透明国际”的调查，大多数国家都存在腐败行为，而南方国家较为严重。根据“透明国际”2005年的调查，非洲是腐败最为严重的一个洲，全球最腐败的10个国家及地区中有半数为非洲国家。在2008年国际清廉指数排行中，丹麦、瑞典和新西兰以9.3分并列第一，与之相反，伊拉克和缅甸以1.3分并列倒数第二，索马里排名垫底。②腐败对南方国家造成的危害是极为严重的。权力本来是公众赋予政府官员处理公共事务的一种资格，是政府官员指挥和支配社会资源的一种能力。当权力支配社会资源是根据“关系”原则或“权钱”交易的价格，而不是依据效率和正义原则的时候，当权力被滥用的时候，就会对社会运行的规则产生极大破坏，给社会带来巨大损失。在社会发展中，一般情况下，人们是在法律法规和社会公共道德所许可的范围内，来进行各种政治和经济行为的，如果政府官员可以任意支配手中权力的话，人们的正常预期就被搅乱了，不确定的未来使得人们更多地追求短期利益，而缺乏长远考虑，从而导致整个社会效率的低下。南方国家中，腐败阻碍经济发展的显著表现是公共资源和服务被滥用和管理不善，使缓和贫穷和经济不发达状况的目标难以实现。更为严重的是，南方国家中，很多官员的腐败收入出于保密方面的考虑，并没有投资于国内，而是存入了外国银行，造成了资金外流。

① [英]保罗·哈里森：《第三世界——苦难·曲折·希望》，钟菲译，新华出版社1984年版，第423页。

② 李羿辰：《清廉指数，中国大陆又有略升》，《环球时报》2008年9月26日。

当然，关于政治腐败度的比较也是相对的。腐败在发达的北方国家也大量存在，特别是金钱政治、资本控制国家是它们的沉疴宿疾。资本主义国家是资产阶级的专政，这在当代表现得尤为明显。在政治方面，人们一般认为资本主义是民主自由的，尤其体现在它的总统选举上。每当美国进行总统选举时，仿佛是一场“自由民主”的盛宴，万众瞩目。但是现在，它已经变成了赤裸裸的金钱游戏。资本主义民主政治是金钱政治，垄断寡头运用金钱控制着资产阶级政党和政客。拥有雄厚资金实力的垄断资本支持政党和候选人展开政治公关、媒体传播等政治营销活动，以有效影响选民。金钱在选举过程中的作用是决定性的，金钱对政党的控制就突出表现在对选举的控制上。代议民主政治是富有者的民主，是一个只有有钱人才玩得起的游戏。在政治过程中，又是利益集团俘获了国家。发达资本主义国家利益集团政治较为发达，利益集团政治也是资本主义腐朽性的表现。因为有能力组织起来游说的是大资本集团，在游说过程中，他们进行着公开的权钱交易，却还被认为是民主自由的表现。如 2008 年美国金融危机的爆发，直接原因是美国华尔街的金融家们花了数十亿美元游说、贿赂美国国会议员，促使国会在明知金融衍生品存在巨大风险的情况下，仍然通过了一系列放松监管的金融自由化方案。

第二节　经济发展差距

一、经济安全性方面的差距

南方国家的经济安全性差。所谓经济安全，是指一国保持其经济存在和发展所需资源有效供给、经济体系独立稳定运行、整体经济福利不受恶意侵害和不可抗力损害的状态和能力。经济安全的核心是一个国家国民经济体系抗击外来冲击的能力，主要包括资源安全（如粮食、资本、能源等）、产业安全、金融安全等。国外左翼学者认为，南方国家经济安全性差的主要原因就在于其依附性的社会经济结构。首先，南方国家经济落后、经济体制不健全，在经济全球化过程中极易受到北方国家的控制和外来资本的冲击。托达罗认为发达国家和不发达国家之间存在着控制和依附现象，因此不发达国家的经济存在着“脆弱性”，易受发达国家的影响和冲击。托达罗列举了几个方面：强国以对它们有利的方式控制和操纵世界资源和商品市场；国际资本主义通过私人跨国公司的对外投资活动控制欠发达国家经济活动的扩展；第三世界国家为防止发达国家跨国公司的垄断经营，设置了进口替代关税壁垒保护国内企业，但发达国家却能绕开这些关税保护，把它们的产品“强加”于脆弱的第三世界市场；富裕国家在其控制的市场上用“倾销”廉价产品的办法瓦解穷国争取工业化的努力；推行把第三世界国家的工业生产锁定在初级产品出口的有害的国际贸易理论和政策；等等。[①] 其次，北方国家凭借强大的经济实力主宰着经济全球化的进程，他们利用南方国家经济基础薄弱的现状和参与国际经济合作的迫切愿望，以跨国公司、区域性组织和国际经济组织为工具制定一系列的国际游戏规则来制约、削弱南方国家的经济主权，极大地危害着南方国家的经济安全。美国学者迈克尔·赫德森（Michael Hudson）认为，国际货币基金组织和世界银行的建立原本是为了平衡世界经济的发展，然而却变成了被美国操纵的为美国利益服务的机构，变成了实际上破坏世界经济平衡发展的机构。国际货币基金组织和世界银行利用第三世界、俄罗斯和东亚的债务作为一种杠杆，迫使债务国执行“华盛顿共识”推动的路线，推动在这些国家全面建立美国的金融霸权。为了保持这种霸权，美国还

① ［美］M.P. 托达罗：《第三世界的经济发展》上册，于同申、苏蓉生等译，中国人民大学出版社 1988 年版，第 118—119 页。

反对对这些机构进行改革，也反对它们被新的全球性机构所取代，因为美国害怕新机构将加强各国国内或地方的自主发展，而不是在农业、金融、科技乃至政治和军事上持续地依赖美国。①

这里以金融安全、产业安全和粮食安全为例来介绍南方国家在经济安全方面所面临的问题。自 20 世纪 90 年代全球化加速以来，国际金融危机频频发生，频繁爆发的国际金融危机往往集中于新兴市场国家。国际经济机构在南方国家缺乏完善的监管体制的条件下要求其开放资本账户，允许资本自由进出，于是全球数以万亿美元计的大量游资涌入南方国家中投机，造成金融危机，这些国家的外汇储备转瞬即被劫掠一空。1998 年夏至 1999 年 3 月，巴西在短短 6 个月货币危机中，中央银行外汇储备减少了 500 亿美元。②一些拉美、东亚、东欧等新兴市场国家过快开放金融市场，尤其是过早取消对外来资本的控制，是导致金融危机的主要原因。金融市场的开放会引发大量的投机资本流入，导致货币升值，使国内经济发生扭曲。当国内或国际经济出现风吹草动时，就会在短期内引起大规模资本外逃，导致货币急剧贬值，由此引发金融危机。据统计，接受金融片面自由化的主张，没有做好充分准备，就匆匆开放金融市场的国家中，已有 3/5 发生过金融危机，阿根廷、墨西哥、泰国等都是比较典型的例子。

产业安全是指在经济全球化背景下，在国内产业面临国外直接投资增加以及跨国公司扩张的情况下，一国对某一产业的创始、调整和发展拥有相应的自主权或控制权。北方国家通过跨国公司的直接投资，控制着南方国家的许多重要产业部门，甚至控制着这些国家的经济命脉，严重影响着南方国家的经济安全。从理论上分析，测度产业安全的指标体系主要包括产业竞争能

---

① ［美］迈克尔·赫德森：《金融帝国——美国金融霸权的来源和基础》，嵇飞、林小芳等译，中央编译出版社 2008 年版，第 12 页。

② 李其庆：《金融全球化的成因与特征》，《马克思主义与现实》2002 年第 4 期。

力指标、产业控制能力指标和产业自主发展能力指标。南方国家普遍的特征是企业竞争能力差、自主研发能力差，在“新自由主义”时期，又遵照“华盛顿共识”，实行资本流动自由化、市场化、私有化，国内市场对外资大规模开放，使一些正在迅速成长并有一定优势的民族企业在同跨国公司竞争中，纷纷失利，被挤出市场。在与跨国公司合作或跨国公司独资的行业中，外资往往拥有绝对的技术、股权、经营决策权和市场控制率。这样，发展中国家一方面被锁定在国际分工体系中的低端，另一方面在进口替代时期努力发展的民族工业也被控制。

美国学者玛丽亚·罗哈（Maria Rocha）指出，1996 年，外国直接投资开始大量进入巴西。吸引它们的主要是巴西国企的私有化以及对巴西私企的合并、兼并。1996 年到 2002 年 4 月，309 亿美元的外国资金直接投资用于收购私有化的原国营电力、邮电、煤气、金融等部门。如果把巴西方面出资的交易再加上去的话，这一收购款数额还会更高，因为巴西国家银行为外资收购私有化的国企的很多交易以极低利率贷款。1995 年到 1998 年间，巴西国企私有化售出总值的 42.1% 由外资购得。如果再加上巴西股东后来又把股份出售给了外方，这一数额还会更多。1995 年到 1999 年间，共有 1233 件合并、兼并，跨国公司均在其中或获得了控股权或参了股。一项调查表明，这一期间巴西 70% 的企业兼并是由跨国公司干的，因收购而流入的直接投资达 500 亿美元。[①]

发达国家和发展中国家在产业安全方面的差距还表现在关于产业安全的具体法律制度、政策方面。北方国家都坚持对外来投资进行审查限制，这方面的法规制度比较健全。在一些关系国家安全的重要战略性行业，发达国家都有一系列保护措施。美国对外国的投资行为要进行严格的审查限制。美国

① 李其庆主编、刘元琪副主编：《全球化与新自由主义》，广西师范大学出版社 2003 年版，第 328 页。

外国投资委员会是一个跨部门的联邦政府委员会，其职能是为了保障美国的国家安全，对在美国的外国投资、收购及兼并交易进行国家安全审查。外资委员会的主要职能是决定是否对可能影响美国国家安全的外国投资进行审查和调查。如果认为外国的资本收购或兼并美国企业，危害其经济安全时，将予以限制和阻止。而发展中国家各方面的法规制度都很不健全，许多国家甚至没有对外国投资进行安全限制的法律，即使有，受“新自由主义”的影响，在现实中执行得也很不严格。

随着科技进步与工业化的推进，农业生产率显著提高。但是，粮食安全问题始终困扰着广大南方国家。自 20 世纪 80 年代经济全球化兴盛后，影响世界粮食供求的因素越来越多，粮食生产、库存的不稳定性日益增加，供应不足和过剩的情况频繁交替出现，严重影响着南方国家的经济安全。在 2007 年夏季美国次贷危机爆发之后，全球粮食危机接踵而来。这次全球粮食危机的根本原因之一就是次贷危机爆发造成全球股票市场和房地产市场一片低迷，为赚取超额利润，全球范围内的短期流动资本都看中了全球粮食市场，集中进入并炒作牟利。面对粮食危机，南方国家和穷人首当其冲。世界银行前行长佐利克（Robert Zoellick）认为，在许多发展中国家，穷人食品消费占收入之比最高达 75%，食品价格上涨对贫困人口的生活造成沉重打击。高涨的粮价使一些贫困国家面临饥饿威胁，并导致社会动荡，特别是撒哈拉以南非洲各国的前景更是令人担忧。2008 年以来，塞内加尔、喀麦隆、布基纳法索、科特迪瓦等多国相继发生“粮食骚乱”，造成人员伤亡。

二、资本主义生产方式方面的差距

生产力和生产关系的有机结合和统一，构成了社会的生产方式。北方国家的资本主义生产方式发达，南方国家的资本主义生产方式依然落后。美国发展经济学家 M.P. 托达罗指出，从经济、社会和文化方面来看，大多数发展中国家都是农业国。如果不是从国民总产值所占的比重看，而是从整个劳动力中的职业分布情况看，农业，不管是自给农业还是商品化农业，都是这些国家的主要经济活动。①

在生产力方面，北方国家经过数百年的发展，早已完成了工业化，而且历经三次科技革命的推动，生产力水平较高。尽管南方国家经过了奋力追赶，生产力水平有了较大的提高，一些南方国家甚至跨入了新兴工业化国家的行列，但是大多数南方国家的生产力发展水平依然较低，与北方国家相比存在着较大的差距。南方国家与北方国家在生产力水平上的发展差距主要表现在科技发展水平上。20 世纪 70 年代以来，世界科技的发展十分迅速。以信息技术、生物工程技术、新材料技术、航天与空间技术等为主要内容的新科技革命为人类开拓了新的生产和生活空间，人类开始进入第三次工业革命时期。这次工业革命浪潮的冲击，使知识、信息和智力劳动的投入将逐步替代原来的物质资本占据主导地位，从而使现代资本主义经济在总体上成为一种知识密集型经济。

以信息技术为代表的新科技革命的发展在有力地推动世界经济和贸易发展的同时，也使世界生产力发展的不平衡加剧。北方国家不断增加在高新技术方面的投入，以期在新技术方面继续占据领先位置，而南方国家的工业化进程尚未走完。科技进步的主要受益者是经济和科技实力雄厚的北方国家。由于信息技术和其他高技术产业的推动，在克林顿政府时期，美国经济曾经历了长达 8 年之久的高速增长。广大南方国家由于科技文化落后，经济增长缓慢，更处于被边缘化的困境，与北方国家在生产力发展方面的差距越拉越

① ［美］M.P. 托达罗：《第三世界的经济发展》上册，于同申、苏蓉生等译，中国人民大学出版社 1988 年版，第 41 页。

大。如在信息技术的使用方面，出现了“数字鸿沟”。在信息化进程中形成的各国和地区之间在信息技术发展方面和国内各群体之间在掌握和应用信息技术水平方面的巨大差距被称之为“数字鸿沟”。2000年底，世界银行在题为《2001全球经济展望和发展中国家》的报告中指出：互联网在加快全球经济增长速度的同时，也使那些不能有效获取信息的国家进一步面临经济孤立的危险，从而拉大贫富差距。

发展中国家生产力水平低还主要表现在劳动生产率方面。与发达国家的劳动生产率相比较，大多数发展中国家的劳动生产率都比较低。发展中国家在生产管理水平、劳动者的素质与能动性、管理制度等方面都存在着较大的差距。英国发展经济学家A.P.瑟尔沃（A. P. Thirlwall）指出，造成较低水平的生产率和较差的经济绩效的主要显著特征是：农业和小服务业在经济结构中的支配地位；低水平的资本形成——物质上的和人力上（教育）；快速的人口增长和初级产品主导的出口。[①]

生产力水平低还体现在产业结构方面。南方国家的产业结构依旧不合理，产业结构低级化。托达罗指出，大部分欠发达国家的经济是面向于生产与“第二产业”（制造业）和“第三产业”（服务业）相对的初级产品的。[②]经过第二次世界大战后数十年的发展，南方国家的制造业和服务业有了一定的发展，但仍然处于较低的发展水平。一是在产业结构中，农业所占的比重仍较大，工业尤其是服务业的比重过小。二是单一的产品结构，大多以农矿初级产品生产为主，一些国家生产的农产品只限于一两种产品，或工业产品仅限于几种矿产品，甚至一些国家的整个国民经济完全依赖于这几种产品的出口。如非洲几内亚比绍的腰果、利比里亚的橡胶、圣多美与普林西比的可可

---

① ［英］A.P.瑟尔沃：《发展经济学》，郭熙保、崔文俊译，中国人民大学出版社2015年版，第65页。

② ［美］M.P.托达罗：《第三世界的经济发展》上册，于同申、苏蓉生等译，中国人民大学出版社1988年版，第63页。

豆和塞拉利昂的钻石，在各自国家都有 80% 以上的出口额。三是纵使南方国家的第三产业和工业所占比例上升，也不能说南方国家的工业化水平提高了。根据世界银行的统计，在 1999 年，拉美国家的服务业产值就占国内生产总值的 62%，仅低于北方国家而高于所有南方国家。但不能就此说拉美国家的经济发达程度较高，恰恰是因为第一和第二产业发展得不充分，导致第三产业的非正常发展。20 世纪 80 年代，为了应对债务危机，拉美国家进行了经济调整，结果出现了制造业的严重衰退。而拉美运输业和金融服务业等第三产业在国民经济中的比重得到了持续上升。这是因为实行了"新自由主义"改革，经济扩大开放后进出口贸易的迅速增长和资本市场的发展。而且南方国家的服务业大多是低级的服务业，主要是商业、旅游业等。同时，衡量一个国家产业结构合不合理、工业水平高低，一方面要看其工业产值占国内生产总值的比重高低，另一方面还应看其工业本身的结构如何、产品的国际竞争力如何。拉美国家乃至整个南方国家，制造业是以资源加工业或初级产品生产为主，制造业结构不够优化，产品的国际竞争力差。一个国家的知识和技术密集型 KTI 商品和服务出口反映了其在国际市场上的竞争能力和产业机构情况。2016 年全球范围内高技术产品出口总额达 2.6 万亿美元，以信息和通信技术产品为主导。中国是世界上最大的高技术产品出口国（占全球份额的 24%），并保持了较大的贸易顺差（通过交易产品的总市场价值计算）。然而，由于中国的许多出口商品都是从其他国家进口的零部件组成，中国的出口和贸易顺差就附加值而言，可能增值不多。接下来是欧盟（占 17%）、美国（占 12%）和中国台湾地区（占 11%）。[①] 四是在产业结构的升级、高级化方面，南方国家又远远地落在了后面。虽然南方国家在工业化、产业结构的合理化等方面取得了较大的进展，并接受了北方国家转移出来的

---

① 方陵生、梁偲：《美国〈2018 科学与工程指标〉：全球发展趋势》，《世界科学》2018 年第 3 期。

部分产业，但北方国家转移产业时并没有转移关键技术。而且在冷战结束后的十多年间，由于第三次科技革命的大发展，使全球产业结构不断升级，主要北方国家的经济已开始从工业经济走向信息经济，以信息、生物、新材料等产业为代表的高技术产业已成为新的主导产业。传统产业也被高新技术改造，无论工业、农业还是服务业的发展，科学技术所起的作用越来越大，这又将大多数南方国家远远地甩在了后面。在第三产业内部，大多数南方国家发展的是传统第三产业，为生活服务的占较大比重，在劳动方式上以个体技能型手工劳动为主，如零售商业、银行、保险、交通运输等行业。由于科技的发展，当今北方国家的第三产业的内部结构发生了很大的变化，在国民经济中的比重也超过了第一和第二产业。除了用现代技术对传统第三产业进行了改造，新型的科研、信息、咨询、物流、设计等行业成为北方国家第三产业的发展方向。

在生产关系方面，南方国家还存在着一定的落后经济成分。这些落后的经济成分包括自然经济、部落经济等，主要存在于农村地区。一些南方国家还是小生产的汪洋大海，小生产者主要由小农和城镇小手工业者组成，与以雇佣劳动为基础的资本主义机器大生产还有相当的距离。因此，南方国家还在一定程度形成了城乡二元结构。托达罗指出，所谓“二元结构”，是指发展中国家既有使用进口的现代资本密集型生产方法，制造大量高级尖端产品的小块飞地式的现代工业（大部分是加工制造业），又有为数众多的传统的、为迎合当地有限需要的、小规模的劳动密集型工业。许多发展中国家中存在着小块现代飞地与传统社会并存的现象，一小撮“进步的”有钱的上层人物集团与劳苦大众并存，许多第三世界国家的人民生活似乎还像过去一样。①

---

①［美］M.P. 托达罗：《第三世界的经济发展》上册，于同申、苏蓉生等译，中国人民大学出版社 1988 年版，第 120 页。

南方国家资本主义市场经济不发达。资本主义市场经济成熟的标志之一是全国统一市场的形成，不少南方国家由于生产力水平低下，交通不便，信息不灵，流通渠道不畅，人们的商品经济意识也淡薄，尚未真正形成城乡结合、生产要素和商品可以自由流动的全国统一市场。在市场体系方面，资本主义完整的市场体系既包括一般商品市场，也包括生产要素市场。南方国家的一般商品市场已有一定的发展，但尚未形成现代资本主义完整的市场体系。尤其在劳动力市场和金融市场方面，发育水平更低，不少南方国家的金融市场极不完善，对经济发展造成金融抑制。另外，南方国家由于各种市场法规、制度不健全，缺乏法制化、规范化的市场秩序，所以必须建立健全相应的市场制度和规则，包括法律、法规以及正式或非正式的行业规范和商业信用等，以保证市场的正常秩序。

三、贫富差距

南北国家在贫富方面的不同状况也是南北差距的一个重要方面。英国发展经济学家 A.P. 瑟尔沃指出，在发展中国家，除了人均收入低之外，收入分配、财富和权力一般也非常不平等，而且比发达国家的不平等更甚。[①] 托达罗也指出，国民生产总值本身是衡量经济活动综合水平最常用的标准。例如，1984 年世界所有国家生产总值超过 125000 亿美元，其中 97500 亿美元是在经济发达国家生产的，只有不到 27500 亿美元是在欠发达国家生产的。这意味着世界总收入的大约 78% 是在经济发达地区，由不到世界人口 1/4 的人生产的。不发达国家总体的人均收入平均不到富裕国家人均收入的 1/12。许多第三世界国家除了人均收入水平比发达国家低得多以外，国民生产总值的

① ［英］A.P. 瑟尔沃：《发展经济学》，郭熙保、崔文俊译，中国人民大学出版社 2015 年版，第 77 页。

增长速度也比发达国家慢。此外，虽然世界上的所有国家都存在某种程度的不平等，但是，一般来说穷富之间的鸿沟在欠发达国家比在发达国家要大。[①]托达罗比较详尽地概括了南北之间的贫富差距情况，当今的一些数据也继续证明了这一现实状况。北方国家无论是在国民经济总量上还是在人均财富等方面，都远远超过南方国家。国民收入是反映一个国家国民经济发展水平和经济实力的一项重要指标。一国经济发达的程度如何往往是以国民总收入（Gross National Income，简称 GNI）和人均国民总收入的多少来衡量。国民总收入包括国内生产总值和源自国外的初级收入净额。国民总收入是从总量上对生产力发展水平的综合反映。而人均国民总收入在一定程度上显示了居民生活的富裕程度，这样就把生产力发展水平与居民的生活水平衔接起来。2014 年 GNI 总量最高的美国为 176115 亿美元，人均 GNI 为 55230 美元；德国 GNI 为 38536 亿美元，人均 GNI 为 47590 美元；日本 GNI 为 53391 亿美元，人均 GNI 为 42000 美元。而非洲的布隆迪 GNI 为 29 亿美元，人均 GNI 为 270 美元；贝宁 GNI 为 95 亿美元，人均为 890 美元；孟加拉国 GNI 为 1713 亿美元，人均为 1080 美元。

2014 年，瑞士信贷发布了《2014 年全球财富报告》，报告显示，自 2008 年金融危机以来，财富分配趋于两极分化，尤其是在发展中的经济体。作为财富集中的标志，全球百万富翁（以美元计）从 2000 年以来直线上升 164%，达到 3480 万人，其中美国占 41%。报告称，全球资产至少为 5000 万美元的富人约有 12.8 万人，这些人近半数在美国，欧洲占近 1/4。全球 10% 最富有的人掌握全球 87% 的财富。[②]世界不平等研究机构（World Inequality Lab）发布的《2018 年世界不平等报告》称，全球最富有的 1% 的人群占有的财富份

① ［美］M.P. 托达罗：《第三世界的经济发展》上册，于同申、苏蓉生等译，中国人民大学出版社 1988 年版，第 45—49 页。

② 《2014 全球财富报告：中国 118 万人资产过百万美元》，中国日报网 2014 年 10 月 15 日。

额从1980年的28%上升至2016年的33%，与此同时底部75%的人群所占有的财富份额则一直停留在10%左右。[①]最不发达国家的贫困化问题极其严重。《2018年世界不平等报告》称，2016年，欧洲收入前10%的成人（20岁及20岁以上人群）的收入总和占整个国民收入的37%，该份额在北美（美国与加拿大）为47%，而在撒哈拉以南非洲地区、巴西、印度则为55%。中东是世界上收入差距最高的地区，收入前10%成人的收入份额高达61%。[②]世界银行发布的报告显示目前世界上仍有近一半人口每天的生活费不到5.5美元。报告还指出，由于中国崛起，东亚与太平洋地区贫困人口比例已锐减。但撒哈拉以南非洲的贫困情况依然严重，84.5%的人口每天的生活费不到5.5美元。[③]2013年高收入经济体人均GNI为12746美元，而低收入经济体人均GNI在1045美元以下。[④]

因为南北贫富差距巨大，在基本生存生活条件方面，二者也是不可同日而语的。南方国家的民众不仅在贫困线上挣扎，而且还在生存线上挣扎。托达罗认为发展中国家的绝对贫困现象较为严重，他引用了世界银行经济学家在1975年一个研究报告中的数据，数据表明当时第三世界人口中几乎40%的人正在绝对贫困水平上挣扎。[⑤]目前，这种现象依然严重。以目前的世界社会生产力，养活全球人口绰绰有余。虽然全球粮食和食品产量在增加，但饥饿状况却在加剧。目前，全球有8.21亿人（相当于总人口的1/9）仍然受到“存在长期粮食安全问题”的威胁。自2015年以来，全球受到粮食安全问

① 世界不平等研究机构：《2018年世界不平等报告》，中文互联网数据咨讯中心。

② 世界不平等研究机构：《2018年世界不平等报告》，中文互联网数据咨讯中心。

③ 青木：《全球近半数人每天生活费不足5.5美元》，《环球时报》2018年10月18日。

④ 世界银行：《2015年世界发展指标》，姜睿等译，中国财政经济出版社2015年版，第11页。

⑤ ［美］M.P. 托达罗：《第三世界的经济发展》上册，于同申、苏蓉生等译，中国人民大学出版社1988年版，第50页。

题影响的人数一直在增加，并且恢复到了大约10年前的水平。这使得联合国确定的到2030年消除饥荒的可持续发展目标的实现变得非常困难。要想达成目标，任务相当艰巨。而且，如今全球的77亿人口到2050年将增长到97亿人口，撒哈拉以南非洲地区人口将翻倍。联合国粮农组织指出，饥饿在“南美以及非洲大部分地区出现恶化，而近一段时期内，亚洲地区营养不良的下降趋势在该地区出现大幅放缓”。联合国机构认为，饥荒情况最严重的是也门，该国超过2/3的人口也就是2400万人依靠某种方式的国际人道救援生存。[①] 撒哈拉以南地区极端贫困人口从1990年的2.9亿上升至2011年的4.15亿。[②]

当然，北方发达国家内部的贫富两极分化也极为严重，从某种意义上讲，在北方国家内部也出现了“南北对立”。美国贫富差距显著扩大。1980年美国最富有的1%的成人占有22%的国民财富，2014年这一比例上升至39%。这一增长主要是靠最富有的0.1%的成人财富的迅速攀升推动的。[③] 美国加利福尼亚大学经济学教授伊曼纽尔·沙斯（Emmanuel Saez）在2013年9月发表了题为《美国高收入者的演化》的论文。该论文通过分析了自1913年以来美国国家税务局的税收数据，显示过去30年收入不平等程度在美国一直呈攀升态势。2009—2012年，美国平均家庭收入上升了6%，但是这个收入增加分布极不平均。在这段时间内，被2011年“占领华尔街”运动抨击的美国最富有的1%的家庭收入上升幅度达到31.4%，而其他99%的家庭收入增长仅为0.4%。也就是说，美国最近几年在经济复苏中提高的家庭收入中有95%流入了最富有的1%的家庭，而其他人几乎没有享受到经济复苏带来的

① 《严重饥荒依然困扰全球》，《参考消息》2019年6月25日。

② 世界银行：《2015年世界发展指标》，姜睿等译，中国财政经济出版社2015年版，第4页。

③ 世界不平等研究机构：《2018年世界不平等报告》，中文互联网数据咨讯中心。

利益。[1] 美国桥水集团总裁雷·戴利奥（Ray Dalio）说，今天美国最富的 1% 人群比后 90% 人群财富更多，今天财富在社会中前 40% 的人群平均比后 60% 的人群富 10 倍，这一差距是 1980 年的 6 倍。摩根大通公司首席执行官杰米·戴蒙（Jamie Dimon）也指出，美国中产阶级已经多年没有经历过收入增长，收入平等性也在连年恶化，40% 的美国人连用来应付意外情况的 400 美元都凑不出来，2800 万美国人没有医疗保险。[2]

总之，全球贫富两极分化在加剧，世界贫困人口在不断增加，这是一种基本趋势。学者唐룟在专著《新自由主义全球化别名考》中指出："全球贫困的汪洋大海，供养着、包围着几个富有的孤岛，仿佛一个巨大而枯瘦如柴的肌体，用自己的血肉和几乎全部营养，供养着肌体上的癌组织。孤岛富人炫耀和自鸣得意于自己的富有。汪洋大海中贫困的人们自叹自艾于自己的悲苦。"

第三节　社会发展差距

一、社会分化与社会分层方面的差距

南方国家与北方国家的资本主义发展程度不同，那么在社会结构方面就有很大的不同。国外左翼学者认为南方国家和北方国家之间在社会结构方面最大的差距就在于南方国家的社会结构是依附性的，并被整合进北方国家主导的国际社会结构之中。埃及经济学家萨米尔·阿明指出，与中心国家社会形态相对照，外围国家的社会形态则始终是不一样的。发展中国家前资本主

① 周佳：《美贫富差距创新高 驴象两党将激辩最低工资法案》，《第一财经日报》2014 年 1 月 24 日。
② 刘阳：《贫富悬殊，"美式资本主义"频遭质疑》，《参考消息》2019 年 6 月 14 日。

义生产方式被结合进一个屈从于占统治地位的资本的不同目的的体系（农民继续在他以前的生产方式的背景内从事生产，但从此却生产出口到中心国家去的商品），所以新的社会结构形成一个结构性的分层的整体，它是由殖民社会“不在当地的巨头”所统治的：占统治地位的宗主国资产阶级。外围国家的社会结构是一种掐头去尾的结构，只能当它作为世界社会结构的一个成分时才能了解。[①] 此外，他们也认为南方国家的社会结构网络是传统和现代并存，并不是一个自然演进的社会结构，而是被急剧卷入北方国家国际体系后的结果，社会特点较为复杂。缪尔达尔指出，目前欧洲和南亚的差别是逐渐形成的。在西欧，尽管有衰退时期，长期趋势是继承下来的权利与义务体系的完善和义务从个人、家庭或集团的关系网络向社会义务的转化。这是经由重商主义和自由主义、工业化和城市化的社会文化演进的一个方面，宏观社会学家将之分别称作从“地位”到“契约”、从“机械”一致到“有机”一致等的转变。南亚没有经历类似地从原始而静态的乡村组织向前的演进。相反，殖民主义通常导致古老乡村组织的衰退，却又未创造一种可行的替代物。间接的统治通常比直接的统治保留更多遗留下来的模式。[②]

此外，南方国家和北方国家社会分化程度和社会分层状况也不同。社会分化与社会分层状况是资本主义发达社会与不发达社会的基本内容和标志。社会分化就是指社会结构系统不断分解成新的社会要素，各种社会关系分割重组最终形成新的结构和功能专门化的过程。社会分层是指社会成员在社会生活中由于获取社会资源的能力和机会不同而形成高低有序的等级或层次的现象或过程。[③] 社会分层的实质是社会分化的一种表现。一般来说传统社会是

① ［埃及］萨米尔·阿明：《不平等的发展》，高铦译，商务印书馆 2000 年版，第 249 页。

② ［瑞典］冈纳·缪尔达尔：《世界贫困的挑战——世界反贫困大纲》，顾朝阳等译，北京经济学院出版社 1991 年版，第 187 页。

③ 刘祖云主编：《发展社会学》，高等教育出版社 2002 年版，第 97、113 页。

结构低度分化及功能普化，现代资本主义社会结构是高度分化及功能专化，转型社会是结构分化与不分化、功能专化与普化相互重叠。传统社会的阶层结构较为简单并具有刚性，现代资本主义社会的阶层结构较为复杂并富有弹性。在转型社会里，社会结构的重要特征就是异质性的增强。随着社会分化水平的提高，个体与个体、群体与群体、阶层内部成员之间的差异性不断增加，原有的社会阶层分化为多个阶层，以至于发展到用某一个标准无法完全认识一个阶层的地步，社会的阶层结构变得复杂起来。南方国家基本上都处于社会转型中，其社会分化和社会分层状况也就具有转型社会的特征，是中低度分化和中低度分层。在现代资本主义国家里，由于工业化、新技术革命及专业化精密的分工带来了社会结构的高度分化，社会结构已日趋专化了。各种社会组织如政党、工会、社会中介组织等大量出现，担负起特殊的功能，扮演特殊的角色，在运作过程中也都有各自不同的行为规范与标准，如经济组织要受市场规律的支配，这样也决定了不同的组织中的人在角色功能上的专化。在社会阶层变化方面，由于科技革命的推动，使生产力有了新的巨大飞跃，引起了生产关系的重大变化，进而使当代北方国家的社会阶级结构发生了较大的变化。各主要阶级内部的结构发生了深刻的变动，如资产阶级和工人阶级内部出现了许多新的阶层和新的特征。在北方国家社会中出现了许多新的行业、新的部门和新的领域，以及许多新的活动形式，从而引起职业结构的巨大变动，涌现出众多的新工种、新工作岗位，如“经理”“管理人员”“熟练工人”“白领工人”，等等。如法国在人口普查中把社会职业细分为 42 种，其中还把经济活动领域的职业再细分为 99 种；美国官方编纂的《职业名称词典》所列举的职业超过两万种。

北方国家资产阶级的结构变化。资本主义进入现代垄断资本主义阶段以来，垄断资产阶级大量增加，大型和特大型公司企业不断涌现，同时，控制这些大企业、大财团的金融寡头更是大大增加。北方国家资产阶级内部高级管理人员、高级官员、高级知识分子阶层也极为庞大。如高级知识分子阶层，包括高级教授、高级律师、高级专家和高级顾问，在资产阶级中占有特殊的地位。在美国，存在着众多的官方、半官方的和民间的咨询研究机构、顾问团和顾问委员会。知识分子上层的一部分是统治阶级的高级“智囊”、高级“脑库”，是资产阶级不可缺少的部分。资产阶级内部的流动性也加强，高级管理人员、高级知识分子、高级官员经常向上流动成为垄断资产阶级的上层，他们之间的相互流动也相当频繁。阿明也指出，中心地区的资本主义生产方式意味着社会两极分化为两大阶级：资产阶级和无产阶级。当资产阶级行使政权并管理经济，它不能由自己从事所有的管理和经营职能。随着社会进步，这些机制变得越来越复杂，而这种现象也日益显著。因此就成立了负责这些事务的社会机构：高级行政管理、警察、军队、大公司的技术结构、职业政客的团体，等等。但资产阶级这些复杂社会阶层最终还是受垄断资本控制的。阿明认为，当资本仍然分散和竞争时，职业政客在议会民主的背景下是作为代表不同利益的谈判人的。随着垄断资本的兴起，这些人物的职能已经由大公司的技术官员或国家来取代了，这导致了西方国家里代议制政府的没落。只是在严重危机时期，例如纳粹主义抬头的危机，资产阶级失去了对这些机构的控制，这些机构才似乎构成一支独立的社会力量。①

北方国家工人阶级结构及其特征。近代北方国家工人阶级的主体是从事体力劳动的无产阶级，如工业和建筑业中的非熟练工人、农业工人等，统称为“蓝领工人”。随着工业中自动化设备和新科技、新工艺的广泛采用，新的生产管理方法和生产组织的广泛实行，生产领域内脑力劳动或脑体双重劳动的熟练工人或半熟练工人占了主体。由于第三产业的发展，非物质生产部门的工人数量超过物质生产部门工人数量。同时，北方国家的工人由于工资

---

① ［埃及］萨米尔·阿明：《不平等的发展》，高铦译，商务印书馆 2000 年版，第 294 页。

收入和社会福利明显提高，工作生活条件有了很大的改善，有较高的科技知识和文化修养。不过，这里需要指出的是，虽然发达国家的社会分层、资产阶级和无产阶级的结构较为复杂，但正如阿明所指出的那样，“中心的社会结构具有接近《资本论》的纯粹模型的倾向，其特点是社会阶级两极分化为两大基本阶级：资产阶级与无产阶级。……新的阶层都位于资产阶级与无产阶级之间重要分野的结构以内，因为所有新发展的社会阶层都是由资本主义企业中工资收入的职员组成的。所以新阶层的划分不是经济关系——因为从这个观点看，新阶层的地位都是相同的，都是出售自身劳动力的人——而是政治关系或意识形态的关系”①。

对于南方国家的社会阶级阶层结构，阿明曾经以拉丁美洲为例，描绘了拉美国家社会阶层的发展历程和现状。他指出，在商业资本主义和重商主义时期，拉美形成了至今成为其特点的主要社会结构。这一结构的基础是大庄园类型的农业资本主义和大庄园主，它的劳动力是地位日益下降的农民和过去的奴隶。此外社会上还存在着买办型的本地商业资产阶级，城市居民还包括有手工艺人、小商人、官员、家庭仆役等。在 19 世纪初，拉美许多国家获得了独立，而独立意味着权力转移到地主和土生买办资产阶级手中。之后，随着石油和采矿业的发展以及进口替代工业的建立，产生了为数有限的无产阶级。第二次世界大战以后，拉丁美洲还逐步形成了一个新的工业资产阶级，这个阶级企图向地主和商人的权力进行挑战。为了达到这个目的，他们还设法争取群众的支持。但新资产阶级往往来自过去占统治地位的、与外资有联系的大地主和大商人的同样家族，因此他们的独立性也是脆弱的。占统治地位的外国资本的不断发展及其不断增加的技术垄断说明了这些本国资

① ［埃及］萨米尔·阿明：《不平等的发展》，高铦译，商务印书馆 2000 年版，第 248 页。

产阶级的屈从地位。[①]

具体来说，南方国家由于生产力水平不高，大多处于转型社会时期。它表现在代表旧形态的落后的东西与代表新形态的东西会复杂地结合在一起。南方国家社会上既有现代化的都市，也有极端愚昧落后的农村；既有先进的工业区，也有几乎未开化的部落。在转型过程中，原有的社会群体出现持续不断地分化和社会流动。农村社区的封闭性逐渐被打破，乡村与城市的隔离逐渐消失。在整个社会生活中，小的生产单位，如小工厂和在有限的市场上营运的商业、银行业等，正在向较为集中、较为科层化的大型单位转变。在职业体系中，原先多半是非机械化、自动化的手工职业，或在人口中所占较小比例的传统职业，如宗教、医疗等职业。随着发展，不仅每种职业中分出一些亚种，还增加了新的职业种类，如福利、科技、管理、服务等职业及其组织。但是，在许多南方国家中，这些转型还只是初步的，还存在着传统的宗教、部族等社会结构，社会未彻底分化。一些部族、宗教团体还承担着社会利益表达等政治功能。在印度还存在着种姓制度，各种姓之间实行隔绝制度，不同种姓间不能通婚，不能交往，各种姓世代相传，不能更动。在社会阶层方面，资产阶级的结构简单，层次也比较少，如金融业不发达，金融资产阶层人数较少。由于工业不发达，传统的资产阶级占了多数，如农业资本家、商业资本家、低级工业资本家等。由于大多数南方国家的工业是劳动密集型产业，工人阶级中体力劳动工人占了大多数。中间阶层数量也少，社会结构是两端大、中间小。还存在着一些前资本主义时期的社会阶层，如沙特阿拉伯君主制度下的君主、贵族等统治阶层，印度种姓制度中的贱民阶层等。另据《纽约时报》2008 年 2 月 27 日报道，在也门，生存着一个被当地人称为“仆人阶层”的特殊群体。在也门当地人看来，这个群体的人除了能

① ［埃及］萨米尔·阿明：《不平等的发展》，高铦译，商务印书馆 2000 年版，第 252 页。

当仆人，别无用处。他们的生活非常悲惨，经常食不果腹，在极度缺乏食物的时候，甚至会吃自己亲人的尸体。在也门 2200 万人口中，这一人群的数量达到了 100 多万，成为也门的一个特殊“标志”。

二、城市化方面的差距

一般认为，城市化是一个由传统落后的乡村社会转化为现代先进的城市社会的自然历史过程，城市化是社会发展或社会现代化的主要内容和基本标志。城市化是指城市从数量、规模、形态、内容和性质等方面发生急剧变化而引起城市生产方式和生活方式的变化以及城市人口数量的提高来反映城市变化的全部过程。[①] 这种变化是从人类社会进入资本主义工业社会开始的，城市化与工业化的发展是同步的。世界上已经城市化或城市化水平较高的国家，都是工业高度发达的资本主义国家。北方国家的城市化是随着工业化的逐步实现而不断变化和推进的。资本主义产业革命冲破了自给自足的封建自然经济的束缚，使社会生产力获得了极大的发展，集中的现代化的大生产逐渐代替以手工业为主要形式的分散的小商品生产，城市为众多的农村劳动力提供了就业机会，使城市中出现了产业大军，出现了高密度的人口集聚。因此，城市化应该是以产业革命引起的城市数量和性质的根本性变化为开端，并持续不断地向深度和广度推进的。

目前，南方国家在城市化方面存在的问题主要有城市化水平不足和过度城市化。南方国家的城市化水平远远落后于北方国家，而城市化对社会经济的巨大进步和发展有着重要的促进作用。首先，城市化使人们的社会生活方式和社会组织体系得到了更新。传统社会是以集权制或家长制为基础的，人

① 刘祖云主编:《发展社会学》，高等教育出版社 2002 年版，第 138 页。

们依附于各种传统的家族、种族、部族，没有形成相对完全的独立人格和自主意识。城市化导致的社会分工使人们社会联系广泛化、社会关系复杂化、社会角色多样化，使个体逐渐从多种社会角色中发现了自我，成为具有相对主体意识的自主活动的主体，也使社会组织复杂化、高层次化。城市化改变了传统的社会结构，使相对封闭、分散的社会，走向人与人之间依赖关系很强的开放、集中的城市社会，使以宗法势力占统治地位的农业社会，变成以一定法制为准则的城市社会，而且促进了以分权式和科层制为基础的现代资本主义社会组织体系的建立。主体意识的形成、发展，也将刺激人们发挥出巨大的潜力和创造性，促进社会的进步。其次，城市化所形成的市场对经济起着促进作用。城市有较大的市场，规模效应明显。它一方面可以节省很多成本，如运输、信息搜寻等费用；另一方面可以大规模地组织生产。同时，由于存在着较大的市场，生产者确信自己的产品有足够多的销路，便能采用效益较高的新技术，使生产力得到快速发展。最后，城市化有着聚集经济效益。城市是社会生产的基地，不同规模的工业企业在地域上的集中，有利于生产的专业化和各企业间的协作，提高劳动生产率，降低成本，产生“聚集经济”效应。此外，金融市场也集中在城市，各种基础设施健全，城市提供了一系列的服务设施和舒适的环境。英国学者巴顿（K. J. Button）指出：“城市提供了‘聚集经济’，城市为工业提供了熟练与非熟练的劳动力。对于个人来说，城市提供了广泛的服务和相应的安全及较好的职业。”[①] 南方国家的城市化水平不高，城市在这几个方面对经济社会的促进作用发挥不明显，极大地阻碍着经济社会的发展。北方国家的城市化水平较高，可以享有上述城市化的益处，并能走上良性循环。

过度城市化是指城市化的速度大大超过了工业化的速度，城市化不是建

① K. J. Button，*Urban Economics*，London：Macmillan Publishers Ltd.，1985，p.15.

立在工农业发展的基础上，而是主要依靠传统的第三产业来推动的城市化，甚至是“无工业化的城市化”。造成过度城市化的主要原因是二元经济结构下形成的农村推力和城市拉力（其中推力作用大于拉力作用），再加上政府没有采取必要的宏观调控措施。哈里森写道，在西方国家，城乡之间收入差别不大，如果再考虑到生活费用不同的因素，差别就更小了。在第三世界，城市收入平均比农村收入高两倍半。收入差别越大，驱使人口转入城市的吸引力也越大。一般来说，这种差别在非洲最大，非洲城市人口增长得也最快。收入方面的差别还不是唯一的重要差别。政府向城市和农村提供的各种社会服务项目，如医疗卫生、学校、供电以及清洁的饮水等都存在着大得到了荒唐地步的区别。所有这些社会服务事业都是一种无形的收入，或者叫社会提供的收入，而从农村迁往城市的移民很清楚，这些服务业能够改善他们自己以及子女们的机遇。[①]

托达罗指出，战后人口问题中的最重要的现象之一是发展中国家城市人口的急剧膨胀，而且将来似乎还会进一步膨胀。在城市化迅速发展的同时，贫民区的数目也不断增长。在许多发展中国家，贫民区的居民已占整个城市人口的 1/3 以上，在许多国家的城市里，贫民区的居民已占其人口总数的 60% 以上。在大多数贫民区既没有清洁的生活用水，也没有废物处理系统和生活用电设施。[②]拉丁美洲和非洲的许多国家都普遍存在着这种现象。委内瑞拉、乌拉圭和阿根廷，城市化率高达 93.4%、92.0% 和 90.1%。非洲许多国家的人均 GDP 不足 2000 美元，但是城市化水平却达到 50% 以上，其中人均 GDP 仅仅 889 美元的吉布提，2005 年的城市化率竟高达 86.1%。大量农村人

① ［英］保罗·哈里森：《第三世界——苦难·曲折·希望》，钟菲译，新华出版社 1984 年版，第 150 —151 页。

② ［美］M.P. 托达罗：《第三世界的经济发展》上册，于同申、苏蓉生等译，中国人民大学出版社 1988 年版，第 341 页。

口涌入少数大中城市，城市人口过度增长，城市建设的步伐赶不上人口增长的速度，城市不能为居民提供必要的就业机会和生活条件。这是一种造成严重的“城市病”、不利于经济和社会健康发展的畸形城市化，如人口增长速度过快导致城市的住房供应极为紧张。人口拥挤不堪、缺乏基本生活配套设施的棚户区、贫民窟和“死人城”等在非洲和拉美国家大量存在。目前非洲近3/4（约1.87亿人）的城市人口居住在贫民区；撒哈拉以南非洲居住在贫民窟的城市人口达1.66亿，占总人口的71%。[①]另有大量贫困人口栖身于坟场，形成了特殊的“死人城”现象。与此同时，城市人口的迅速增加也给城市交通、医疗、教育等部门带来沉重的压力。过度城市化不仅没有带来高度工业化和经济繁荣，相反还使农业衰败、乡村凋敝，许多南方国家由粮食出口国变成粮食进口国。

三、社会保障方面的差距

社会保障是国家或社会依法建立的、具有经济福利性的、社会化的国民生活保障系统。[②]社会保障是现代国家和文明社会的标志，完善的社会保障可以为社会成员提供可靠的“安全网”，有助于实现资源优化配置和劳动力合理流动，创造稳定的社会环境，进而促进经济健康和快速的发展。北方国家的社会保障体制和法律制度健全。北方国家一般都设立了自上而下的单独管理机构，对社会保障进行统一管理和监督。这种单独的管理机构可能是全面性的独立管理机构，实行自上而下的垂直领导，也可能是隶属于中央某个部门，接受部门监督；有的在集中统一领导和管理的前提下，地方也享有一定

① 廖明中：《城市化背景下贫民窟挑战及对策》，《中国经济时报》2006年2月3日。

② 郑功成编著：《社会保障》，高等教育出版社2007年版，第5页。

的或相当的管理权限。北方国家还普遍颁布多部社会保障法律，社会保障法律构成了一个独立的法律部门，并在国家法律体系中占有很重要的地位。例如，日本仅就社会福利方面就颁布过有名的六部法律，被称为“福利六法”；英国颁布了《国民救济法》《国民保险法》《国民保健事业法》等多部社会保障法律；在德国等欧洲国家，还设有专门的社会保障法法院系统，以专门维护国民的社会保障权益。法律制度的健全，使各种社会保障事业有了具体的法律依据，为国民社会保障权益的实现提供了保证。

由于保障体制和法律制度相对健全，北方国家通常都在本国建立了完整的社会保障体系。社会保障体系是国家依法建立起来的保障国民生活、维护社会稳定、促进社会发展的系统，是由社会保险、社会救助、社会福利、军人保障以及各种具有互助共济功能的社会化保障机制共同编织成的“社会安全网”。但我们对发达国家相对较好的福利保障制度也应有清醒的认识。这是工人阶级经过长期斗争以及世界社会主义运动促动的结果，垄断资产阶级为缓和国内矛盾、维护自身统治而被迫实行。社会福利保障的资金来源于工人的剩余价值，此外，一些发达国家之所以有高福利保障，就在于它们从不发达国家榨取和转移了大量经济剩余。发达资本主义国家虽然实行了较高的福利保障，但依然没有改变资本主义私有制的性质，依然存在贫富悬殊和两极分化现象。进入 20 世纪 70 年代，西方国家的生产趋于停滞，工人阶级的生活状况重新趋于恶化，社会阶级矛盾也紧张起来。20 世纪八九十年代以来，随着“新自由主义”主导下的经济全球化的不断发展，使得资本又重新回归本性，资本主义社会贫富两极化趋势进一步加强，全球中产阶层规模出现了一定程度上的萎缩趋势，人们开始探讨起“中产阶级危机”问题。特别是自 2008 年国际金融危机以来，对中产阶层的冲击最大，不断攀升的失业率以及沉重的债务负担使西方“福利国家”正在面临坍塌的危机，西方国家出现了“集体向下沉沦”的局面。

南方国家的不平等问题较为严重，社会福利保障水平较低，许多国家还认为发展是第一位的，社会福利保障滞后于发展。缪尔达尔指出，不发达国家绝大多数的社会和经济的分层是不平等而僵硬的，尽管在一些国家程度各不相同。不平等及其加剧的趋势成为对发展的限制与障碍的复合体，因此，迫切需要扭转这一趋势，创造更大的平等，作为加速发展的一个条件。大部分的西方经济学家的传统观点与此相反，都假定在经济发展与平等改革之间有冲突。与此同时，发达国家从第一次世界大战以来逐步实施了大规模的平等改革政策，现在这些国家都是“福利国家”。但在最近几年，在最发达的福利国家出现了这样的思想，即福利改革对社会并非代价高昂，相反，它实际上为稳定而迅速的经济发展奠定了基础。社会福利和平等改革对经济发展的影响的研究引起了社会学家、社会福利工作者和统计学家的兴趣，而经济学家们却大多坚持原有的立场。因而，受这些思想的影响，发展中国家在追求经济增长的同时往往不能兼顾平等和民众的福利保障。缪尔达尔还说道，在贫困国家，居于优先地位的是发展。在更大的平等与经济发展之间存在冲突的想法，通过对现在的发达国家的历史进行比较之后得到了印证。西方国家甚至还有日本在工业化的早期都有过不平等加剧的经历。对穷人的残酷剥削被认为是使储蓄增加和富于进取的创业精神成为可能的必要条件，能给工业革命注入动力。①

具体来说，南方国家社会保障制度建设起步较晚，社会保障立法相对滞后，而且层次也参差不齐。许多国家至今尚未颁布有关的社会保障法律制度，仅从行政命令上约束；社会保障管理职责划分不清，管理权限混乱，权威性、强制性较弱；对有限的社会保障基金的监管混乱，挪用、滥用、浪费

① ［瑞典］冈纳·缪尔达尔：《世界贫困的挑战——世界反贫困大纲》，顾朝阳等译，北京经济学院出版社 1991 年版，第 46 页。

的问题长期无法解决。南方国家一方面需要制定新的社会保障法律以便建立起更加全面的社会保障制度；另一方面需要根据社会经济发展与国民对社会保障需求的变化，进一步修订、完善以往制定的社会保障法律。社会保障管理事业的发展要逐步纳入法制化轨道，使社会保障的程序、手段以及内容都有法可依。作为一项基本的社会职责，国家必须建立依法管理的社会保障管理制度，以法律规定约束政府、企业和公民的行为。其内容包括健全社会保障的立法，明确社会保障的权利义务关系，使社会保障法律体系系统化，并进行社会保障机构自身的法制化建设。

北方国家社会保障的支出水平高，覆盖项目和覆盖面广泛。按照社会保障适度水平理论，一国的社会保障支出占国内生产总值的比重上限为 26.15%左右。北方国家的社会保障支出大都在这个水平左右。仅以 1995 年为例，社会保障水平从高到低依次为瑞典 35.8%、德国 33.9%、美国 33.2%、法国 32.9%、芬兰 32.7%、丹麦 32.2%、英国 29.8%、日本 25.8%。[①] 发达国家社会保障资金有多渠道的来源，资金较为充分。北方发达国家社会保障的资金来源于社会多个方面，主要由雇主、雇员和政府按一定比例共同承担（工伤保险除外）。即使企业破产，个人应享有的社会保障也不会受到影响，因为一旦出现企业和雇员缴纳的社会保障金收不抵支时，由政府给予补助。与北方国家相比，南方国家社会保障的投入存在相当大的差距，即使是社会保障制度相对健全的拉美国家，它们社会保障的投入占 GDP 的平均比例也只达到 4.8%。较低的社会保障投入固然与经济发展水平和社会保障制度的完善程度密切相关，但对社会保障的投入过低必然导致经济发展环境的恶化，使南方国家加快发展国民经济的良好愿望落空。

北方国家社会保障的内容涵盖社会保险、社会救助、社会福利等诸多方

① 穆怀中:《社会保障水平发展曲线研究》,《人口研究》2003 年第 2 期。

面，形成了完善的社会保障体系。芬兰等北欧国家社会保障的项目和内容涉及从人的出生、婴儿时期到老年的全过程，涉及生命过程中的各个阶段，被称之为“从摇篮到坟墓”式的全方位的社会保障。从预防疾病、事故，控制饮酒、吸烟开始，到实施基本免费医疗，等等，政府提供的社会保障是全方位的。瑞典的社会保障体系主要包括养老保险、年金制度、失业保险、医疗保险、工伤保险、社会福利津贴和其他社会补贴，每一项下面都包含很多具体内容，如社会福利包括老人福利、儿童福利、残疾人福利和教育福利等。日本的社会保障覆盖面非常广，包括医疗保险、养老保险、失业及工伤事故保险、儿童津贴、社会福利、卫生保障、环境保护和各种抚恤，涵盖了日本全体国民生活等各个方面，十分全面，而且其中每一项都有详细的规定，落实得也比较好。南方国家社会保障的项目和内容极为有限，一些国家甚至缺少最基本的保障项目。由于缺乏必要的社会保障，社会问题严重。非洲地区及南亚地区的一些国家，每年还有许多社会成员陷入严重的生存危机之中而无法自拔，有的因饥饿而亡，有的因无钱治病和缺乏医疗保障而不治而亡，灾民流离失所的现象还很普遍，进而引发严重的社会危机与政治危机等。在这样的条件下，要实现经济社会发展的目标显然是不可能的。

在社会保障的覆盖面上，北方国家基本上都实现了全民保障。在许多南方国家，大部分的社会保障制度只是覆盖城市就业人员，农村人口不在保障之内。而且，灵活就业和自谋职业者等相当一部分劳动者被排除在社会公共保障之外。大量非正规就业者由于收入较低、缴费比例高等原因没有参加社会公共保险体系，无法享受到社会保障待遇。印度在 2001 年有 53.2% 的农村人口，尼日利亚有 32.4% 的农村人口，均在社会保障计划之外。南方国家的人口特点是农村人口占绝对多数，由于农业性特征，如社会养老保障，在农村地区，基本上是家庭成员承担供养老人的义务。最重要的原因一方面仍是这些地区的收入低，无论是政府，还是贫穷的农民和农业工人，他们很难再拿出钱为农村地区提供最基本的社会保障，或者是为自己缴纳一些长期保障基金。另一方面的深层难点是，农村地区没有与长期社会保障机制相适应的管理机制，也缺少适当的社会福利机构，管理长期保障机构所需的费用太高。加之分散的居住方式和与中心城市之间的通信方式的缺乏，缺少有经验的管理人员、充分的信息处理系统和便利的通信设施，使南方国家很难把农村人口纳入社会保障计划之内。

第四节　文化发展差距

一、文化安全方面的差距

文化对应于经济、政治，作为人类精神成果与物质生产、社会秩序相区别。文化是民族得以传承、国家得以维系的精神支柱，是国家政权、社会制度得以建立和维护的重要基础。冷战后，在国际垄断资本主义阶段，随着全球化和各国间互相依赖的加深，文化的传播交流、文化的全球化也加快发展。北方发达国家依靠其雄厚的经济实力、先进的科学技术，从物质领域到精神领域无孔不入，深深影响着南方国家。在全球化条件下，文化安全问题日益为世人所关注，文化安全是深层次的国家安全。文化安全，就是一个国家能够独立自主地选择政治制度和意识形态，有效防范其他国家对本国文化的渗透，保护本国人民的价值观、行为方式、社会制度不受冲击，确保文化的民族性和民族文化的凝聚力、影响力，并利用必要的手段扩大本国文化在国际上的影响。[①] 文化安全是一种特殊的安全，它不同于经济和军事等硬安全，其目的是防止别国文化对本国人民的价值观念、思维方式、行为方式和

① 禹建萍:《全球化时代的国家文化安全》,《河南工业大学学报》2007 年第 4 期。

评判标准的重塑和改变。南北差距在文化上的首要表现就是南方国家的文化安全性差，因而在文化上缺乏独立性，易受北方国家的影响。双方在文化安全方面的差距首先是在文化安全审查制度方面的差距。

（一）北方国家文化安全审查制度

北方发达资本主义国家不仅在经济和军事实力上称霸全球，在文化领域也无孔不入，深深影响着世界。发达国家非常重视文化安全问题，并制定了一系列战略、政策和措施，不断完善相关制度，力图在全球推广其价值观念，以确保发达国家的文化安全，巩固它们在各个领域的全球主导地位。北方国家的文化安全审查制度可划分为对外文化安全审查制度和对内文化安全审查制度，在具体领导机构方面，二者基本是重合的，很多机构是兼顾对内和对外文化安全审查职能的。对外文化安全审查主要是对外来的文化行为、内容和信息进行审查监督，对内文化安全审查是对本国内产生的文化行为、内容和信息进行审查监督。

1. 北方国家对外文化安全审查制度

（1）在对外安全审查制度方面，发达国家特别是美国将文化安全划入广义的国家安全范畴，并有统一的领导管理机构。加拿大是最早明确提出“文化安全”概念和政策的国家。1951 年，加拿大政府颁布了《皇家科学、艺术、教育委员会报告》（*Report of the Royal Commission on Science, Art and Education*），明确提出：“我们的军事防卫能力必须保全国家安全，我们的文化防卫能力也要引起高度重视，文化安全与国防安全同等重要，二者不可分割。”在美国政府看来，文化安全涉及美国的核心价值和利益，美国是世界上最早将文化安全纳入国家核心安全战略的国家之一，美国将文化安全政策贯穿于它的国家整体战略和政治、外交、军事、经济和贸易政策之中，维护文化安全成为举国体制。美国政府很早就形成了一整套对文化、文化安全的管控模式，美国虽然没有设立文化部等机构，但构建了全方位的文化安全审查和维护机制。在这种体系中，美国国家安全委员会起着关键作用。这个由美国总统直接领导的高级幕僚机构，其成员包括副总统、国务卿、国防部长、中央情报局长、参谋长联席会议主席、总统国家安全顾问、国土安全部长等人，主要职责是统一协调美国国家内政、军事、外交和文化方面的安全政策，向总统提出战略建议。每届美国总统都会依据国家安全委员会的评估在任期内发布一份《美国国家安全战略报告》，提出未来美国军事、政治、经济、文化等方面的战略方针，为具体政策的制定提供依据。在国家安全委员会的协调下，包括国务院、国防部、国土安全部、中央情报局等在内的政府部门共同执行国家文化安全政策，在对外文化交流、意识形态渗透、国内文化安全审查防护等方面各司其职，形成庞大的文化安全审查管理网络。"9·11"事件后，美国还在国土安全部内创立了国土文化安全局，其主要职责是使广大公众和领导人理解文化在促进和威胁国家安全中的作用，通过调整、引导文化生产的格局，达到保护国家利益、维护国家安全的目的。美国国土安全文化局还发布了四大战略，其中有：引导、建议文化领域的领导人和管理者与我们一道加入这场反恐战争；监督、限制，在必要时关闭与恐怖组织有联系或可能对国家安全产生危害的文化组织和公司。

（2）在具体法律制度、政策方面，北方国家都坚持"文化例外"政策，对外来文化产品和文化投资进行审查限制。"文化例外"这个概念最早于20世纪90年代初由法国人提出，在关税及贸易总协定（以下简称"关贸总协定"）的谈判中，法国人敏锐地意识到国家和民族文化独立的重要性，坚决而果断地提出反对把文化列入一般性服务贸易。1993年，在关贸总协定的乌拉圭回合谈判中，美国提出关贸总协定中应该包括电影和电视节目。以法国为首的欧洲国家则以"文化例外"为旗号，将这两个领域的产品和服务排除在适用于一般商品的规定之外。北方国家在外国视听产品的交易中坚持实行严格的配额制度和关税等措施，以维护文化的独立和安全。至今，欧盟和加拿大等发达国家对视听服务贸易的开放仍然没有做出承诺。其中有影视节目传送配额制度，即本国影视产品与播映市场的一定比例，欧盟约 50% 以上，法国规定免费、付费电视台必须将营业额的 18%—20% 投资制作法语影视节目，电视台所播放的节目 40% 必须是国产节目，力图保持独立的民族意识形态。为了减弱美国文化的影响力，欧洲议会通过决议，呼吁欧洲共同抵御外来文化的入侵以及颇具侵略性的美国节目。1989 年，欧盟通过了《无国界电视指导原则》，规定了电视节目必须遵守的最低标准以及节目播出配额等问题，在立法方面为欧盟各国广播电视法规的制定提供了依据。世界贸易组织（World Trade Organization，简称 WTO）成员方普遍实行民族视听文化保护政策与规章制度。此外还有外国投资限额规定，加拿大先后颁布了如《广播法》《版权法》《投资法》《外国出版商服务法》等，对外资投资本国文化产业进行限制，如《投资法》中规定在出版领域，不允许非加拿大人收购现有加拿大人控股的文化企业，如果现有加拿大出版企业有意出售，则须确保有可能成为买主的加拿大投资者有充分公平的购买机会。

（3）美国无论在制定文化安全政策方面还是在开展国际文化贸易方面，都实行“单向文化输出”的文化扩张策略。当美国文化产品不具有绝对安全性优势时，就坚持“文化例外”政策；而当其文化产品具有市场垄断性优势后，又极力提倡文化自由开放政策。早在 1950 年美国加入联合国教科文组织《教育、科学和文化物品进口协定》时，就坚持要保留不进口可能对美国文化产业发展构成损害的文化商品权利的条款，以保护那些还不具备国际竞争优势的文化产业。当其文化产品在国际市场逐渐取得垄断地位后，美国便立即抛弃“文化例外”的说法，凭借强大的文化产业，高举着文化自由贸易旗号在国际文化市场攻城略地。当前，美国文化产品在国际市场上具有强大的竞争优势，不仅使美国获得巨大的经济利益，还传播着美国的价值与文化。美国力图在美国的文化、制度、价值与美国的国家安全之间建立一种逻辑关系：只有将他国的“异质文化”纳入美国主导的国际文化秩序中，建立以美国价值观主导的所谓“普世文化”，才能有效抵御其他文化对美国文化安全造成的威胁。因此，在其文化产品大行其道的同时，美国政府还通过广播、电视、网络及文化活动等向他国进行单向的文化输出，传播美国式民主、价值观、文化及生活方式，这种对异质文化的打压和颠覆，凸显出美国文化安全政策的意识形态特征和攻击性倾向。美国有时还为争取更大的经济利益，不惜利用国际贸易争端解决机制，对他国的文化贸易保护政策提起诉讼，利用国际规则主导权进行文化单向输出。美国利用自身拥有的国际规则制定主导权，在与别国签订文化贸易协定时往往保留一些霸王条款。如美国在签订《教育、科学和文化物品进口协定》时就保留了不进口对本国文化企业有威胁的文化产品的权利；在签订关税及贸易总协定时，美国又制定了臭名昭著的“301 条款”。这些条款保证了美国在国际自由贸易中采取单边行动的特权，以保证美国文化产品的单向输出优势。美国还对外国的文化投资行为进行审查限制，美国外国投资委员会如果认为外国的文化资本收购或兼并美国文化企业，危害其文化安全时，将予以限制和阻止。

2. 北方国家对内文化安全审查制度

（1）北方国家高度重视文化领导权和文化安全审查。北方国家很早就建立了文化审查机制，以维护资产阶级的统治，剔除和阻止威胁其统治的文化思想和意识形态的传播。北方国家的文化安全审查制度起源于新闻书报审查制度。16 世纪 20 年代末，英国都铎王朝就建立了国内书籍印刷出版的特许证制度，并规定出版机构非经国王批准不得开业。报纸产生以后，英国又实行了检查报纸内容的新闻审查制度。18 世纪和 19 世纪，北方国家文化审查制度往往通过叛国罪、煽动罪等法律诉讼的直接方式打击印刷商和出版商，或者以营业税制的间接方式限制出版物的发行。20 世纪以后，特别是第二次世界大战以来，北方国家的文化安全审查制度出现了现代转变，形成了现代的文化安全审查制度。北方国家文化安全审查制度是一种综合性文化法治的制度化审查形式，主要表现为国家行政管制、文化行业自律、社会文化监督和国家文化司法审查。文化安全审查制度是国家文化行政管理制度的一部分，并融合进国家文化行政管理制度。

（2）当代北方国家主要是通过文化部、国家文化艺术理事会和国家广播电视委员会等文化行政机构开展文化审查工作，维护国家文化安全。此外，还有一些政府部门也有进行文化审查的职能，如在美国有联邦调查局、海关总署、邮政部、美国淫秽品总统管理委员会、各州教育委员会等。文化部制度是指中央政府或联邦政府的文化行政组织制度。当代北方国家除美国外，绝大多数国家都建立了文化部制度。在管理职能上，作为中央或联邦行政主管部门，文化部承担着制定国家文化政策、文化行政法规以及负责与文化有关的法律法规的监督和执行。如法国文化部国家电影中心以对电影市场的调控管理为目标，参与拟订相关法案法规，颁发对制作商、发行商和放映商的经营许可证等，监督电影市场，定期召集级别鉴定委员会对要发行的电影进行级别鉴定。国家文化艺术理事会是指国家文化基金会组织制度，当代北方国家除法国等少数几个国家外，都建立了国家文化艺术理事会制度。国家文化艺术理事会是政府对文化艺术管理和资助的中介机构，是一项特别的制度安排，是政府文化行政职能的中介化。国家文化艺术理事会是一种委员会式的集体决策制，主要通过专家委员会同行评估的方式来评审艺术文化资助的项目申请。国家文化艺术理事会的文化审查职能主要体现在资助项目申请审核方面，如美国国家艺术基金会在资助资格方面有严格的要求，规定凡申请资助的个人或机构、团体，应该符合各类项目所规定的资格条件，必须提供其作为州政府或地方政府所属单位的正式证明文件，必须遵守美国法律等，在申请资助项目的时候，品质和质量被视为考察的最核心内容。

（3）北方国家文化行业的自我审查和社会文化监督。第二次世界大战以来，随着北方国家文化产业的发展，一种以文化传媒组织的自律机制和文化媒介人的自查机制为标志的自我管制文化审查制度形成了。北方国家文化传媒行业的行业性协会和公益机构制定了相关的组织章程、行业规约，以行业组织的行为自律和公益组织的志愿约定等方式构成了文化传媒组织的自我管制机制。在文化传媒企业的组织内部制定了各种职业守则和岗位责任制，制片人、节目主持人、编辑、记者等文化传媒人必须自觉遵守，形成了文化传媒从业者的自我审查机制。

在北方国家还存在着众多慈善机构、基金会、社区组织、妇女组织、宗教团体、自助组织、社会运动团体、协会、联盟等非政府组织。这些非政府组织虽然自我标榜具有独立性，但受政府和垄断资本资助，被资本主义国家和垄断资本隐形控制、支配。在北方国家从事文化审查的主体并不只是传统意义上的政府部门，还包括这些非政府组织、社会组织和公民个人。在美国，对文化教育进行管理的社会组织有宗教团体、学校和图书馆、各种社团和协会等，美国的公民个人也可以通过正常的司法途径对文化教育内容进行干预或保护。例如，很多宗教出版社都直接或间接受到宗教机构的控制，只能宣传某一派教义。美国有很多基金会，这些基金会的多数都直接或间接资助出版业，当然，资助是有条件的，合乎基金会要求则给予资助，否则不予资助。一些社会团体对出版业的监督，他们或是向学生家长游说，再由家长向学校当局施压，将他们不喜欢的图书从书架上撤走。一些右派组织和宗教团体会反对电影在描写性和宗教方面过于自由，这就在一定程度上迫使电影制片人在表现某方面内容时更加谨慎、客观。

（4）北方国家文化安全司法审查制度。第二次世界大战后，无论是海洋法系还是大陆法系的北方国家都相继颁布和实施各种文化法律法规，逐渐设置和完善了一系列国家文化立法和文化司法的制度，从而使北方国家的文化管理和文化安全审查实现了法治化。文化司法审查主要是通过国家司法机关和文化行政机关依据文化法律规则对文化领域的违法违规等案件所采取的法定性裁决。文化司法审查属于一种事后追惩的文化审查制度，文化司法审查在北方国家的文化法治领域发挥着主导性作用。北方国家的文化司法审查系统由国家法院的文化司法与国家文化行政机构的文化执法构成。文化司法审查在当代北方国家文化法治领域内地位非常重要，它还在具体司法解释和司法实践中，根据具体的文化司法审查案件不断丰富现有的法律规范，甚至建议立法机构修改相关法律条款，从而不断完善文化司法审查制度。总之，北方国家的文化司法审查制度较为健全，使文化司法审查有法可依，有效地维护着国家文化安全。

（5）北方国家文化安全审查的日常制度。在国家文化安全审查具体制度方面，北方国家普遍建立了以事先审查制、事后追惩制和备案制为标志的文化安全审查日常制度。事先审查制是指国家文化行政机构和司法机构等，依法对文化产品的内容或文化组织、文化企业实施许可或禁止进入公共领域的审查制度。此外，20 世纪以后，北方国家文化企业的设立引入了现代公司的市场准入制度，这也构成了文化企业的事先审查制度。这种市场准入制度以行政许可的核准主义和登记注册的准则主义为标志，因而几乎所有的营利性文化企业的设立都被纳入到了法治管制的轨道，文化企业通过行政许可和登记注册的文化审查途径而获得市场主体的身份。事后追惩制是国家文化行政机构和司法机构等，对已经进入公共领域的文化产品和文化生产主体，因涉嫌违反法律法规等而采取的文化处罚的审查制度。备案制是一种介于事先限制与事后追惩之间的文化审查制度，文化生产者依法向国家文化行政部门递交有关文化物品的备份，并将其作为文化物品进入公共领域的备案资料或登记注册的申请备案。总之，当代北方国家在实施国家文化安全审查制度的具体措施和方式会有所不同，但是都普遍设置了这三种文化审查的制度形式，这是北方国家在文化审查领域内的基础性国家管制制度。

（二）发展中国家文化安全审查制度

1. 发展中国家文化管理和安全审查制度

大多数发展中国家的文化安全管理体制与北方国家基本相同，分别由文化部、教育部、新闻和广播部、电影委员会、司法部等部门负责，也建立了事先审查制、事后追惩制和备案制等文化安全日常审查制度，立法、司法、行政等机构都采取不同手段干预文化活动和文化产品的生产。如印度的电影审查机构是中央电影委员会，该委员会的主要任务是审查在印度公开放映的影片，包括外国电影，发放公映许可证，召开由电影评论家、剧作家、社会各界人士参加的研讨会，开展地区性或全国性的调研活动，分析研究各种影片对社会公众的影响，在此基础上制定电影审查的指导意见。一些阿拉伯国家均设有文化和遗产管理部，负责文学艺术、图书出版等工作，该部门开展工作时以伊斯兰教规和民族传统为依据，进行审查和监督，以恪守伊斯兰文化。很多发展中国家也注重学习北方国家，既有国家层面的管理全国文化事业的文化部等机构，也有民间团体和设立文化基金会来支持民族文化艺术的发展，文化基金会的审查职能体现在资助项目申请审核方面。发展中大国巴西的各类文化基金会数目繁多，包括国家艺术基金会、联邦文化发展基金会、各州级文化基金会以及市镇文化基金会；一些阿拉伯国家还设立了宗教基金和伊斯兰事务部等机构监管部分文化事宜。

发展中国家当前在文化安全方面面临的最大问题就是外来文化的冲击，大多数发展中国家都非常关注民族文化的独立性和文化安全。在举行国际贸易谈判时，“文化例外”原则得到了越来越多发展中国家的认同。在国际上，联合国教科文组织、国际文化政策论坛等国际组织及团体机构也倡导文化的多样性，联合国教科文组织还通过了《保护文化内容多样性及艺术表达形式公约》（*Convention on the Protection and Promotion of the Diversity of Cultural Expression*），要求保护各国文化，并形成了一股潮流。大多数国家都认为文化不是普通商品，文化与一般商品贸易不同，它既有商品的属性，又有精神层面和价值层面的内涵，因此，文化不能屈从于商业，贸易自由化原则不适用于文化产品和文化服务，在贸易自由化的谈判中应将文化产品排除在外。

因此，发展中国家都普遍认同文化商品贸易的“市场准入”原则，都很重视对外来文化的管理、限制和审查。所谓市场准入，是指一国允许外国的货物、劳务与资本参与国内市场的程度。其中，国产内容配额是最常采用的市场准入限制方法。配额原本是海关限制一般商品进口的贸易手段，可分为绝对配额与关税配额。绝对配额是一定时期内对某些商品的进口数量或金额规定一个最高限额，超过这个数额后便不准进口。绝对配额又分为全球配额与国别配额，其中国别配额是一国规定在一定时期内，按国别或地区规定某种商品的最高进口限额。在国际文化贸易中，国别配额演化为国产内容配额，因此也有人称之为内容管理与检查。国产内容配额主要针对国际视听节目贸易或印刷品贸易（图书、杂志、报纸等），通常要求进口的外国文化产品必须包含一定比例的本国内容，或者对外国文化企业在本国建立或存在时，对其资本构成、雇员的国籍、采用的本土性文化生产要素进行管制和审查。很多发展中国家为了扶持本国的文化产业，不仅在财政资助、税收优惠、日常经营等方面优先向本国企业倾斜，在处理本国文化企业与外国同行的合资事宜以及允许外国文化企业在本国开展经营业务时，还普遍要求在外方提供的文化产品中，必须包含一定比例的反映本国文化的内容，达到内容要求的可视同本国文化产品，享受一系列优惠或补助。“国产内容配额”试图通过抑制外国文化产品的进口，促进本国文化产业的发展。

2. 发展中国家在文化安全审查方面所面临的挑战

发达资本主义国家在对外文化安全政策方面一个基本的战略就是“以攻代守”，实施文化霸权战略。文化霸权，是指发达国家从本国的利益和战略目标出发，向世界上其他国家尤其是落后国家进行文化渗透和扩张，迫使别国接受其价值观念和意识形态，以达到制约、影响世界事务以及发展中国家内部发展过程的一种国际霸权行为。因为发达国家的物质文明程度高，便以物质水平高低来衡量文化水平高低，鼓吹经济基础发展水平高，则其上层建筑的文化也先进，将发达国家的文明作为全人类都要向其“学习”的“世界文明”“普世文明”。这以美国的行为最为典型，冷战结束后，美国试图以其文化价值观“重塑”冷战后的世界。以美国为首的发达国家把文化当作谋求世界霸权的重要工具，不断提升文化在国家对外战略中的地位，对外输出自己的意识形态和制度模式，侵蚀和损害着发展中国家的文化安全。哈里森指出，伴随着政治上和经济上的帝国主义，又产生出一种更为阴险的控制形式——文化上的帝国主义。文化上的帝国主义不仅征服了受害者的肉体，还征服了他们的心灵，使他们沦为唯命是从的帮凶。[①] 前美国商务部高级官员戴维·罗特科普夫（David Rothkopf）在谈到全球化促进不同文化整合时说：“如果世界趋向一种共同的语言，它应该是英语；如果世界趋向共同的电信、安全和质量标准，那么它们应该是美国的标准；如果世界正在由电视、广播和音乐联系在一起，节目应该是美国的；如果共同的价值观正在形成，它们应该是符合美国人民意愿的价值观。”[②] 为此，发达国家不遗余力地推行这种计划，在多角度、多层面上对发展中国家展开“文化帝国主义”的全面入侵。因为这是在正常文化交流、文化贸易等名义下进行的，发展中国家很难抵御这种渗透。

（1）发达国家以正常学术文化交流的名义进行文化渗透，影响发展中国家的社会精英、知识分子，发展中国家没有相应的文化审查管理机制，因而

① [英]保罗·哈里森：《第三世界——苦难·曲折·希望》，钟菲译，新华出版社 1984 年版，第 36 页。

② 王晓德：《美国文化与外交》，世界知识出版社 2000 年版，第 541 页。

难以抵御这种文化渗透。哈里森指出，这种文化上的帝国主义对第三世界的征服，是从改造与他们勾结的本地头面人物开始的。[①]北方国家高等教育事业发达，有众多世界知名的大学，在各学科领域，北方国家的大学都名列前茅。北方国家的大学教育被认为是教育理念先进，管理体制和机制灵活，具有学术、思想和言论上的自由，因此，每年吸引不少来自世界各地的留学生。北方国家也借此将文化交流及援助作为其文化渗透的重要步骤，积极支持发展中国家的青年、专家学者以及政府官员到北方国家进行留学、访学、培训，从而进行影响和渗透。例如，美国通过国际文化交流项目影响发展中国家的精英阶层，使他们认同美国文化和价值观。美国新闻署下的富布赖特计划（Fulbright Program）是一个庞大的全球性对外教育、文化交流项目，冷战时富布赖特计划就提出了“奖学金的重点应放在青年身上，主要用于人文学科方面”的方针；同时提出“外国留学生在美国机构学习时，应加深对民主制度的认识”以及“这种学习应从属于美国外交政策的总目的”。[②]因此，大批发展中国家留学生回国后，成为各行各业的精英阶层，由于他们信奉北方国家的思想方式、价值观念，营造出亲美亲北方国家的气氛，为美国和北方国家的政策目标做出了重要贡献。

对发展中国家危害特别严重的是这些社会精英直接接受美国和北方国家故意输出的错误的政治经济学说，严重影响了发展中国家的政治经济发展。在经济上造成恶果最为严重的就是“新自由主义”学说。20 世纪 70 年代，随着芝加哥大学培养的大量经济学家回到拉美国家，用“新自由主义”政策指导拉美的经济建设，在拉丁美洲引发了经济危机和种种严重的社会问题，严重影响了拉美的现代化进程。在政治文化学说方面，许多发展中国家

① ［英］保罗·哈里森:《第三世界——苦难·曲折·希望》，钟菲译，新华出版社 1984 年版，第 36 页。

② ［美］弗兰克·宁克维奇:《美国对外文化关系的历史轨迹》，钱存学编译，《编译参考》1991 年第 8 期。

精英在美国等北方国家留学，受其影响，接受了北方国家的民主政治理论，全盘照搬北方国家的政治体制，结果造成政局时常动荡，政治危机频发，严重影响了国家的经济发展、社会进步与人民生活水平的提高。特别值得注意的是北方国家经常通过某些“基金会”等非政府组织，以合作研究、资助研究或交流研究、培训进修、研讨会的名义影响发展中国家的专家学者、政府官员、青年，输出北方国家政治经济理念，甚至借此策动“颜色革命”。北方国家非政府组织有针对性地组织内容不同的培训班、研讨会，特别注重对有政治热情的年轻人进行“民主塑造”，资助其到北方国家进行学习、进修，培训非暴力政治斗争特别是选举策略和技巧，以培养起亲北方国家情结，乃至策动“颜色革命”。对这类非政府组织，发展中国家没有完善的审查管理制度和法律规定进行治理。

（2）发达国家通过垄断和控制大众传媒体系，向发展中国家输入海量的舆论、信息，在现代开放社会，发展中国家现有的文化安全审查机制难以抵御这种文化渗透和扩张。发达国家一方面利用政府文告对敌对意识形态进行攻击，另一方面还通过广播、电视、报纸、网络等媒介营造舆论，推销其价值观念、意识形态和生活方式，潜移默化地改变发展中国家人民传统的思维及生活方式。在世界文化领域里，美国一家独大。美国学者罗伯特·迈克切斯尼（Robert W. McChesney）曾经指出，现在世界传媒市场由7家跨国公司垄断着，这其中大部分是美国公司。它们拥有美国主要的电影制片厂、美国几乎全部的电视网络公司；它们控制着全球音乐市场的80%—85%、全球卫星广播领域；它们在图书出版和商业杂志出版业占有很大的比重；它们几乎拥有全部或大部分美国乃至世界的商业有线电视频道；它们在欧洲电视传播领域占有重要的比重。[①] 全世界超过60%的网站集中在美国，3000个世界性

① 李其庆主编、刘元琪副主编：《全球化与新自由主义》，广西师范大学出版社2003年版，第156页。

大型数据库中有70%设在美国，美国及其他发达国家控制了全球90%的媒体。[①]美国的两大通讯社——美联社和合众国际社，使用多种文字，昼夜向世界各国发布新闻；美国哥伦比亚广播公司、美国广播公司、美国有线电视新闻网是世界上最普及的每日新闻来源。美国的《华盛顿邮报》、《时代》周刊、《新闻周刊》等报纸是各国政府、大学的必订报刊。美国还设立了“美国之音”电台，使用包括英语在内的52种语言播音，宣传美国的对外政策和介绍美国社会。此外，美国还设立了“自由欧洲电台”“自由电台”“自由亚洲电台”。这为发达国家进行传媒控制提供了物质基础，它们基本垄断了国际新闻的来源，决定什么是“新闻”，以及报道什么和不报道什么。

在信息时代，美国在巩固传统媒体进行文化攻势的同时，更加注重利用互联网等新兴媒体，进行政治宣传和文化输出。美国充分利用它在信息技术上的垄断优势，将互联网作为文化渗透的新的有力工具。美国的英特尔公司垄断着全球电脑芯片，微软控制着电脑操作系统，互联网名称与数字地址分配机构（The Internet Corporation for Assigned Names and Numbers，简称ICANN）掌控着全球域名地址。美国还拥有全球访问量最大的搜索引擎谷歌（Google），最大的门户网站雅虎（Yahoo），最大的视频网站YouTube，最大的微博客平台推特（Twitter）和最大的社交空间脸书（Facebook）。因此，美国在网络空间上的霸权为其文化输出提供了占绝对优势的平台。北方国家情报机构也从社交网络中看到了机会，认为可以借机操纵公众舆论，传播北方国家的政治主张和价值观念，乃至策动“颜色革命”。2011年西亚、中东、北非等地区爆发了“茉莉花革命”，其中互联网社交媒体的传播和造势在其中起到了巨大作用。

（3）发达国家占领了文化市场，输出北方国家的生活方式和价值观念，

① 郭景哲：《西方国家广播电视的扩张战略》，中国纪录片网2005年10月27日。

冲击着主权国家所固有的思想观念、文化传统、生活方式，发展中国家虽然有文化贸易保护措施，但难以抵御这种文化渗透。第二次世界大战后，随着经济全球化的发展，使文化产业成为对外贸易的主导产业和经济发展的支柱性产业，文化日益成为日常的社会消费品。英国、美国、日本等发达国家纷纷采取措施，加快本国的文化产业发展。这些国家的文化产业具有雄厚的资产规模、强大的产品开发和经营能力、超强的市场渗透力和扩张性，大举进攻发展中国家的文化市场。发达国家是当前文化商品的主要输出地，美日欧在国际文化贸易中占据了主导地位。据统计，美国目前控制了世界 75% 的电视节目和 60% 以上的广播节目的生产和制作，许多国家的电视节目中，美国节目占到 60%—70%。[①] 美国电影总产量仅占世界的 6%，而在世界电影市场上的总体占有率达到 80%。文化产品现在已经成为美国最大的出口项目，美国的电影、电视节目、音乐、图书以及电脑软件的出口超过了传统的工业品和农产品。日本也积极发展文化产业，目前，世界 60% 的动漫作品来自日本，动漫产业产值占日本 GDP 的比重超过 10%，已成为第三大产业。同时，日本也是世界上最大的动漫产业创作输出国。

美国等北方国家的文化产品早已超越了其表面价值，好莱坞电影、流行歌曲等娱乐文化产品，成为输出和传递其意识形态、生活方式、价值观念和思维方式的工具，使别国人民在“无意识”中认同和接受北方国家的文化，甚至对本民族的文化、价值观念产生怀疑和动摇。而很多发展中国家的物质生产行业都很不发达，更遑论文化产业了。其文化产业兴起不久，产业规模尚在形成过程当中，而且文化产业管理体制很不健全。因此，文化弱势国家的文化产业缺乏与外来跨国文化公司相竞争的能力，甚至没有基本的抵抗能

---

① 张晓明、胡惠林、章建刚编:《2008 年中国文化产业发展报告》，社会科学文献出版社 2008 年版，第 21 页。

力。走遍全球，迪士尼乐园、好莱坞等美国文化符号随处可见。美国文化产业凭借其强大的经济力量与技术力量正在并继续横行世界文化市场，挤压着南方国家的文化存在，影响着南方国家的文化选择。北方国家通过大规模的文化入侵，造成了对南方国家的文化体系、整体价值观的破坏和动摇。因为经济落后和受北方国家的影响，南方国家丧失了“文化主权”，特别是在社会精英和知识分子中产生了一种深重的文化自卑感，出现了民族文化虚无主义倾向。这表现在对本国的传统和文化失去了自信，不仅在制度上效仿北方国家，而且在文化思想上完全接受北方国家的观念，乃至日常生活和消费观念上深受北方的影响。南方国家的社会精英自觉地维护北方发达资本主义国家的统治秩序，听从北方国家发号施令，照搬照抄发达国家的一切，丧失了思想上的独立性。没有文化自尊，如何能抵抗北方国家文化价值观的入侵？没有文化上的自主与独立，政治独立和经济独立是很难维持和巩固的。在北方国家的文化渗透和影响下，南方国家拜金主义、享乐主义、极端个人主义泛滥，导致社会文化、道德准则和价值观念混乱；民族文化对民众的吸引力和感召力降低，民族精神、民族凝聚力不强；对北方国家意识形态和社会制度顶礼膜拜，处于被同化、丧失民族文化特性、丧失独立自主的判断能力的境地，选择了错误的发展模式，走上了错误的发展道路，心甘情愿地接受北方国家的控制和剥削。

与此同时，在南方国家中还出现了民族文化极端主义。民族文化极端主义则过分强调各文化主体尤其是单一民族文化的民族性、特殊性，走向文化封闭与文化对抗。根据一项调查显示，从 2004 年初开始，全球表达极端主义、种族主义或宗教仇恨等内容的网站数量增长迅速。这种危险的狭隘民族主义一味排斥和拒绝汲取其他民族创造的一切先进的东西，也是非常有害的。总之，没有正常、健康的文化和心态，南方国家是很难赶上北方国家的。

二、教育和科技方面的差距

国外许多学者认识到教育和科技对南方国家发展的极端重要性。特别是当今，以信息科学、信息技术为主要标志的世界科技革命正在形成新的高潮，“知识经济”已经进入人类文明发展的历史进程，科学包括社会科学给社会生产和生活方式带来深刻变化。科技进步和教育水平成为经济发展的决定性因素，科学技术实力和教育水平高低成为衡量国家综合国力强弱的重要标志。世界各国特别是大国都在制定和实施面向21世纪的发展战略，抢占科技和产业的制高点。而南北双方在教育和科技方面的差距又是巨大的。新技术革命发端于北方国家，在国际上公认的并列入21世纪重点研究开发的高新技术领域，包括信息技术、生物技术、新材料技术、新能源技术、空间技术和海洋技术等方面，北方国家都遥遥领先。当前，新一轮科学技术革命和产业革命的竞争更为激烈，这直接关系到一个国家和民族在21世纪的地位和前途。新技术革命不仅对人类社会的进步、资本主义社会的产生和发展起到了巨大的推动作用，也为后发国家提供了后来居上、弯道超车的巨大发展机遇。第一次科技革命发生在英国，产生了机器大工业，为英国的世界殖民霸权奠定了雄厚物质基础，英国长期保持世界头号强国的地位，号称“日不落”帝国。第二次科技革命为社会化大生产进一步解决了能源和动力问题，促进了产业结构的巨大变革和生产力的巨大发展，美国、德国等国抓住机遇，迎头赶上，成为世界强国。自20世纪90年代以来，新技术革命全面铺开，在21世纪还可能持续相当长的时期。广大发展中国家在教育和科技方面本已经与发达国家有较大差距，在科技发展日新月异的今天，更是面临巨大的挑战。

南北国家在教育和科技体制方面存在差距。北方各个发达国家的市场经济模式和教育科技体制虽然有所不同，但它们都努力根据自己的国情和传统，试图用自己的方式处理好政府与社会的关系，形成了大致相同的教育和科技运行机制。国家通过宏观规划予以调节和干预，并以立法给予定向和保障，同时政府运用政策、决策和经济手段加强对教育和科技运行的控制。美国的教育实行地方分权，中央主要起规划、指导和协调作用。在中央与州两级管理中，以州为主。中央主要在立法和拨款等方面对地方教育进行管理和监督，地方对教育行政事务有一定自主性。在地方教育行政机关与学校的关系中，也强调学校办学的自主性。对于广大南方国家来说，社会管理和公共服务是目前比较薄弱而且要大大加强的一部分，而教育和科技在社会管理和公共服务中占了非常大的比重。这就要求把发展教育和科技摆在公共行政体制更加突出的位置上，进一步加强对教育和科技的管理和服务。北方发达国家有关教育和科技的法规制度历经一二百年的建设，日臻完善，有一个完整、系统的法律体制。美国始终重视科技的发展，科技法制建设始终走在其他发达国家的前面。早在 20 世纪 70 年代之前，美国就大体建成了科技法制体系。自 20 世纪 80 年代以来，美国立法机构制定和发布的与科技创新活动有关的法律法规 20 余个。总之，发达国家在教育和科技方面，既有国家法规，又有地方法令；既有部门法典，又有宪法；既有单行法规，又有基本法；既有立法，又有法规监督，再加上各主管部门的行政条例，这些法规和条例对政府的权力和行为，对教育、科技机构的设置和管理，乃至具体设施的使用等都有原则规定。因此发达国家的教育科技管理，从宏观到微观，一般都有法可依。绝大多数南方国家的法制还很不健全，如印度和巴基斯坦至今尚未制定全国性的有关儿童和女童教育的法律，更没有建立起有效地实施这类法律的组织机构和机制，义务教育的法规往往形同虚设，女童教育权得不到法律的保护。其中最重要的是南方国家的教育和科技体制不合理，未能根据本国国情，确立科学的体制和机制。缪尔达尔深刻地指出，教育体制是包括社会和经济分层、财产权的分配和权力机构在内的更大制度系统的一部分。许多南方国家独立以后继承了殖民者留下的教育体制，这种教育体制主要的兴趣并不是教育人民使之为发展做好准备，他们的目的是培训职员、各类小官员以及殖民地较高层的行政官员和某种程度上的专门职业者。这种教育体制忠实地保持殖民时代遗留下来的样子，表明了这个体制作为一种制度结构的巨大惯性。就校长、学生们，尤其是那些有权势的上等阶层家庭而言，这个体制为他们提供了其地位的基础，体现了他们强大的既得利益，他们是不想削弱遗留下的学校体制的。[①]

在教育结构和内容方面，南方国家的教育结构和内容不合理。教育结构是指教育的不同层次的构成。一般说来，教育结构包括扫盲、基础教育、高等教育和非正规教育等内容。有人对北方国家和南方国家对每个学生平均支付的年教育费用的比例做了比较，研究发现，在美国、英国和新西兰这 3 个发达国家中，每年支付给每个受中等教育和受初等教育的学生教育费用之比是 6.6：1，受高等教育学生和受初等教育学生的教育费用比例为 17.6：1；而在马来西亚、印度、韩国、加纳、乌干达、肯尼亚和尼日利亚等 7 个国家中，上述两类学生教育费用之比分别为 11.9：1 和 87.9：1。可以看出，南方国家一个大学生一年的教育费用可以使 88 个适龄儿童接受一年的初等教育。[②] 因此，根据南方国家的现实，应把扫盲和基础教育作为国民教育的基础，而南方国家的教育政策偏好却正好相反。缪尔达尔指出，在许多落后国家，教育不是为了消除经济和社会的不平等，或者甚至不是使民众做好准备利用他们可能有的机会去参与发展。相反，它常常被当作保持上等阶层对教育的垄断和他们继承的不必弄脏手的权利和手段。于是教育实际上变得是反

① ［瑞典］冈纳·缪尔达尔：《世界贫困的挑战——世界反贫困大纲》，顾朝阳等译，北京经济学院出版社 1991 年版，第 155 页。

② 于同申主编：《发展经济学》，中国人民大学出版社 2002 年版，第 116 页。

发展的。让百姓得到有阅读和书写能力的努力遇到了各方面的阻挠。① 他还指出，当新的国家摆脱殖民统治而独立后，它们遇到的最严重的障碍就是其广大民众的愚昧。所有殖民统治者都在不同程度上对他们的属地的教育做过一些有意义的贡献，但出于殖民者统治的需要，只有一些中等学校和高等学校得到了发展。这些贵族学校通常属于“书本的”和“学术的”类型，极少注重科学，对技术学科的关注就更少了。一般来说，在忽视大众教育的同时，通过培养一批受过教育的精英，殖民政府帮助维持了被隔开的上等阶层和大众之间的障碍，并使之更加不可逾越。通常是世袭贵族和上等阶层才送他们的子女去读中学和大学。由此造成的各级教育的特征在独立时期没有多少变化。②

托达罗对南方国家的教育问题也进行了深入分析和研究，他指出，第三世界国家的教育体制，一方面受到本国发展进程的性质、规模和特点的巨大影响，另一方面又影响本国发展进程的性质、规模和特点。正规教育不仅向受教育者传授知识和技能，使他们在各自的领域中作为经济变革的动力发挥作用，而且还试图灌输那些可能有利于或者不利于民族发展利益的价值准则、理想、观念和抱负。教育攫取了发展中国家政府日常开支的最大份额，因此我们必须对发展中国家正规教育的经济基础以及社会和制度的制约因素进行考察。如果说初等教育对促进民族发展有极其重要的作用，而且不同的欠发达国家有着不同的社会、经济和文化条件，那么，人们一定会大大怀疑，从发达国家照搬过来的、在内容和结构上毫无差别的教育体制对有着不同发展要求的欠发达国家是否同样地有效和适用？初等教育的基本问题，尤

① ［瑞典］冈纳·缪尔达尔：《世界贫困的挑战——世界反贫困大纲》，顾朝阳等译，北京经济学院出版社 1991 年版，第 345 页。

② ［瑞典］冈纳·缪尔达尔：《世界贫困的挑战——世界反贫困大纲》，顾朝阳等译，北京经济学院出版社 1991 年版，第 152—153 页。

其是农村初等教育的主要问题是教育内容往往不符合贫穷社会的真正需要。第三世界国家绝大多数大学是模仿工业发达国家大学的结构和功能建立的，几乎没人仔细思考、认真追究这种教育结构和教育体制怎样才能为第三世界国家的现实服务。[①] 所以，很多南方国家的学科专业设置、教育内容和课程安排，都是从北方国家引进的，或者是殖民地时期遗留下来的，很少考虑这种体制是否符合南方国家自身的特点，以致毕业生难以学用一致。针对南方国家经济社会发展的实际需要，还应在学科课程设置上加大实用技能的培训，还应大力发展职业教育。

在科技教育、科教水平方面，教育、科技水平对于经济发展和社会进步起着重要作用，发达与不发达国家在这方面有着巨大的差距。北方国家有世界一流的科技教育人才队伍，南方国家与之相比有较大的差距。大学反映着一个国家的教育科研水平，在世界前 100 所大学年度排行榜中，美国哈佛大学位居第一，麻省理工学院紧随其后，斯坦福大学排在第三位，牛津大学和剑桥大学分别位列第四和第五。前十位均为美英高校。[②]《泰晤士报高等教育特辑》公布了 2019 年全球大学排行榜。全球十大高校依旧以英国和美国大学居多。英国牛津大学及剑桥大学蝉联第一、二名。美国的斯坦福大学继续稳坐第三名宝座。[③] 南方国家科技水平低下直接反映在其技术水平、出口产品的技术含量方面。低收入经济体 2014 年高科技出口占制成品出口的百分比仅为 5%，而高收入经济体为 18%。[④] 发达国家拥有尖端产品、高技术和高管理水平的先进生产方法，而南方国家科技水平低下，只能生产一些简单产品，

① ［美］M.P. 托达罗：《第三世界的经济发展》上册，于同申、苏蓉生等译，中国人民大学出版社 1988 年版，第 457 页。

② 《英报：世界大学排名出炉　清华北大跻身前 50》，参考消息网 2014 年 3 月 7 日。

③ 《泰晤士 2019 全球大学排行榜》，澎湃新闻 2018 年 9 月 27 日。

④ 世界银行：《2016 年世界发展数据手册》，姜睿等译，中国财政经济出版社 2015 年版，第 94 页。

从事一些简单设计，更加注意节约资本，使用充裕的劳动力为较小的市场生产，对外国先进技术存在着依赖。托达罗明确指出，在科学技术研究这一重要领域中，当代第三世界国家同发达国家相比处于极端不利的竞争地位。当发达国家开始其早期的增长过程时，它们在科学技术上已大大超过了世界其他国家。因而，它们能够把自己的注意力集中在这样的问题上，即根据长期经济增长需要所确定的进度发展新技术以保持领先地位。[①]

在教育和科技投入方面，北方国家都把加大教育、科技发展经费投入视为国家经济发展的未来，在投入上不惜血本。从教育经费的筹措来看，北方发达国家的教育投资来源是多渠道的。各国政府（包括中央政府和地方政府）的投资是主要部分。从高等教育总经费来看，由于政府的投资是高教经费的主渠道，这就保证了高等教育经费的稳定。美、英、日、德等北方发达国家的高等教育经费部分都由中央和地方共同负担，这就有利于调动中央和地方两个方面的办学积极性，使高等教育具有地方特色。此外，还有许多社会资金来源。德国高校的经费主要由州提供，一般占学校总经费的70%左右，国家拨款低于13%，学生的学费、其他私人或基金会的捐款约占12%，其余的4%左右来自其他方面的收入。而发展中国家由于经济社会发展水平落后，导致教育投入普遍不足，美国学者德怀特·H. 波金斯（Dwight H. Perkins）等指出，许多发展中国家在教育下一代上支出极少。关于各国为何在学校教育方面投资不足存在着多种解释。其中之一是，投资不足是对财政危机的反应。不同于军事或偿债部门，教育和其他社会部门往往是削减预算的牺牲者。经济下滑和负的经济增长率会对教育支出产生负面影响，从而导致整个下一代比之处于更为稳定的经济体中的情况下，接受更少的学校教

① ［美］M.P. 托达罗：《第三世界的经济发展》上册，于同申、苏蓉生等译，中国人民大学出版社1988年版，第178页。

育。[①]2008 年 6 月 11 日，美国知名研究机构兰德公司发布研究报告指出，美国的研发支出仍居世界首位，研发支出占全球总支出的 40%。北方国家科技经费来源一般为多渠道、多形式的投资体系。研发强度是根据研发活动所用资源占 GDP 比例来衡量的。自 2002 年后，发达国家这方面的经费一直在上涨。到 2011 年，高收入国家用于研发活动的经费占 GDP 的 2.5%，而发展中国家这一比例只有 1.2%。[②] 国际金融危机之后，虽然以美国为首的西方呈衰落趋势，但其在科技研发方面的实力仍然具有优势，据美国《2018 科学与工程指标》显示，全球研发活动仍集中在北美洲、欧洲和东南亚地区。以国家而论，研发支出最大的是美国，其次是中国（研发支出已超过欧盟总和）和日本。2015 年，美国、中国和日本的研发支出总和占全球研发支出总额的一半。[③]

北方国家研发投入大致有四种渠道：一是政府投资。北方国家对于研发投入的比例大概占到 GDP 的 2.6%—2.7%，甚至达 3%，在一个很高的水平之上。美国在布什政府执政的 4 年中，联邦研发预算增加了 44%，2003 年达 1180 亿美元，2004 年达到了 1267 亿美元，2005 年联邦研发预算总额为 1320 亿美元。二是金融机构和银行科技贷款。三是民间科学基金会。美国私人基金会约 3.5 万家，百万美元级的基金会也有 3000 多个。这些基金大多用于支持高等学校和基础研究等。四是工业企业集团自身科技经费投入。美国通用汽车公司年开发费一般都在 60 亿美元以上，奔驰汽车公司一般用年销售收入的 5%—10% 作为开发费。与发达国家相比，许多南方国家虽然也十分重视教育、科技，但囿于国力，在该方面的投入仍然有较大差距。托达罗

① ［美］德怀特·H. 波金斯、斯蒂芬·拉德勒等：《发展经济学》，彭刚等译，中国人民大学出版社 2013 年版，第 255 页。

② 世界银行：《2015 年世界发展指标》，中国财政经济出版社 2015 年版，第 14 页。

③ 方陵生、梁偲：《美国〈2018 科学与工程指标〉：全球发展趋势》，《世界科学》2018 年第 3 期。

指出，在20世纪80年代初，许多第三世界国家预算中教育经费已经达到了政府日常开支总额的20%到35%。虽然，就发展中国家的财政预算来说，这个比重已经相当大，但是，发展中国家人均的公共教育费用却只有27美元，而发达国家的人均公共教育费用达到428美元。[①]

在教育和科技人才建设方面，南方国家教育和科技人才本来就稀缺，还面临着人才流失的危险。托达罗指出，除了富裕国家在国际开发、技术和知识转让方面处于支配地位的问题外，目前还存在着高等文化程度的人力资源从穷国向富国流动——所谓的人才外流问题。这种情况在科学家、工程师、大学教师和医生中更为突出。他们当中数以千计的人在本国教育机构中，以非常高的社会成本受到专门的训练。但是，他们却只想从中取得私利，为那些富裕国家经济的进一步发展出力。[②]北方发达国家掠夺南方国家人才的主要方式有：（1）利用教育优势，不断从南方国家的高等院校乃至中学选拔比较优秀或家庭经济条件比较优越的学生出国留学，并以高薪、优越条件等吸引其中的杰出人才留在国外或成为跨国公司在南方国家的代理人；（2）通过跨国公司在南方国家本土网罗高技术人才；（3）以法律的形式鼓励拥有高技术专长的人进行“技术移民”。北方对人才的掠夺使南方国家人才安全面临着严重危机。一些优秀人才被北方发达国家掠夺，人才流失严重。人才流失是最大的流失，如果一个国家在人才争夺战中落后一步，就可能在科技进步、社会发展等方面步步落后。大批拔尖人才流向国外和外企的直接后果是造成国内中青年拔尖人才极度匮乏，严重地影响了南方国家教育、科技队伍的整体质量，制约着南方国家经济的长远发展，威胁到南方国家的经济、科技、

① ［美］M.P. 托达罗：《第三世界的经济发展》上册，于同申、苏蓉生等译，中国人民大学出版社1988年版，第447页。

② ［美］M.P. 托达罗：《第三世界的经济发展》上册，于同申、苏蓉生等译，中国人民大学出版社1988年版，第482页。

国防、文化安全。北方国家对教育和科技人员的管理体制更灵活、健全。科技人才不分国籍，只要是科技精英，就不惜重金聘用。目前，美国 50% 以上的计算机博士均是外国人。对科技人才的考核重在实际科研工作能力，并非看重学历出身，只有实践证明你的确有“真才实学”，才能获得提拔升迁。

在国民的教育素养方面，与发达国家相比，发展中国家的小学、中学和大学入学率低得多，文盲率也很高，人力资本的形成水平较低。英国学者 A.P. 瑟尔沃指出，和富国相比，穷国在教育上目前的不足之处表现为其较高的成人文盲率。在低收入国家中 1/3 的成人不能读写，男性近 30% 是文盲，女性近 50% 是文盲。在非洲很多非常穷的国家，女性的文盲率超过了 50%。低水平的教育和技能使这些国家更难发展新的工业，吸收新的技术。它也使人民对变化较不适应和较少做出反应，损害了各个层次的管理企业和组织的能力。① 从高等教育毛入学率上看，撒哈拉以南非洲地区 2000 年只有 2.5%，南方国家为 10.4%，而世界平均水平则高达 22.9%。根据联合国教科文组织公布的材料，非洲在 2004 年高等教育的毛入学率只有 5%。大多数非洲国家适龄人口中接受高等教育的人口占总人口的比例也很低，布隆迪为 2%、加纳为 3%、喀麦隆为 5%。在基础教育方面，南方国家也不容乐观。在撒哈拉以南非洲，儿童失学率近 50%，联合国教科文组织驻达喀尔的顾问让 – 马克·夏尔对 42 个非洲国家进行调查后估计，要在 2010 年、2015 年甚至 2020 年实现普及基础教育的目标，非洲还需要 230 万名教师。②2014 年世界上低收入经济体小学毕业率总数（占适龄年龄组的百分比）为 71%，而高收入经济体为 99%。③

① ［英］A.P. 瑟尔沃：《发展经济学》，郭熙保、崔文俊译，中国人民大学出版社 2015 年版，第 76 页。

② 《达到全球普及初等教育目标　尚缺 1800 万教师》，《世界教育信息》2008 年第 11 期。

③ 世界银行：《2015 年世界发展指标》，中国财政经济出版社 2015 年版，第 14 页。

第三章

南北差距问题的成因

国外许多学者认为南北差距问题的出现，既有历史原因，又有现实原因；既有国内原因，又有国际原因。虽然外因通过内因起作用，但在全球化日益发展的今天，各种因素交织在一起，资本主义世界体系日趋成熟，站在“地球村”的角度，这些原因在某种程度上成为资本主义世界体系的内部因素，是资本主义世界体系所造成的。南北差距是资本主义世界体系产生的，资本主义世界体系存在一天，南北差距就存在一天，如影随形。

第一节　历史原因

一、北方国家的兴起与南方国家的前资本主义社会形态

资本主义起源于 14 世纪后期的欧洲，之后它在空间上不断扩张，到 19 世纪后期囊括了整个地球。对于资本

主义为何起源于欧洲，前文已经对国外左翼学者的一些观点进行了介绍，主要是因为欧洲自身的特点，这里需要再补充一些观点。弗兰克等一些国外左翼学者认为需要用一种全球视野来看待北方国家的兴起和资本主义在欧洲的诞生，要破除“欧洲中心论”。“欧洲中心论”把欧洲作为理解和分析问题的出发点和立足点，进而把欧洲作为价值评判标准。弗兰克写道，所谓“欧洲中心论”，是“基于欧洲一时的领先优势和结构优势，把世界其他地区说成是围绕着欧洲组建起来的”①，或者说，“以欧洲为中心，从欧洲向外扩张，逐渐把世界其他地区纳入以欧洲为基础的‘世界’经济”②。一些国外左翼学者驳斥了“欧洲中心论”等观点，他们认为现代早期人类历史的大部分时间处于世界中心地位的是亚洲而不是欧洲，欧洲最初仅处在以亚洲为中心的世界体系的边缘。从航海大发现直到18世纪末工业革命之前，是亚洲，尤其是中国和印度，是这个时代全球经济体系的中心。中国不仅是东亚纳贡贸易体系的中心，而且在整个世界经济中即使不是中心，也占据支配地位。欧洲在1800年以后的“起飞”并不是基于欧洲特有的科学、技术和制度“准备”。欧洲的发展也不是基于在“文艺复兴”时期获得的所谓“抢先位置”，更不是基于古希腊和犹太教所留下的所谓理性和科学的优秀“遗产”。所有这些流行的“见识”不过是建立在神话基础上的“欧洲中心论”意识形态，而不是建立在真正的历史学或社会科学基础上的。相反，哪怕是稍微做些充分的研究，就必然会把“西方的兴起”看作是世界“其他地方”更早和同时的发展所派生的结果。③欧洲的发展是建立在世界范围基础上的，而不仅仅是欧洲自

---

① ［德］贡德·弗兰克：《白银资本——重视经济全球化中的东方》，刘北成译，中央编译出版社2005年版，第14页。

② ［德］贡德·弗兰克：《白银资本——重视经济全球化中的东方》，刘北成译，中央编译出版社2005年版，第60页。

③ ［德］贡德·弗兰克：《白银资本——重视经济全球化中的东方》，刘北成译，中央编译出版社2005年版，第305页。

己的事情，甚至不是欧洲特有的情况；是欧洲被吸收到一个早已存在的以亚洲为中心的世界体系之中，借助于这个世界体系的好处，以及欧洲之外的世界对现代欧洲和世界历史的贡献，而不是从欧洲内部生长出一个全新的生产方式或一个现代世界体系并以欧洲为中心向外扩张。

弗兰克还指出，在这个世界体系的运动中，在工业革命以前资本主义发展的重商主义阶段，以及在简单商业贸易的基础上，欧洲人没有自己的产品来提供给工业上更加先进的、自给自足的中国人和印度人。欧洲人扩大对东方贸易的唯一可能性就是支付西方的白银。这种情况是若干联系相互作用的结果：它使欧洲只能通过简单贸易来实现并积累亚洲的部分劳动价值，在几乎两个世纪中，亚洲的劳动实质上仍然保持着先前存在的生产方式，直到在世界资本主义发展的后来阶段才发生深刻的转变。①欧洲由于种种原因，特别是征服拉丁美洲并占有其贵金属使欧洲获得了进入以亚洲为中心的全球经济的机会，使欧洲有可能站在亚洲的肩膀上，并最终在19世纪成为全球经济新的中心。美洲的金银首先使欧洲能够在亚洲经济列车上购买一张三等舱的车票，然后又能够包下一节车厢，最后才是取代亚洲成为经济列车的火车头。②总之，西方的兴起，资本主义产生于西方，资本主义作为一种生产方式的产生，在经济上有两个基本的条件：一是在少数人手中积累了大量的货币财富；二是产生了大量的失去生产资料但有人身自由的劳动者，劳动力成为商品。劳动力成为商品使货币转化为资本，产生了对剩余价值无止境的追求，从而形成了资本主义制度。因此，由于种种内外原因使这两种基本条件在欧洲率先得到实现和满足，欧洲首先进入资本主义社会。阿明指出，实

---

①［德］安德烈·冈德·弗兰克：《依附性积累与不发达》，高铦、高戈译，译林出版社1999年版，第20页。

②［德］贡德·弗兰克：《白银资本——重视经济全球化中的东方》，刘北成译，中央编译出版社2005年版，第10页。

际上，资本主义发展的必要条件有两个：无产阶级化和货币资本的积累。虽然，货币资本的积累发生于东方、古代和封建世界的所有贸易社会，它却从来没有导致资本主义关系的发展，因为缺乏自由劳动力的供应。这种无产阶级化的过程——具体来说，就是把一部分农村人口从乡村社会中排除出来——就欧洲而言，是由于封建关系的解体。但是这两个条件必须同时具备。正是由于缺乏这种联结，因此我们不能说“古代世界的资本主义”或者“东方帝国的资本主义”。①

沃勒斯坦认为，资本主义作为一个历史社会体系，与以往社会不同的是它采取了一种特殊方式——自我扩张成为资本使用的首要目标或首要意图。在这个体系中，只有当过去的积累被用来进行更多积累时，它才成为“资本”。在现代之前或其他历史社会体系中，资本循环的链条很少能够完成，这个链条上的许多环节被政治和道德的权威看作是非理性的和不道德的。这些环节和因素包括：以货币形式积累的存货、供产品生产者使用的劳动力、销售网络、作为买主的消费者，等等。因此，以往社会或其他历史社会体系正因为一种或多种因素还没有被“商品化”，或者还没有被充分地“商品化”，所以才停留在原有的社会形态。历史资本主义是一个普遍商品化的过程，它不仅涉及交换过程，而且涉及生产过程、分配过程，以及投资过程。资本主义历史发展的冲动是把万物商品化。在一些情况下，生产者的劳动力不过是他自己或他的家人；在另一些情况下，非亲缘关系的劳动力由法律或习惯法规则（包括各种形式的奴隶制、债务关系、农奴制、永久租佃关系等）被束缚到生产者那里。②一些国外左翼学者认为欧洲之所以能产生以追求利润为目的的商人资本，正是因为欧洲的落后和不统一。美国历史学家斯

① ［埃及］萨米尔·阿明：《不平等的发展》，高铦译，商务印书馆 2000 年版，第 19 页。

② ［美］伊曼努尔·华勒斯坦：《历史资本主义》，路爱国、丁浩金译，社会科学文献出版社 1999 年版，第 8 页。

塔夫里亚诺斯认为就人口和贸易数量而言，中世纪西欧的城市与当时中国的城市相比，不啻小巫见大巫。但西欧城市却因其成长着的自治权和政治势力而独具特色。欧洲的政治结构处于四分五裂的状态，而不是一个单一结构的帝国，欧洲的城市可以从不同的君主那里取得特许权。这些发展变化，使欧洲的商人的地位和权力在欧亚大陆上都是异常独特的。例如，在中国，商贾低人一等，不被尊重，在衣着服饰、携带武器、乘坐车辆和占有土地等方面都受限制。往来于各地之间运输商品的工作，被认为是非生产性的和寄生的，商人屈居于社会的底层。相反，在西欧，商人始终拥有强大的势力和特权。在英国，他们当上了伦敦市长；在日耳曼帝国自由城市，他们成为参议员；在荷兰，他们是享受养老金的显贵。所有这一切都证明，欧洲的商人必将在未来的第三世界中具有头等重要的意义：它意味着国家必将对重商主义的利益和海外冒险事业给予更多的重视和更坚实的支持。这就是商业资本主义的经济秩序脱颖而出的历史背景。① 从历史的维度看，不管从哪个角度对“西方的兴起”“资本主义的发展”“欧洲的霸权”作出什么样的解释，客观上欧洲确实率先进入了资本主义，使广大亚非拉国家落后于欧洲。

南方国家在进入资本主义世界体系之前，都属于前资本主义社会形态。这些国家的社会形态各式各样，其中占主体的是封建制社会形态，还有奴隶制社会形态和原始社会形态，每一种社会形态具体到各个大陆、各个国家，又分为众多复杂的类型。这些社会形态的最大共同点是都属于自给自足的自然经济形态，即社会生产不是为了交换，而是为了直接满足本经济单位或生产者个人需要的自给自足的经济形式。它们的生产规模狭小，生产力低下，

① ［美］斯塔夫里亚诺斯：《全球分裂——第三世界的历史进程》上册，迟越、王红生等译，商务印书馆 1993 年版，第 26—27 页。

商品生产和商品交换仅起着补充的作用，处于从属的地位。而西方社会能提前进入资本主义，最重要的是资本主义商品经济逐渐取代了自然经济的地位，从而促进了生产力的大发展。斯塔夫里亚诺斯指出，一切前资本主义文明，不论是印度还是中东，抑或是中国文明，都确立过从当地农民劳动中榨取农业剩余产品的行之有效的国家机器。但由此积累的大量财富却被罗马的元老、印度的王公、儒家的士大夫、中东的君主以及他们各自的教权势力在非生产性消费中挥霍一空。正是这种铺张摆阔的靡费，使这些文明在西方的新社会面前变得不堪一击。反之，西方新社会积累货币是用作资本促进再生产，而非用于提高消费。[①]

在封建制社会形态中，政治上实行封建君主专制统治，君主、贵族、大地主等处于统治的上层，大量无地、少地的农民处于统治的最底层。地主和大种植园主拥有大量土地，广大农民阶层却无立锥之地，沦为雇农，或只有极少的土地。生产方式极为落后，耕作大多使用畜力、人力，农业产量很低。农民终生劳作，负担着沉重的赋税和租金，求温饱而不可得。伊朗在17世纪萨法维王朝时期，处于封建社会的顶峰，而这时北方国家的资本主义已开始萌芽和产生。萨法维王朝实行政教合一的政治制度，国王兼有什叶派宗教领袖与世俗君主的双重权力。宗教学说赋予国王以神圣的外衣，成为封建王朝驾驭社会和统治民众的重要工具。在经济上，国家的土地被分为四种类型，即王室领地、军事封邑、宗教地产和民间私人地产。绝大部分的土地由农民租种，租佃的基本形式是实物分成制。此外，农民尚需缴纳名目繁多的贡税，并且提供一定的劳役。[②]在非洲，特别是在撒哈拉以南的非洲，在北方国家的资本主义势力入侵之前，存在着诸多从事游牧和农耕的原始部族，处

---

① ［美］斯塔夫里亚诺斯:《全球分裂——第三世界的历史进程》上册，迟越、王红生等译，商务印书馆1993年版，第11页。

② 哈全安:《中东国家的现代化历程》，人民出版社2006年版，第48页。

于以部落联盟制为主体的社会形态。在原始社会群体中，许多社会群体还未进入阶级社会，未形成民族国家，首领由德高望重者担任，部落内生活民主，一切事务往往由首领与其他成年男子商议后决定。还有一些部族已处于原始社会末期。部落首领掌握着权力，拥有大群家畜、手工业制品等，象牙和某些珍贵毛皮甚至变成了私人财产。在东南亚、南亚和拉丁美洲，也有一些民族保留了原始公社组织。在非洲、西亚、南亚等地，还存在着奴隶制经济，奴隶们失去了人身自由，没有任何权利，处于极为悲惨的地位。

南方国家传统社会的这些特点，影响着它们的前进历程。对社会发展的不利影响主要体现在以下这些方面。一是传统社会的社会关系，严重阻碍着社会的进步。在南方国家的前资本主义社会形态中，最先进的就是封建制社会形态，在生产关系上，地主、宗教领袖等社会上层占有生产资料，无地缺地的农民被束缚在土地上，受地主阶级的剥削。在这些社会中，还存在着家族、部族、宗族等传统的以血缘关系为主的社会组织，人们被束缚在家长制的关系中。总之，在前资本主义社会中，各种等级制度、家长制度是传统社会进行政治、经济控制的主要手段。这些前资本主义的社会关系、社会组织具有分散性和流动性少的特点。南方国家社会组织内部通过等级、血缘、宗族等联系凝聚起来，对外则是相互排斥的，形成彼此孤立的小圈子。等级制的存在，使社会纵向流动的可能性极少。正因为有这些特点的存在，传统社会个人在社会中的地位，很多是世袭的，而不是凭自己的业绩获得的，因而损害着人的积极性的发挥；人们往往相信命运，屈从于神灵、有权势者，缺乏个人的独立性和创造性。而劳动力成为商品、劳动者能自由流动是资本主义产生和发展的重要前提，竞争意识、平等意识是资本主义市场经济发展的思想先导。南方国家中人的关系的固定性、不平等性，每个人都听天由命，具有依赖性和服从性，这些都严重阻碍着社会的进步。二是传统社会的生产力水平极为低下，阻碍着社会发展。传统社会的技术水平很低，生产、生活等活动大部分用人力完成，也运用了部分畜力和简单机械，劳动分工较为简单。因而传统社会的劳动生产率低下，劳动收益也少。劳动人民还经受着严酷的剥削，阶级矛盾尖锐。由于生产力水平极低，不能采用新的生产工具、实现工业化、形成新的社会分工、出现新的产业部门，无法使传统的社会结构得到改变，所以只能使社会在落后的社会形态中打转，不能前进一步。三是传统社会商品经济不发达，影响着经济的发展。商品交换关系在奴隶社会中得到了一定的发展，到了封建社会末期，在一些国家中已经达到了较高的水平。但在绝大部分南方国家中，由于自给自足的自然经济占主体，各地区之间经济联系较少，国家内部难以形成统一的市场。而西欧之所以最早步入资本主义，就是因为市场的扩大，商品关系的发展，促使原有的商品生产组织（封建小作坊）向以细密的分工为基础的大规模专业化生产组织（手工工场）转变，大大促进了生产力的发展。生产力的发展，社会分工的细化，出现了产业革命，使手工工场被建立在机器体系基础上的工厂制度所代替；机器生产的高生产率，扫清了自然经济的残余，最终使商品关系渗透到了社会经济的一切领域，使资本主义社会彻底形成。综上所述，南方国家与同时期北方国家相比，一个是日渐衰落的传统社会，另一个是方兴未艾的现代资本主义社会，南方国家在社会发展形态上就被远远地落在了后面。

马克思对资本主义产生于西方、西方的兴起，以及落后国家遭受的历史苦难也给予了历史和辩证的分析。马克思首先肯定了资本主义在历史上的进步作用，他指出："资产阶级在它的不到一百年的阶级统治中所创造的生产力，比过去一切世代创造的全部生产力还要多，还要大。自然力的征服，机器的采用，化学在工业和农业中的应用，轮船的行驶，铁路的通行，电报的使用，整个整个大陆的开垦，河川的通航，仿佛用法术从地下呼唤出来的大量人口，——过去哪一个世纪料想到在社会劳动里蕴藏有这样的生产力呢？”[①] 马克思对落后国家遭受的历史苦难也给予了深深的同情，对北方国家殖民主义者残酷的掠夺和屠杀暴行给予了严厉的谴责。同时，马克思也看到了西方殖民主义者对东方传统的、落后的社会结构的破坏，却从另一方面对东方社会的发展客观上起了一定的促动作用，这就是历史的辩证法。当然，北方国家殖民者介入落后国家的社会进程是要永久殖民、奴役广大南方国家。它们对南方国家的社会发展促动作用是很有限的，也不是有意而为，它既不会使南方国家真正实现民族独立、社会进步，也不会根本改善落后国家人民的生活状况。而且，资本主义在西方的发展虽然展示了它对人类社会发展的进步作用，但随着资本主义的不断发展，其腐朽性和对人类社会发展的阻碍作用也越来越明显。马克思指出：“资产阶级的生产关系和交换关系，资产阶级的所有制关系，这个曾经仿佛用法术创造了如此庞大的生产资料和交换手段的现代资产阶级社会，现在像一个魔法师一样不能再支配自己用法术呼唤出来的魔鬼了。几十年来的工业和商业的历史，只不过是现代生产力反抗现代生产关系、反抗作为资产阶级及其统治的存在条件的所有制关系的历史。只要指出在周期性的重复中越来越危及整个资产阶级社会生存的商业危机就够了……社会所拥有的生产力已经不能再促进资产阶级文明和资产阶级所有制关系的发展；相反，生产力已经强大到这种关系所不能适应的地步，它已经受到这种关系的阻碍；而它一着手克服这种障碍，就使整个资产阶级社会陷入混乱，就使资产阶级所有制的存在受到威胁。资产阶级的关系已经太狭窄了，再容纳不了它本身所造成的财富了。”[②] 因此，只有推翻资本主义制度和殖民主义统治，在全世界实现社会主义和共产主义，才能实现人类的解放和生活状况的改善。

---

① 《马克思恩格斯选集》第 1 卷，人民出版社 1995 年版，第 277 页。

② 《马克思恩格斯选集》第 1 卷，人民出版社 1995 年版，第 277—278 页。

二、殖民时代：南方国家被奴役和被剥夺的社会

16世纪，当北方世界的欧洲西北角首先跨入资本主义大门之际，广大南方世界仍停滞于封建社会、奴隶社会、原始社会等落后状态。这些停滞的社会如果没有北方世界的介入，极有可能经过自身缓慢的发展，逐步过渡到资本主义社会，或有自己自然的社会发展形态。北方国家自资本主义的萌芽和产生之日起，就对南方国家采取了殖民主义政策，开始了殖民扩张的历程，自此也拉开了南北差距的序幕。在1980年出版的《辞海》中，对殖民主义有明确的解释，指出，“殖民主义”是指在“资本主义发展的各个阶段，西方强国压迫、奴役和剥削‘落后’国家，把它变成自己的殖民地、半殖民地的一种侵略政策。其表现形式随着资本主义发展阶段的不同而发生变化。在资本原始积累时期，一般是通过海盗式掠夺、欺诈性的贸易、奴隶贩卖等方式，从‘落后’国家掠夺巨额财富。在资本主义制度确立之后，特别是在帝国主义阶段，主要是在各种名义下通过对‘落后’国家使用军事的、政治的、经济的和文化的侵略手段，使它在不同程度上丧失独立、主权，成为资本主义强国所垄断的商品市场、原料基地和投资场所。资本输出是帝国主义时期殖民主义剥削的主要形式。在殖民主义的掠夺和压迫下，殖民地半殖民地不能发展其生产力，长期处于停滞和极度贫困的状态”。与之相对应，南方国家也逐渐沦为殖民地半殖民地社会。殖民地是指由宗主国统治，没有政治、经济、军事和外交方面的独立权利，完全受宗主国控制的地区。半殖民地，是相对于完全殖民地而言的。它是指形式上有自己政府的独立国家，实际上政治、经济等社会各方面都受到外国殖民主义的控制和奴役。南方国家成为殖民地半殖民地社会，社会发展状况也发生了巨大变化，殖民地半殖民地这一特征对这些国家今后的发展产生了深远的负面影响。

斯塔夫里亚诺斯论述了帝国主义和殖民主义的概念，指出了古代的帝国统治与近代以来帝国主义的不同之处。他认为，几个世纪以来，帝国主义在发展过程中，显示出它凭借着帝国主义中心国家的技术、经济和政治三方面的力量，进行活动的广度和深度。公元前 4 世纪亚历山大大帝侵入印度与公元 19 世纪英国东印度公司侵入印度二者之间有着本质上的区别。这种区别正在于被征服的地区所受到的影响的性质不同。亚历山大和其他前资本主义的征服者通过勒索贡品（主要是粮食）和掠夺的形式，简单、直接地利用他们所占有的一切。这种利用未曾特别影响被征服领土的经济生活和经济结构。前资本主义时代的帝国主义国家的侵略虽然包含着剥削，但未能使被侵略国家的经济和社会发生根本变化。贡品不过是从一个统治集团手中转移到另一个统治集团手中。而资本主义时代的帝国主义则与此相反，它迫使被征服的地区发生彻底的变化。资本主义入侵的直接影响是将传统农业社会纳入了新的全球性市场经济之中。这是一个总体的全面囊括的过程，因为在那些社会里无论是文化还是经济为了符合全球性经济的要求都遭到深刻的扭曲和重新塑造。[①] 斯塔夫里亚诺斯接着论述了殖民主义与帝国主义的关系，他认为帝国主义并不必然导致殖民主义，殖民主义不过是帝国主义的一种特殊的、可供选择的形式。只有当宗主国的政策制定者估计直接的正式的控制比间接的非正式的控制更符合他们利益的时候，殖民主义才能够实现。在 1870 年左右，工业资本主义和自由贸易帝国主义相结合被垄断资本主义和殖民帝国主义所取代。最终结果是出现了有史以来规模最大的土地掠夺，欧洲列强几乎是把整个地球瓜分成它们的殖民地或半殖民地了，这深深影响到了南方国家的社会结构和社会形态。

一是北方国家为了获得所需要的农副产品、原料、矿产品等，改造了南

① ［美］斯塔夫里亚诺斯：《全球分裂——第三世界的历史进程》上册，迟越、王红生等译，商务印书馆 1993 年版，第 12—14 页。

方国家的土地制度，建立了大土地所有制。它们采用直接霸占土地、与当地的上层阶级勾结等方法，建立大种植园和大庄园，以牟取暴利。拉丁美洲被殖民统治者征服后，直至19世纪20年代发生资产阶级革命和相继建立独立国家为止，基本上都属于西班牙和葡萄牙的殖民统治时期。西班牙和葡萄牙殖民统治者为了他们的殖民利益，把从印第安人手中夺取的土地分配给军事冒险家、大商人、大贵族、大主教，等等，形成了封建色彩较为浓厚的大土地制度。在大地产的基础上，后来形成大庄园制。印第安人被迫在地主的庄园上从事劳役，为使用小块贫瘠土地而担负沉重的地租，地位低下，极其类似农奴。① 斯塔夫里亚诺斯分析了这种大土地所有制产生的具体原因。他认为西班牙人起初在拉丁美洲只专注于金银，采矿业的兴盛与发展，需要有庄园向矿区提供猪肉、羊肉、小麦、玉米、豆类等农副产品。另外，拉丁美洲有大量的土著居民，在当时秘鲁的土著居民总共350万至700万，墨西哥的土著居民高达2500万，可以为矿山和大庄园等提供劳动力，因而大庄园经济逐渐发展起来。大庄园是西属美洲内地土地所有制的最主要形式，每个庄园拥有数千亩土地。拉丁美洲还存在着大种植园经济，大庄园和种植园的重要区别是劳动力的来源不同，庄园使用的劳动力大多是印第安人，而种植园则使用进口的奴隶。阿明也指出，不发达世界中统治阶级的传统形象是大地主——不是封建主，而是为出口市场搞生产的种植园主。它最具特点的形象就是拉丁美洲的大庄园主。古巴是最完整的例子，因为那个制度在那里建立起来时一开始就是为这种职能服务的，对于前资本主义形态不加任何内部的变革。这种大庄园形式长期使用奴隶劳动（奴隶和雇农），后来才有计划地使用雇佣劳工，这个事实表明：当资本发现劳动力短缺时，它毫不犹豫地使用政治手段来达到它的目的。②

---

① 周一良、吴于廑主编：《世界通史（近代部分）》上册，人民出版社1972年版，第202页。

② ［埃及］萨米尔·阿明：《不平等的发展》，高铦译，商务印书馆2000年版，第285页。

资本主义殖民者在殖民地半殖民地实行这种土地制度，也在一定程度上引入了资本主义的雇佣关系，改变了南方国家中普遍存在的封建性的农民与地主的关系。大地产、大庄园、大种植园所有者在南方国家中形成了强大的政治势力，为了自身的利益，他们竭力拥护殖民者的统治，反对社会变革。即使在南方国家普遍独立之后，大地产的势力依然存在，他们由封建色彩较浓的地主变为农场主，依旧维持着两极分化严重的社会关系，成为现代化发展的重要障碍之一。第二次世界大战结束以后，独立以后的南方国家普遍进行的土地改革，除了极少数国家，大部分都没成功。菲律宾独立以后，大地产阶层强烈反对政府进行哪怕是有限的和不彻底的“土地改革”。直至 20 世纪 90 年代初期，占农村人口 1% 的地主占有 41% 以上的耕地，而占农村人口 80% 的农业工人与佃农却无土地。占农村人口 40% 的农业工人，终年在种植园和农场中劳动，时间长、工资低，生活困苦。① 这是菲律宾农村生产力水平低下的主要原因。

二是北方国家在南方国家中建立和扶植单一的出口经济，还破坏当地的经济结构，促使南方国家非工业化，把南方国家纳入资本主义世界的分工体系。殖民时代，随着世界划分为工业国和农业国，南方国家沦为农业国的地位，形成了北方国家生产工业制成品，南方国家生产初级原料的生产格局。北方国家为了自己的需要，利用殖民统治，强迫南方国家生产单一的农产品和矿产品，使南方国家形成了单一的出口经济，畸形的产业结构。阿明指出，美洲在当代世界体系形成中的重商主义时期起了重要的作用。商业资本是充分发展的资本的前身，它在美洲建立了许多附属体，其形式是剥削贵金属（主要是白银）并生产某些异域产品（食糖，后来是棉花，等等）的企业。垄断着这种剥削的欧洲商业资本家就这样积累起货币资本以供其后资本全面

① 蔡北华:《东盟六国经济纵横》，上海人民出版社 1992 年版，第 105—106 页。

发展的需要。[①]斯塔夫里亚诺斯指出，拉丁美洲的矿山、庄园和种植园曾为北欧和盎格鲁美洲（指北美新英格兰和中部诸殖民地而非南部诸殖民地）所羡慕。然而，恰恰是拉丁美洲最终成为一个依附性的第三世界地区。根本原因就在于，来自矿山、庄园和种植园的利润为北欧和盎格鲁美洲带来的财富要远远高于为拉丁美洲带来的收益。新英格兰和中部殖民地与南部殖民地和拉丁美洲不同，没有被一些诸如甘蔗种植园那样由外国投资者为外国的利益而投入资本和指挥的企业捆住手脚，发展起相对独立的经济。它们是独立而具有广泛基础的，组成这一经济结构的是一些主要为国内消费而生产的单独的业主。如果将北欧与北美殖民地基础广泛、有自生力的经济和拉丁美洲单一作物制种植园经济加以比较，后者之所以处于第三世界地位的原因就显而易见了。种植园经济的性质正是依附性的、无力自行产生联动和达到全面的经济发展。只种植一种作物，而它又受到宗主国市场价格的支配，与本地经济及人民的需求无关。在北部的殖民地，殖民者的限制并不严苛，没有促使母国实行严格监督的极为有利可图的像甘蔗一类的作物。英属圭亚那，殖民者明令禁止栽培除以营利为目的的甘蔗之外的任何作物。他们不得不砍掉自己种的果树，甚至也不许去河里或沿海捕鱼。因此，斯塔夫里亚诺斯认为拉丁美洲的落后应该从其内部殖民地经济的特性中去寻找答案，那就是：它究竟是一种多样化的能够独立发展的经济，还是一种单一的种植园经济，依附于宗主国中心，从而只有单一的经济增长而不可能出现全面的经济发展呢？[②]

马克思曾深刻地论述了这种生产格局："一方面，机器直接引起原料的增加，例如轧棉机使棉花生产增加。另一方面，机器产品的便宜和交通运输业的变革是夺取国外市场的武器。机器生产摧毁国外市场的手工业产品，迫

① ［埃及］萨米尔·阿明：《不平等的发展》，高铦译，商务印书馆 2000 年版，第 250 页。

② ［美］斯塔夫里亚诺斯：《全球分裂——第三世界的历史进程》上册，迟越、王红生等译，商务印书馆 1993 年版，第 80 页。

使这些市场变成它的原料产地。例如东印度就被迫为大不列颠生产棉花、羊毛、大麻、黄麻、靛蓝……澳大利亚就变成了羊毛产地。”[①] 布哈林（Nikolai Bukhairn）在资本主义垄断阶段也描绘了这种状况：“从前，‘城乡的分离’与‘这种对立的运动’，只局限于一国的范围内，而现在这一过程在规模大得多的基础上再表现出来。从这个观点看，整个国家变成了‘城市’，即工业国，而整个农业地区变成了‘乡村’。在这里，国际分工同社会生产中两个最大部门的分工——工业与农业的分工是一致的，从而形成所谓‘一般的分工’。”[②] 加勒比海地区在殖民主义者入侵之前，从未种植咖啡和甘蔗，但19世纪制糖工业的发展，使甘蔗成为获利丰厚的经济作物，于是殖民主义者便强迫这些地区开始种植甘蔗。为了种植宗主国所需要的经济作物，很多殖民地被迫放弃自己世代所耕种的农作物，甚至是赖以生存的粮食。例如，非洲的塞内加尔和冈比亚，由于殖民主义者让这些地区只种植花生，代替以往所种植的水稻，结果使这些地区经常发生周期性的饥荒。大多数南方国家直至独立后较长一段时期，其经济结构单一的状况仍没有得到根本的改变，殖民时代的影响依然存在。1977年，南方国家的出口总额中，石油占57%，食物占19.1%，其中机器和设备仅占4.1%。[③]

总之，北方国家在南方国家中建立和扶植单一的出口经济，破坏了当地的经济结构，把南方国家纳入资本主义世界的分工体系，并形成了殖民地的非工业化，对南方国家造成了深远的负面影响。正如保罗·哈里森指出的那样，欧洲在实现工业化以后，把世界其他地区非工业化了，在很多情况下还

① 《资本论》第1卷，人民出版社2004年版，第519页。

② ［苏］尼古拉·布哈林：《世界经济和帝国主义》，蒯兆德译，中国社会科学出版社1983年版，第4—5页。

③ 俞新天：《机会与限制——发展中国家现代化的条件比较》，上海社会科学院出版社1998年版，第155页。

推行各种政策来处心积虑地防止殖民地企业家设厂与宗主国进行工业竞争。19 世纪初以前，印度曾是纺织品出口国，是英国把它变成了一个进口国。同样，西班牙和葡萄牙也没有鼓励拉丁美洲建立工业。在很长时间里，那里的殖民地被禁止生产任何宗主国已在生产的产品。在拿破仑战争期间，由于和伊比利亚半岛之间的贸易被切断，拉美出现了萌芽状态的工业。19 世纪以来，虽然拉美许多国家陆续获得独立，但掌握政权的是大地主、原料生产者和出口这些原料并进口当地富人所需要的奢侈品的商业资产阶级。拉美的统治者还接受了英国鼓吹的自由贸易理论。因此，虽然拉美羽翼未丰的工业家希望依靠关税壁垒的保护，使他们的工厂得以维持，但是这会使进口商品变得昂贵。这是统治集团所不希望的。他们对提高农民收入，由此来扩大国内制成品市场也不感兴趣。没有关税保护，拉美的工业无法与国外便宜的制成品竞争，直到 20 世纪到来以后很久，"大萧条"再次切断了拉美与西方的贸易，一些工业才得以成长起来。① 因此，受殖民地历史的影响，南方国家的工业化进程极为缓慢。

三是殖民主义者影响了南方民族国家的自然成长进程，强化了南方国家原有落后的政治社会结构，制造并激化了各种社会矛盾。这在非洲国家体现得尤为明显。非洲国家在殖民入侵之前，大多处于原始部族社会向雏形国家、酋长国过渡时期。以古老的血缘性、地域性为连接纽带的部族是非洲典型的民族形态，族际边界构成了类似于现代民族国家的边界。北方殖民列强入侵以后，它们统治的范围是基于各自实力与利益的比较，而不是基于各种自然的族际边界。这就使一个殖民属国内集中了众多不同的部族，而许多完整的部族又被分隔在不同的殖民属国之内。这就打断了非洲社会的进程，使非洲重新退回到了氏族部落状态，大部分族群始终处于部族阶段或向现代民

① ［英］保罗·哈里森:《第三世界——苦难·曲折·希望》，钟菲译，新华出版社 1984 年版，第 194 页。

族过渡阶段，难以使各族群经自然同化而聚合成现代民族和民族国家。同时殖民主义者为了自己的私利，不会改造殖民国家的政治、社会结构，使殖民国家进化到资本主义社会；为了便于殖民统治，又扶植和拉拢殖民地内腐朽、落后的社会上层，实行分而治之等政策，如故意扶植一部族压制另一部族。这些行为和政策的结果是：助长了南方国家内部族主义、地区主义的产生，加深了各族群的隔阂和矛盾，为以后部族间的冲突埋下了祸根；维护了殖民地国家落后社会制度，阻碍了殖民地国家的社会发展。斯塔夫里亚诺斯也以波斯（主要在今天的伊朗）社会为例，论述了在殖民统治下，南方国家社会产生了一个依附性的社会阶层，这个社会阶层与殖民统治者一起，阻碍着南方国家社会的进步。他指出，如同奥斯曼和埃及一样，经济上的从属状态也对波斯社会产生了深远的影响。情况非常相似，主要获利者是外国商人、金融家和本地统治阶级。后者包括从佃户那里榨取了最大数量的产品供给新的国外市场的地主，在日益货币化的社会中从事高利贷而获得厚利的高利贷者，从事新的贸易的大商人，以及官僚、朝臣和王室，后三种人比君士坦丁堡和开罗的同类人更多地将外国贷款耗费在非生产性的开支上。所有这些统治阶级都是牺牲农民大众获取自己的利益。总之，波斯农民和手工业者普遍遭受统治阶级的掠夺以及西方和俄国资本主义渗透之苦。虽然统治阶级中各式各样的人都发了财，但同第三世界其他任何地方一样，他们的利益是在从属于外国人的情况下获得的。

四是殖民列强为了维护宗主国的统治，在殖民地形成了一整套压迫性的官僚行政体制。为了殖民统治的便利和效率，殖民主义者往往对南方国家前资本主义政治体制稍加改造，建立一套压迫性的行政体制。这套行政体制以榨取资源、维护统治秩序两大基本功能为其活动范围。这种行政体制是殖民地前资本主义制度与殖民主义带来的专制制度的混合体，“这两种专制结合起来要比萨尔赛达庙里任何狰狞的神像都更为可怕”[①]。弗兰克认为：“综观一下今天新世界里最极端不发达的‘萧条’地区——这些地区的特点，不但是格外的贫困，而且有压制性的社会体制、天主教极端教权主义或基督教原教旨主义、不自由的政治组织，等等——可以发现它们都是早先时期生产初级产品供出口的地方，在世界资本主义发展过程中它们的矿藏、土壤、木材或市场枯竭以后，这些地方就沦于衰微破败。虽然它们当前的贫困部分地由于它们自然资源的枯竭、人口的密集和矿山区不良农田的衰蚀，可它们现在极端不发达的主要根源并不是物质的，而是它们从出口繁荣的‘黄金时期’所继承的社会结构，而且仍然反映在它们的‘古旧习俗’中。”[②]

斯塔夫里亚诺斯也分析了殖民地时期英国在印度的统治制度，他指出，从整体上来说，英国殖民者并没有改造印度落后的社会制度，它保留了印度落后的种姓制度，以及土邦王公、地主等旧统治阶层。英国首先在印度采取分而治之的策略，把印度支离破碎的550个土邦固定化，勾结和利用印度土邦王公来统治和奴役印度人民。分而治之的策略也被英国用来离间印度教徒和穆斯林，英国通过分别为穆斯林和印度教徒设立选区来实施这一政策。分别设立选举区是两个民族理论的先兆，这一理论使印度次大陆终于分裂为两个主权国家。英国在印度的最高官员是总督或称副王，作为女王的直接代表行使职权。总督之下，还有一个由5名成员组成的行政会议协助工作，直到1909年止，行政会议中没有一个是印度人。为了立法的目的，另外还有6名至12名成员参加行政会议，这一扩大的机构行使了立法会议的职能。但总督和印度事务大臣对立法会议通过的议案有否决权。此外，英国在印度建立了文官制度，但它的职能主要是负责征收赋税、维持社会治安、掌管司法系

① 《马克思恩格斯选集》第1卷，人民出版社1995年版，第761页。

② ［德］安德烈·冈德·弗兰克：《依附性积累与不发达》，高铦、高戈译，译林出版社1999年版，第24页。

统。在警察系统中，中央一级的全印警察均由英国人组成。英国在印度还建立了庞大的军队，军队中的关键部门主要由英国人组成。这支军队的开支相对于贫困的印度来说是巨大的，但印度军队主要被用于为非印度人的目的服务。英国动用这支由印度人出钱供养的军队在印度国境外为自己的殖民利益而战。在 1838 年至 1920 年间，印度军队曾先后 19 次被用于征服诸如阿富汗、缅甸、马来亚、泰国和中国西藏地区，第一次世界大战期间还被派到中东参加多次战斗。①

这套政治体制有其典型的特征，如政治结构的低度分化、集权控制、强制性的行政干预，等等，殖民地内也不存在政党一类的政治团体，得到强化的只有军队、警察、监狱，殖民地的官僚机构只向宗主国负责。殖民主义者自诩将南方国家从愚昧、落后中拯救出来，却牢牢控制着殖民地社会，扼杀哪怕是一丁点的资本主义民主政治的苗头，土著居民既无组党组团的自由，也根本不可能与殖民者分享统治权。这也使独立后的南方国家缺少民主的传统，腐朽落后的社会上层可以借这套体制继续统治下层人民。同时，殖民主义者还在殖民地推行同化政策，扶植和造就了殖民地居民的精英阶层。这些精英阶层认同宗主国的统治合理性，淡化了本民族的意识与情感，崇洋媚外，丧失了使本民族独立自主发展与崛起的自信心。这也使南方国家独立后，北方国家可以轻而易举走上层路线，继续采用新殖民主义手段控制和剥削南方国家。

这些是深层的殖民统治对南方国家社会发展的影响。北方国家的殖民统治还对南方国家造成了严重的直接损失。卫建林先生在专著《历史没有句号》中详细记载了北方殖民主义者在这一时期欠下的历史旧账：（1）劫掠财

① ［美］斯塔夫里亚诺斯：《全球分裂——第三世界的历史进程》上册，迟越、王红生等译，商务印书馆 1993 年版，第 242 页。

宝。截至 18 世纪末，在殖民统治的 300 年中，仅西班牙就从拉美掠走黄金 250 万公斤和白银 1 亿公斤，葡萄牙仅从巴西就运走价值 6 亿美元的黄金和 3 亿美元的金刚石。（2）杀人。西班牙殖民者在三个世纪中灭绝 2500 万印第安人。加勒比各岛的数百万印第安人在殖民者来到后几十年间即全部绝迹。（3）贩奴。联合国教科文组织 1978 年召集的一个专家会议曾提出报告，称 15—19 世纪非洲因奴隶贸易而损失人口为 2.1 亿。这正是 1800 年非洲总人口的两倍。（4）经济剥削。在英属美洲殖民地甘蔗种植场工作的劳动者给英国带来的利润，要比英国本土的劳动者高 130 倍。1757—1815 年，英国即从印度榨取了 10 亿英镑的财富。[①]

第二节　南方国家独立后的制度模式及发展战略之得失

一、不彻底的社会改造

第二次世界大战以后，资本主义世界殖民体系被瓦解，南方国家获得了独立。独立之后，南方国家为了迅速发展经济，缩小与北方国家的差距，都普遍进行了程度不一的政治经济改革。在经济制度方面，南方国家首先面对的是封建土地所有制和殖民时代留下的大地产、大种植园制度。改革旧有的土地制度有利于削弱地主等旧政治势力对社会发展的不利影响，有助于改善收入分配、缩小收入差距、解放劳动者从而促进经济发展，扩大国内市场；可以提高农业生产率，提供工业生产所需的食物、原料、较高素质的劳动者，促使工业的发展。最重要的是，只有废除前资本主义土地关系，消灭封建主义的高地租率，资本才能转向资本主义工业。马克思也指出：“伴随土地

① 卫建林：《历史没有句号》，北京师范大学出版社 1998 年版，第 197—207 页。

所有权关系革命而来的，是耕作方法的改进，协作的扩大，生产资料的积聚等等”；“被驱逐出来的农民必须从自己的新主人工业资本家那里，以工资的形式挣得这些生活资料的价值。国内农业提供的工业原料也同生活资料的情况一样。它转化为不变资本的一个要素”①。“使小农转化为雇佣工人，使他们的生活资料和劳动资料转化为资本的物质要素的那些事件，同时也为资本建立了自己的国内市场。”② 保罗·巴兰也深入分析了土地改革对于南方国家的重要性。他认为，落后国家中的地主阶级和地产阶层榨取的经济剩余有相当部分被过度消费消耗掉了，大大迟滞了社会发展。曾经激起亚当·斯密（Adam Smith）、李嘉图（David Ricardo）和其他古典经济学家愤怒的这种过度消费仍充斥于落后国家。豪华住宅、奢侈生活、攫取作为财富和地位象征的奇珍异宝、仆从如云、玩乐无度、游山玩水，这些方面占了土地贵族的收入和支出的主要部分。在资本主义条件下，土地改革不仅必须要与资本积累一起进行，而且需要伴之以工业资本主义的快速发展才能真正促进经济社会发展。只有通过土地革命才能推翻封建制度，并使国家服从于资本主义的发展需要。只有通过土地改革，日益壮大的工业资本主义才能获得必不可少的农业物资供应地，以确保其劳动力、粮食和工业原料的充分供应。如果土地改革是由受封建买办势力支配的政府迫于形势所推动，它可以充当经济、社会、政治秩序的暂时稳定器，但它对于经济发展的作用是有限的。如果土地改革是由农民施加强大的压力，不顾封建买办政府的阻挠而取得的结果，换句话说，即如果土地改革具有土地革命的性质——那才是前进道路上的一大进展。为了消灭寄生的地主阶级并打破它对不发达国家前途的束缚，土地改革是不可缺少的。为了实现农民的合理愿望和确保经济与社会全面发展的最重要前提，即将被几个世纪

① 《资本论》第1卷，人民出版社2004年版，第855页。

② 《资本论》第1卷，人民出版社2004年版，第857页。

以来的压迫和奴役所抑制和扼杀的农民群众创造力和能量完全解放出来，土地改革也是必不可缺的。而且，还因为只有通过土地在劳动农民中间的分配，才有可能建立起合理解决土地问题的政治和心理条件：建设由自由、平等的生产者合作经营的技术先进的农场，从这方面考虑，土地改革也是必不可少的。[①]总之，没有土地所有权的革命，资本主义工业化是不可能完成的。

只可惜，很多南方国家在这方面的进步是缓慢的。在拉丁美洲，20世纪60年代至70年代，掀起了土地改革的高潮。土地改革运动在各国进行的情况是不同的，有较为彻底的，有局部性的，也有迫于国际国内压力仅做表面文章的。国际上普遍认为，只有古巴、尼加拉瓜、智利、墨西哥、秘鲁等国的土地改革比较激进。然而，这些改革大部分是很不彻底的。英国学者保罗·哈里森指出："在拉丁美洲农村，财富和收入的两极分化非常严重，绝大多数人不是没有土地，就是土地少得不足以养活一个小小的家庭。美洲农业发展委员会一九六六年对七个国家进行了调查，发现阿根廷百分之六十一的农业家庭属于上述情况。巴西是百分之六十八，智利和哥伦比亚是百分之七十，厄瓜多尔、危地马拉和秘鲁是百分之八十八。在智利、乌拉圭、哥斯达黎加和阿根廷，无地雇工占劳动人口的一半以上，在墨西哥、哥伦比亚、牙买加和尼加拉瓜则占百分之四十到百分之五十。"[②]而且，许多拉丁美洲国家的土地改革并没有像预期的那样把土地分给农民，消灭大庄园制度，而是把大庄园改造成了资本主义的农场。这样大农场主取代了地主、大种植园主，现代农业工人取代了佃农、农奴，依旧是导致两极分化的阶级阶层格局，阻碍着经济社会的进步。在亚洲，尼泊尔直至2008年9月6日，才宣布解放"哈里亚"（农奴），一些国际媒体因此报道说，尼泊尔从此再也没有奴

① ［美］保罗·巴兰：《增长的政治经济学》，蔡中兴、杨宇光译，商务印书馆2000年版，第260页。
② ［英］保罗·哈里森：《第三世界——苦难·曲折·希望》，钟菲译，新华出版社1984年版，第105页。

隶了。“哈里亚”从地主手中租地耕种，他们在没有得到所附属的地主同意的情况下，不得离开耕种的土地另谋生计或选择其他地主。[①]

在政治方面，南方国家更是呈现出政治体制纷繁复杂的状况。很多南方国家在国体上属于民族资产阶级专政，有一部分南方国家实行资产阶级化的君主贵族专政。在政体上，大多数南方国家实行议会共和制或者是总统制共和政体，有些南方国家实行立宪君主制或实行绝对君主制。由于南方国家的政治体制大多是借鉴北方国家的，而且政治经济又不发达，自身的民主传统又少，民主观念也不牢固，因而大多数的南方国家的政体都有集权制的倾向。政治领导人、政党、军队、部族首领在一定条件下都会成为权力的中心，他们往往代表的是旧有的大地主、贵族、依附性资产阶级（如从事采矿业的大资产阶级）等较为腐朽落后的社会阶层。托达罗认为南方国家的发展绩效受这些国家上层统治阶级影响较大，上层统治阶级的依附性以及为了自身私利往往影响南方国家发展战略的成败得失，即使采取了较为正确的发展战略，在实践中往往也大打折扣，因此要实现经济发展、社会进步，必须进行较为彻底的社会变革。他指出，南方国家往往并非仅由经济政策本身是否正确来决定关键性的发展问题，南方国家的政治结构和权贵统治阶层（例如大土地所有者、城市的实业家、银行家，外国的工厂主）的既得利益从根本上决定着可能采取什么样的战略以及经济、社会变革政策。大多数发展中国家的权力和利益集团本身是这些国家社会和政治历史的产物，而且看起来不同国家是不一样的。但是不管在拉丁美洲的大地主中权力的特殊分配是什么样的，也不管非洲的政客和高级公务人员是些什么人，也不论中东石油国的酋长和金融巨头是哪些，或者也不管亚洲的地主、放债者和富裕的实业家怎么样，大多数发展中国家和那些发达国家相比，在更大程度上直接或间接地

① 章建华:《尼共（毛主义）新政烧出“三把火”》,《参考消息》2008 年 9 月 18 日。

由少数有势力的上层人物统治着。因此，有效的社会和经济变革或者要求通过说服或强迫取得上层人物的支持，或者这些人被更为强有力的力量推到旁边。不管怎么说，没有社会、政治和经济“制度”的相应变革，例如土地占有制度、教育结构、劳动力市场关系、物质和货币资产的分配与控制、税法和继承法、信用的提供等的变革，经济和社会的发展往往是不可能的。①

总之，这个时期大多数南方国家的社会变革不够彻底，并大量采用北方国家的政治体制模式，由于不适合本国国情，造成了长期的政治不稳定；南方国家的资产阶级民主化和法制化的程度低，大量社会矛盾不能有序解决，常常以内战、政变、骚乱等形式释放出来。南方国家独立后由于处于社会急速转型中，政治局势不稳定，移植来的资产阶级民主政体往往控制不了社会局面，大资产阶级就往往采用直接专政，如军人专政的形式进行统治。这是资产阶级统治的最后时刻，北方国家尤其是美国这时也不顾军队“中立”的“民主传统”和资产阶级“民主”的遮羞布，支持这些国家的资产阶级进行赤裸裸的军人专政。20 世纪 50 年代以来，拉美左翼势力引领的各种革命运动方兴未艾，引起了拉美上层资产阶级的恐惧，他们害怕可能出现的激进改革威胁到他们的利益。于是，在美国的支持下，拉美国家的上层资产阶级相继发动军事政变，建立了军政府，以军人独裁统治来维护资产阶级的利益。如智利独裁者皮诺切特（Augusto Pinochet）以军事政变推翻并杀害了民选合法总统阿连德（Salvador Allende），血腥镇压了支持阿连德总统的左翼组织和广大进步人士，建立了军事独裁政权。还有些国家实行一党制统治。据初步统计，从 20 世纪 60 年代初至 80 年代末，撒哈拉以南非洲曾经实行过一党制的国家有 31 个，占这时期国家总数的 68.8%。同期，曾实行过禁党制的国家约

① ［美］M.P. 托达罗：《第三世界的经济发展》上册，于同申、苏蓉生等译，中国人民大学出版社 1988 年版，第 44 页。

占国家总数的一半。[①] 如 1965 年 11 月，蒙博托（Mobutu Sese Seko）发动军事政变并自任总统，随后统一了扎伊尔全境。之后又成立了以他自己为领袖的人民革命运动党，同时禁止其他所有党派活动。军人专政、一党制等，权力的高度集中和缺乏有效监督很容易导致个人独裁和专制的出现，使官僚主义横行，腐败、以权谋私的寻租行为愈演愈烈，严重阻碍了现代化建设。

同时很多南方国家尤其是非洲国家，并不是历史上自然形成的民族国家，而是建立在人为划定疆界的各殖民地基础上的。科特迪瓦开国元首乌弗埃－博瓦尼（Felix Houphouet-Boigny）曾指出，非洲“没有继承一个民族，继承的只是一个由于殖民化而人为产生的国家”[②]。很多国家赖以存在的基础不是有着共同文化、语言和情感认同的统一民族，而是差异较大的部族、部落、种族或部落联盟。这就决定了南方国家在政治发展上的先天不足，国家的政治整合能力差，为以后的发展种下了无穷的祸根。如尼日利亚独立后建立了多党制国家。该国三个主要政党，分别代表着三大地区的三个主要部族。三大政党的斗争与分歧实际上是三大部族在政治权力和经济利益上的争夺。这种部族分歧和冲突使尼日利亚独立不久就陷入了频繁政变，甚至内战的泥塘之中。1967 年 5 月，伊博族军人集团宣布东部地区独立，建立了比夫拉共和国，从而引发了尼日利亚历时两年半的内战，死亡人数多达 200 万人。

二、南方国家资本主义民主化面临的困局

独立后的南方国家持续多次经历了资本主义民主化浪潮，但依然面临着政治社会稳定与发展等问题。南方国家资本主义民主政治的起步，是与在资

① 葛佶主编：《简明非洲百科全书（撒哈拉以南）》，中国社会科学出版社 2000 年版，第 173 页。

② 张宏明：《多维视野中的非洲政治发展》，社会科学文献出版社 1999 年版，第 51 页。

本主义上升时期全球性的殖民主义侵略和反侵略的民族民主运动融合在一起的，属于后发外生型。随着经济全球化的蓬勃发展，按亨廷顿的分析，世界已历经三次资本主义民主化浪潮。这里所说的民主化就其实质来看，是指北方资本主义民主在世界的传播和蔓延。北方资本主义民主的要素大致有以下几点：实行多党政党政治（如两党轮流执政）；司法形式上独立和分权制衡（立法、行政和司法三权分立）；定期的选举（有确保成年人的选民资格、选民投票等一系列较为完善的选举和竞争制度）；保证公民一定的政治参与权（选民享有名义上的知情权，以及集会与结社自由权、言论与新闻自由权等）；相对完善的资本主义法制制度（包括宪法制度、议会制度、司法制度、行政制度、政党制度、选举制度、人事制度等）。[①] 所谓资本主义民主化浪潮，具体来说，就是指围绕这些资本主义民主要素，以三权分立、议会民主、多党竞选等为主要内容的民主化。冷战结束前后，南方国家普遍经历了三次资本主义民主化浪潮。目前亚非拉国家，多数都建立了不同类型的资本主义民主政体，资本主义的民主政治已在绝大多数南方国家中确立起来。因此，从形式上看，在政体上，南北双方的差距已大大缩小。

冷战结束以后，南方国家资本主义民主政治的深入发展有三个因素。一是东欧剧变、苏联解体对南方国家造成的冲击。冷战期间，不少南方国家受苏联和社会主义阵营的影响，加之原来初步实施西式民主造成的“水土不服”，转而在政治上实行以权威主义为基础的政治体制，在经济上实行以国家干预为基础的计划经济体制。由于社会主义走入低潮，对南方国家造成了较大的冲击。苏联旧的社会主义体制的失败并不等于社会主义的失败，但在政治经济体制上确有弊端，这些弊端在南方国家落后的社会中更被放大了，而这些弊端被等同于“社会主义”。因而，社会主义运动的暂时低潮，使南

① 贺文萍：《非洲国家民主化进程研究》，时事出版社 2005 年版，第 40 页。

方国家彻底转向北方国家，在政治体制上开始完全照搬北方国家的体制。

二是北方国家的民主输出政策。为了维护国际垄断资本的全球统治，北方国家在全球积极鼓吹资本主义的意识形态，实行民主输出战略，西式政治制度如多党制有利于发达国家操纵南方国家。冷战结束以后，美国政府以各种手段干涉非洲国家的内政，支持和纵容反政府势力，鼓励非洲国家搞多党制，推行北方国家的政治民主。仅在 1991 年，美国就建立了 3000 万美元的“非洲民主基金”，以支持“迈上民主化道路”的非洲国家，还拨款 500 万美元用于组织非洲国家的民主选举。美国还将援助与“民主化”挂钩，要挟非洲国家。

三是旧的军人政权等政治制度的统治绩效低下。独立之后，虽然南方国家的经济社会有了一定的发展，但旧的制度模式和发展模式具有巨大的缺陷，需要不断革新。如 20 世纪 80 年代，非洲国家经济普遍恶化，被称作是“失去发展的十年”。据估计，非洲持续十多年的经济衰退抵消了独立初期在社会福利等方面取得的成果。贫困线以下的人口从 1985 年的 1.05 亿增至 1990 年的 2.16 亿。个人集权和军人政权在建立初期对经济发展起到了较大的作用，它能有效动员、组织和配置国内有限的资源，但也为政府官员的贪污腐败创造了条件。由于政府领导人和各级官员独断专行、贪污腐化以及社会贫富分化严重、经济状况恶化等原因，1990 年和 1991 年非洲许多国家群众罢工、罢课、游行示威，提出了民主改革的要求。但是，南方国家的民主改革，往往采取了照搬西式民主的方法，又因为“水土不服”，导致国内政局动荡，经济社会发展受阻。南方国家不能自主地发展适合本国国情的民主政治，极大地影响着政治发展和政治现代化。

照搬北方国家政治制度的“民主化”浪潮给南方国家带来的影响是深刻而全面的，对此应该进行全面的评价。从积极方面来说，一是使前资本主义政体和资本主义专制政体受到了沉重打击，人民民主力量得到发展和锻炼。

这些国家的民众初步享受到了一些资本主义民主政治权利，如有限的在资本主义法律范围内的集会、言论等自由，有利于政治的进步。二是资本主义民主政治的发展使南方国家的社会矛盾得到了一定的缓和与释放，各利益集团参与政治的需求由于资本主义民主制度的初步建立在一定程度上得到了满足，给各种政治派别提供了一个相对合法竞争的机制和渠道。但"民主化"浪潮给南方国家带来的更多是消极影响。正如阿根廷经济学家劳尔·普雷维什（Raúl Prebisch）所指出的那样，在中心国家，"民主化"进程是在取得了巨大的资本积累之后才得到发展的。而外围的"民主化"是在积累尚不适应发展的动力要求之前发展起来的；此外，"民主化"还沿着一种偏重于分配的方向发展，因而也是一种引起冲突的偏向。①

北方国家政治制度给发展中国家带来的危害主要有以下几个方面。

一是北方国家民主弊病重重，危害南方国家。作为资本主义民主的典型代表，北方国家的民主有许多弊病，如金钱政治、富人民主、行政效率低下等。很多南方国家移植北方国家民主之后，北方民主的优点和长处显现不充分，却深受其弱点和弊端之害。金钱政治耗费了南方国家大量的财富，并直接影响到对经济的投入，干扰和误导经济决策，使得本来就很落后的经济更是雪上加霜。另外，与多党制、议会民主相伴而生的是相互扯皮、低效、官僚机构臃肿腐败等现象。这些弊端在北方国家尚且令人头痛，无法根治，何况在南方国家？这是南方国家资本主义民主化实践中普遍遇到的难以克服的问题。保罗·哈里森对于南方国家移植北方国家民主制度后的众多弊病给予了深刻剖析和描述。他指出，在大多数发展中国家里，国家是为求生存和谋利益而进行的持久斗争中的一个十分关键的机构。它控制着贷款、许可证甚

① ［阿根廷］劳尔·普雷维什：《外围资本主义——危机与改造》，苏振兴译，商务印书馆 1990 年版，第 205 页。

至原料，决定进口关税，规定许多商品的价格，决定把合同交给谁。在几乎所有国家中，国家是最主要的生意来源。由于涉及这么大的利益，享有特权的人绝不会袖手旁观，听任他人按正常的民主程序做出决断。在第三世界，大人物在地方上的权力是无限的。他们有钱拉选票，贿赂政客、行政官员和警察，请律师。他们有社会关系，可以影响文职人员的前程。由于有土地、房屋和生意，他们在经济上可以控制很多人。他们利用所有这一切手段使事物按自己的意志发展。他们一般可以使适合自己口味的候选人当选。在许多发展中国家，选票是可以出售的商品，穷人的选票都是不难得到的，或者直接给钱，或者许诺给工作或其他物质好处。在印度，花五个卢比即穷人两天的工钱买选票的事情屡见不鲜。如果收买不行，还可以舞弊或者进行恐吓。在第三世界里，民主的根基很浅，这类做法十分普遍。选票要花钱，而在政党之间竞争非常激烈的情况下，享有特权的人还可以靠为竞选提供资金从而对党派的政策施加相当大的影响。尽管存在着以上这些情况，一些进步的改革立法有时也能通过，真心实意要搞全面改革的政府有时也确实能够当选。于是，有特权的人转而依靠他们对地方官员、法官和警察的影响，使改革无法实施。换句话说，他们逃避甚至无视法律。世界上通行的法律一般都是富人可以玩弄于股掌之间而穷人却动弹不得的武器。①

二是北方国家民主化给南方国家带来了持续不断的政治动荡，导致经济状况恶化。实行民主要按照国情自主地推进民主化进程，要有一定的社会发展水平和文化教育基础。而大多数南方国家经济社会和文化发展水平还相当落后，并不具备实行北方国家民主政治制度的基础和条件。南方国家实行多党制和议会民主后，大多政局不稳，国家混乱不已，严重影响了社会稳定和经济发展。经济的发展需要稳定的政治环境，这是许多国家的发展实践所证

① ［英］保罗·哈里森：《第三世界——苦难·曲折·希望》，钟菲译，新华出版社1984年版，第436页。

明的真理，但是资本主义民主化尤其是多党制的实行却造成了严重的政治冲突和动荡。各个党派力量忙于争权夺利，各种政治集团忙于内斗，难以集中力量发展经济。因此搞资本主义民主化的南方国家，大部分在贫困、饥饿、疾病的困境中挣扎，并未取得预期的经济成果。

这些负面影响，在前两次资本主义民主化浪潮中就已出现，从而带来了两次“回潮”的问题，就是已经建立起形式上的资本主义民主政体的国家恢复到以往的“威权”政体。北方发达国家经济发达，经历了一二百年的时间建立并不断完善资本主义市场经济体制和法治体制。至今，这些国家的政府还在不断修订和完善有关的法规制度。而广大南方国家只是初步建立了资本主义法治体制，加之经济落后，建立完善的法治体制还有很长的路要走。第三波资本主义“民主化”后，又有一些国家恢复了过去的体制。就是没有“回潮”的国家，“民主”程度也极为有限。选举过程中存在过多的暴力和舞弊现象，政治竞争的范围也有限，缺少实质意义；公民政治权利实现的范围和程度也很有限。因此，南方国家普遍面临着建立适合本国国情的民主政治问题。北方国家政治学者把资本主义“民主巩固”作为比较民主化研究的核心问题之一，也论及了南方国家民主政治进步的标准和基础条件。对于“民主巩固”的定义，最有代表性的是美国学者林兹（Juan J. Linz）和斯蒂潘（Alfred Stepan）的定义：“在国民行为上，某一地域的民主政体，当其中重要的国家、社会、经济、政治或制度的行动者不再动用重要的资源，使用创建非民主政体或分裂国家的方法来达到自己的目标，它就得到了巩固；在国民态度上，当公共意见的多数即使面临严重的经济困难，对现政府怀有深深的不满，也仍相信民主的程序和制度是管理集体生活最适宜的方法的时候，当反体制的方案几乎得不到支持，或者这种支持或多或少被亲民主势力所孤立的时候，民主政体就实现了巩固；宪法上，民主政体的巩固，发生在各种政府和非政府的势力习惯于在专门的法律、程序和制度范围内解决冲突的时候。”[①]

除去这些标准，南方国家建立适合本国国情的民主政治制度首要的是把政治发展建立在坚实的经济发展基础之上。首先，经济发展为民主制度提供了基本的保障条件。马克思主义向来就强调物质生活的生产方式制约着整个社会生活、政治生活和精神生活的过程。政治发展，从根本上讲是由经济的进步和发展所推动的。在20世纪50年代末，也有很多北方国家学者强调经济发展与民主化之间的密切关系，李普塞特（Seymour Martin Lipset）是典型的代表，他认为，一个国家经济越发展，国家越富裕，国民收入越高，准许民主的可能性就越大，一个分化成大多数贫困民众和少数显贵的社会，要么导致寡头统治，要么导致暴政。[②]经济发展通过教育的普及、财富的增加与中等收入阶层的兴起等中间变量间接地促进民主政治的产生。其次，政治民主与进步要建立在稳固的社会阶级结构上。在一个经济基础落后、发展极不平衡的国家里，在此基础上建立起来的社会阶级结构也必然是落后和不稳定的。北方国家的统治阶级主要是在长期的经济社会发展进程中成长起来的工业资产阶级，并与金融资本紧密结合。统治阶层拥有雄厚的经济实力来收买工人阶级，保证人民大众拥有一定的生活水平。统治阶层实力雄厚，可以不受其他强权国家的干涉，保持独立的发展地位。同时，统治阶层以大资本或几个大资本为核心，凝聚力较强，能保持统治阶层内部的稳定。因此，在代议民主之下，北方发达国家统治秩序有序稳定，垄断大资产阶级牢牢掌控着政权，无论什么人上台，都只能是大资产阶级的工具。相反，南方国家的阶级结构不稳定，统治阶级内部矛盾大，统治阶级和被统治阶级之间的对立也

---

① Juan J.Linz and Alfred Stepan, *Problems of Democratic Transition and Consolidation: Southern Europe, South America, and Post Communist Europe*, Baltimore: Johns Hopkins University Press, 1996, p.6.

② ［美］西摩·马丁·李普塞特：《政治人——政治的社会基础》，张绍宗译，上海人民出版社1997年版，第27—33页。

较为严重。统治阶级内部，一部分是同国际垄断资本有着密切联系的买办资产阶级，一部分是落后的社会阶级（如大地产者，前资本主义社会形态的权威阶层，部落、宗教领袖，等等），还有一部分是民族资产阶级。前者执政时难以独立自主，往往出卖民族利益，依附于国际垄断资本；中者执政时常常倒行逆施，维持落后的生产关系形式，阻碍经济发展；后者经济实力不足，执政时既不能满足广大民众的要求，又无力与买办资本抗衡，在代议制形式下，统治极不稳定。此外，经济社会发展的落后，使中间阶层的力量薄弱，即使把在北方行之有效的制度搬过来，也制约不了资产阶级上层为所欲为的行为，这就更明显地表现出精英或寡头统治的特征。因此，一旦统治阶级控制不了社会局面，就极易使用军队，发动军事政变，转向军政权或专制统治。总之，在南方国家照搬北方发达国家的政治制度，结果是那些落后阶级、阶层的代表人物合法地垄断政权的权力。正因为没有巩固的经济社会基础，南方国家中资本主义的民主形式才形同虚设，成为国际垄断资本或统治阶级上层的玩物，南方国家才经常在“浪潮”和“回潮”中动荡，在资本主义民主制度和资产阶级专制制度中来回摆动，形成“钟摆效应”。

三、南方国家的经济体制及发展战略

南方国家独立以后，在经济发展体制上面，大多借鉴社会主义国家经济发展经验，采用了国家主导的经济发展模式和体制。主要经济政策有：第一，实行国有化。国家积极推行国有化政策，在某些行业使国有企业处于垄断地位，限制外国资本和本国私人资本的发展。第二，政府对经济实行有力的干预。政府制定经济计划，确定经济发展战略；政府在投资、税收、进口、汇率等方面采取一系列措施，对本国工业予以扶持和保护。如非洲的科特迪瓦在独立后通过国家投资建立了大量国有企业，其国家投资一度占到全国投资总额的 50%。第三，在对外经济关系上采取保护主义措施。南方国家在世界资本主义体系中的“外围”地位、农业国地位，决定了这些国家独立后要大力发展工业。为发展进口替代工业，寻求政府的高度保护，就成为南方国家获得经济发展的唯一出路。南方国家建立国有企业，政府干预经济发展的目的就是提高生产效率、刺激增长，在那些私人资本不愿投资或无力投资的领域生产满足人民需要的商品和提供服务，弥补市场运行中产生的一些缺陷等。这对南方国家的发展起到了巨大的作用，在一定程度上奠定了南方国家发展的基础。

但由于许多南方国家未进行彻底的社会革命和改革，存在着众多旧的社会阶级和阶层，加之政治体制落后，行政管理能力低下，庞大的政府机构、巨额的行政费用支出和严重的贪污腐化现象，加剧了财政状况的恶化，加重了通货膨胀的程度，从而造成经济效率低下。南方国家独立后经过一段时间的发展，普遍出现了国有企业效率低、亏损严重，财政负担沉重的现象。例如，巴西的国营企业 1989 年的亏损额相当于其国内生产总值的 2.4%；墨西哥拉斯特鲁查斯联合钢铁公司是本国最大的钢铁公司，自 1976 年开工至 20 世纪 80 年代中期的 10 多年间，累计亏损额就超过了最初的投资额 8 亿美元。南方国家的市场经济不发达，在发展过程中没有正确处理好政府和市场的关系，或者说政府主导经济的方式单一、不科学，造成了经济状况的持续恶化。

在发展战略方面，独立之后，南方国家普遍实行了工业化战略。但由于社会改革不彻底，旧有的社会制度的制约，使工业化战略成效甚微。南方国家主要运用了进口替代战略和出口替代战略。进口替代战略，就是通过建立和发展本国的工业，替代过去的制成品进口，以带动经济增长，实行本国的工业化。出口替代战略，就是将本国的工业生产面向世界市场，以制成品出口逐步替代过去的初级产品出口。南方国家的进口替代战略取得了一定的成效。这些国家通过进口替代战略，建立了一定的民族工业。拉美一些国家如巴西、阿根廷等国自20世纪50年代开始，首先采用了这一发展战略，到了20世纪60年代，进口替代战略成为南方国家占主导地位的发展战略。然而，行使了这一战略的国家在后期普遍遇到了困难，主要表现是财政收支危机加重、贫富分化加剧、失业率增加等。

对于进口替代战略失败的原因，国外左翼学者普遍认为，由于南方国家工业化是在一个很低的起点上开始的，实施进口替代，必须先进口一些中间产品、技术等生产要素，这加剧了外汇危机；在实施这一战略中，一些国家又过度保护和重点发展一些产业，从而导致了产业结构失调，农业和其他部门的发展滞后；进口替代的产业大多满足于国内市场，由于国内市场狭小，使经济发展受限；进口替代建立的工业体系不完善，一般是资本密集型产业，吸纳的劳动力有限，造成大量失业人员，这又使国内购买力不足，妨碍了工业的发展；由于社会改革不彻底，还存在着一些腐朽的社会阶层，他们生活奢侈，消费西方化，为了满足这些阶层的需要，生产高级消费品成了进口替代工业的主要产品，占用了大量社会资源，等等。多斯桑托斯写道，在替代进口阶段，使用外汇购买的是民族工业所需的投入物，即机器和半加工的原料。这些东西对经济本身的发展日益重要，但却耗费了大量外汇，第三世界国家外汇紧缺，并始终存在着外汇减少的威胁。各国经济之间的相互依存是以不发达国家的依附地位为其表现形式的，因为那是一种从属于控制着国际市场、最先进的技术和生产手段的国家的依赖关系。这些产品（像石油、化工产品、精密仪器、机器等至关重要的物资）的进口问题与国际收支赤字紧密相关。而国际收支赤字乃是初级产品价格低廉和制成品价格高昂的结果，特别是支付劳务费、运费、特许权使用费、技术援助费用等的结果，是汇出资本和支付日益增加的外债本息的结果。在由这种赤字局面逐渐积累起来的能量的作用下，外债不断扩大。随着国际垄断的发展，这些年来工业化的特点就是外国资本对大工业的控制越来越紧。随着工业部门的集中化和垄断化的加强而产生的这种控制，逐渐破坏了第三世界国家独立发展的可能性，并将社会、舆论、经济和国家一步步地置于外国资本的控制之下。面对这种情况，对经济的控制进一步非本国化。也就是说，尽管在不发达国家内部产生了一些与本国国内市场休戚相关的强大势力，但它们是国际性的，不是本国的。形成这种消费和生产格局的后果，就是大量地消耗外汇收入。为了生产进口替代品，就必须进口许多东西。为了给少数富人生产现代消费品，不仅工厂、备件、中间产品，有时甚至连原料都必须进口。生产这些商品所需的外汇，显然多于为大多数穷人增产食物、提供基本衣着和住房（如果经济增长包括这些内容的话）可能需要的外汇。[①]

阿明也认为，由于发展中国家未进行彻底的社会改革，使得进口替代和出口导向等工业化战略存在诸多问题，南方国家经济发展的“外向”“依附”性质仍然没有得到改变。他指出，进口替代工业的发展使南方国家内部有可能建立一个生产生产资料的部门。但基本工业和公共部门的发展并不意味着该制度正在向充分发达的自主中心的形态发展。因为，这个生产资料生产部门并不是为发展大众消费品生产服务的，而是为发展出口和奢侈品生产部门服务的。大庄园主、富农、买办贸易资产阶级、国家官僚等寄生性社会集团的存在使南方国家国内市场主要依靠这些社会集团对奢侈品的需求而不是依靠大众消费品的需求，而出口部门和奢侈产品供应部门需要花费大量资本的投资，这只有寡头大跨国公司能够承担，这就造成了技术依附的物质基础和跨国公司的统治。进口替代工业化模式的普遍化为外国资本提供了新的机会，南方国家经济的外向依附性没有从根本上得到改变。外围国家开始生产以前需要进口的消费品，它需要以资本品和中间产品的进口来取代消费品进

① ［美］查尔斯·K. 威尔伯：《发达与不发达问题的政治经济学》，高铦、徐壮飞等译，商务印书馆2015年版，第194页。

口。一个自主中心的战略必须建立在同时生产消费品和资本品的基础之上。对外贸易（出口和进口都一样）应当包括消费品和生产设备，以此建立平等交换的条件。此外，由于南方国家的市场主要是根据特权阶层的需求而发展起来的，根本无视广大群众的需求；而且进口替代工业使用的是现代技术，这种技术使用资本过多而未能吸收因资本主义生产方式入侵而产生的失业人口，从而再度产生劳动力大量供应而使工资低下的市场条件。[①]

实行出口替代战略的国家，如亚洲“四小龙”的成效较为突出，那么是否就能肯定这一战略能使南方国家都走上工业化道路？英国经济学家刘易斯的分析较为深刻，他指出，“1975 年发展中国家制成品的出口，仅占全世界制成品贸易的 8%”，如此看来，南方国家的制成品出口增长潜力很大，可是“全世界制成品贸易每年的增长速度一直是 10%，发展中国家的制成品也以同样的速度增长。如果保持这种速度，则发展中国家在世界贸易中所占的比重，只不过是保持不变”，而且“在全世界制成品生产每年仅增加 5%—6% 的情况下，全世界的制成品贸易，不可能以每年 10% 的速度无止境地增长下去”。[②]那么，南方国家要增加在出口贸易中的比重，必然会遇到较多的阻力。北方国家的市场容量是有限的，而且还采取贸易保护主义。因此，他认为：“无论如何，一个发展中国家的发展战略，不必过分依赖出口；眼光应该更多地放在国内市场。面向国内市场的工业生产所受到的限制是，50% 以上的劳动力生产国内消费的粮食，而剩余的农产品很少。改变这种生产率低下的状况，整个局面就会为之改观。”[③]

保罗·哈里森也认为以出口为方向的工业化在南方国家虽然取得了一定

① ［埃及］萨米尔·阿明：《不平等的发展》，高铦译，商务印书馆 2000 年版，第 177 页。

② ［英］阿瑟·刘易斯：《国际经济秩序的演变》，乔依德译，商务印书馆 2017 年版，第 49 页。

③ ［英］阿瑟·刘易斯：《国际经济秩序的演变》，乔依德译，商务印书馆 2017 年版，第 52 页。

的效果，但很有限。这一战略力图克服第三世界国家本国国内市场狭小、购买力有限的困难，利用第三世界国家有大量便宜劳动力的特点，与北方国家大跨国公司合作，为北方国家市场生产制成品。例如，东南亚一些国家靠这一战略发展了成衣、制鞋等轻工业，还发展了从吹风机到计算器、照相机的民用电器、电子工业。但是这一战略也有巨大缺陷，它首先得依赖由北方国家进口的技术，继续被锁定在产业链和价值链的中低端。而且这一战略还在北方国家中引起越来越强烈的保护主义情绪。北方国家对许多南方国家的制造业规定了进口限额和种种限制，而且北方国家只需要为数不多的国家为它们提供便宜的出口商品。因此大多数第三世界国家的工业尽管有所发展，但仍停留在相对低的发展水平上，几乎完全依靠北方国家的技术和工艺。据统计，从 1955 年起到 1975 年的 20 年间，第三世界工业在世界制成品总产量中所占的份额基本上没有变化，保持在大约 7% 的水平上，真正有所发展和前进的只是韩国、新加坡以及中国香港和中国台湾等少数国家与地区。1971 年，拉美生产了第三世界全部制成品 55% 的产量，其中，仅仅巴西、墨西哥和阿根廷三个国家就生产了第三世界制成品总数的将近 2/5。①

四、"新自由主义"实践所造成的恶果

南方国家独立后发展体制和战略的弊端，使经济发展面临着困境；加之苏联解体、东欧剧变的影响，使南方国家急于在经济上摆脱危机，在经济理论和经济战略上寻求新的出路。如拉美国家在 20 世纪 80 年代陷入了债务危机和经济危机，使人们开始重新审视一直处于主导地位的发展主义理论，并把目光投向了当时正处于上升时期的"新自由主义"理论。"新自由主义"理

① ［英］保罗·哈里森：《第三世界——苦难·曲折·希望》，钟菲译，新华出版社 1984 年版，第 199 页。

论的出现有着深刻的社会背景和历史背景。

从 1973 年以后，主要资本主义国家经济进入了停滞或低速增长时期。国外学者把资本主义生产、流通和再分配领域（货币流通、外汇领域、国家财政等）的长期失调以及整个资本主义经济的停滞和衰退，乃至整个国家处于危机状态，称之为资本主义的结构性危机。资本主义生产方式的基本矛盾体现在积累过程中就是资本积累的矛盾，国外一些左翼经济学家如弗兰克、曼德尔（Ernest Mandel）、阿明、福斯特等也把资本主义危机称作是一种长期的资本积累的结构性危机。美国学者福斯特指出，1974—1975 年间，美国经济和世界经济作为一个整体发生了全面的结构性危机，结束了长期的繁荣，标志着几十年的滞胀深化阶段开始了。[①] 积累的社会结构学派更是直接把资本主义危机称为积累的社会结构危机。自由竞争资本主义阶段，资本主义危机的周期性特征比较明显，它要经过消沉、繁荣、危机和停滞等阶段。进入垄断资本主义时代，由于危机是一种结构性危机，危机形式发生了很大的变化，呈现出许多复杂的特点。资本主义国家宏观调控的加强，虽然阻止了经济危机进一步恶化，经济周期四个阶段的交替进程逐渐趋于模糊，但却难以解决资本主义深层的结构性矛盾和危机，使得资本主义经济陷入长期的相对停滞状态。美国垄断资本学派代表性学者巴兰和斯威齐认为在金融垄断资本主义阶段，垄断资本的绝对数量日趋庞大，而资本的出路却日趋狭窄，因此在经济发展过程中出现了长期停滞趋势。发展长期停滞、经济危机也引发了社会危机，比利时学者曼德尔认为，晚期资本主义的另一个标志，就是社会制度越来越倾向于爆炸性的经济危机和政治危机，这种危机直接威胁着整个资本主义生产方式。[②]

---

① ［美］约翰·贝拉米·福斯特：《垄断金融资本、积累悖论与新自由主义本质》，武锡申译，《国外理论动态》2010 年第 1 期。

② ［比利时］厄尔奈斯特·曼德尔：《晚期资本主义》，马清文译，黑龙江人民出版社 1983 年版，第 570 页。

因而，自 20 世纪 60 年代末开始，资本主义又陷入生产停滞的状态。平均利润率是资本主义经济发展和运行状态的指示器，是资本主义宏观经济动态波动的重要决定因素。美国经济学家安德鲁·克莱曼（Andrew Kliman）计算了美国 1929—2009 年的利润率变动趋势，认为这一时期资本的利润率始终没有得到持续性的恢复，这也证明了马克思主义的利润率下降规律和垄断资本主义深陷结构性危机之中。美国经济学家罗伯特·布伦纳（Robert Brenner）也认为当前资本主义危机的根源在于过去几十年发达资本主义经济活力的持续下降，整个经济体系资本回报率严重而无可挽回地下降，这一趋势跨越各个经济周期一直延续至今。为了走出 20 世纪 70 年代的滞胀危机，资本主义国家推行了“新自由主义”。在“新自由主义”政策背景下，金融垄断资本没有使强制性的危机自然发生，使多余的资本破产，反而采取使经济金融化、泡沫化、全球化的办法使这场危机被拖长，金融垄断资本得到了进一步发展。通过与实体经济相脱离的虚拟经济主导的全球化，主要资本主义国家建立了一种新的资本金融化积累模式，也称之为“新自由主义”积累的社会结构，垄断资本主义演化成为一个全球化的垄断金融资本体系。“新自由主义”积累的社会结构的核心是采取围绕金融垄断资本利益运转的“新自由主义”意识形态和政策，并以此来塑造资本主义社会内部乃至国际社会的整体结构。

南方国家大多接受“新自由主义”学说的教导，普遍都进行了“新自由主义”改革，但程度不一，国家主导型经济和计划经济被描绘成“一无是处”。《新自由主义和全球秩序》（*Neoliberalism and Global Order*）的作者诺姆·乔姆斯基（Avram Noam Chomsky）认为：“‘新自由主义’，顾名思义，是在古典自由主义思想的基础上建立起来的一个新的理论体系，亚当·斯密被认为是其创始人，该理论体系也称为‘华盛顿共识’，包含了一些有关全球秩序方面的内容……所谓‘华盛顿共识’指的是以市场为导向的一系列理论，他们由美国政府及其控制的国际组织所制定，并由他们通过各种方式实施——在经济脆弱的国家，这些理论经常用做严厉的结构调整方案。其基本原则简单地说就是：贸易自由化、价格市场化和私有化。”[①]美国学者福斯特认为过去 30 年，资本主义变化的特征通常被人们用三个词概括：“新自由主义”、全球化和金融化。其中金融化、金融资本是主导力量，“新自由主义”全球化的本质是金融化的垄断资本在全球的扩张。[②]积累的社会结构学派认为金融化、放松管制、去工会化和压制劳动是当代“新自由主义”积累的社会结构的几大要素。

“新自由主义”的主要流派有现代货币学派、供给学派、理性预期学派、伦敦学派等。货币学派的理论特点主要在于以下两点。一是坚持经济自由主义，反对国家过多干预；二是认为货币最重要，要有效地将货币供应的增长控制在既适度又稳定的水平上，制止通货膨胀的办法只有一个，即减少货币增长。供给学派的主要论点和政策主张是：（1）力主市场经济，反对政府干预。（2）复活“供给自创需求”的萨伊定律。他们还认为经济发展的标志是供给的水平和能力，经济学的首要任务应当是研究如何促进生产、增加供给，仅仅在需求和分配上做文章是远远不够的。（3）主张控制货币，反对通货膨胀。（4）通过减税刺激投资，增加供给。（5）重视智力资本，反对过多社会福利。理性预期学派的基本观点是：人们在经济活动中，会合乎理性地根据过去价格变化等资料，做出预期。由于政府对经济信息的反应不如公众那样灵活及时，政府的任何调控经济的措施，都会被私人的行为所抵消。因此，理性预期学派反对任何形式的国家干预，主张要保持经济稳定，就

① ［美］诺姆·乔姆斯基：《新自由主义和全球秩序》，徐海铭、季海宏译，江苏人民出版社 2000 年版，第 3 页。

② ［美］约翰·贝拉米·福斯特：《资本主义的金融化》，王年咏、陈嘉丽译，《国外理论动态》2007 年第 7 期。

应该听任市场经济的自动调节。总之，“新自由主义”代表国际垄断资本主义的利益，鼓吹彻底的经济自由主义。法国学者热拉尔·迪梅尼尔（Gerard Dumenil）、多米尼克·莱维（Dominique Levy）指出，“新自由主义”有着自己的一段历史。从拉丁美洲的威权政治（尤其是1973年智利的皮诺切特政府和1976年阿根廷的魏地拉政府），到1979年撒切尔和1981年里根的当选，这一进程的目的很明确，那就是确立一种新型社会秩序并将其最大可能地推广到其他国家。与这一发展动因分不开的，是美国在国际舞台上保持并扩大其统治优势的野心。它希望看到的是一种建立在美国霸权基础上的“新自由主义”。① “新自由主义”是20世纪70年代结构性危机之后出现的资本主义的一个新阶段。它表达了资本家阶级与高层管理人员，尤其是财务经理人联合起来，试图强化自身的霸权地位并将该霸权地位扩展至全球的战略。② “新自由主义”本质上就是一种国际金融垄断资本主义的意识形态。

南方国家在实施进口替代发展战略期间，为了保护国内市场和民族工业，提高关税，实行贸易保护政策。实行“新自由主义”政策以来，不少南方国家实施了贸易自由化战略。在贸易自由化的改革中，关税是贸易自由化的主要壁垒之一。简化税则、降低关税、消除关税壁垒则是贸易自由化政策改革的核心。改革内容包括取消配额、降低关税、简化税种，等等。在拉美，多数国家的贸易自由化改革发生在1989—1995年。整个拉美地区贸易自由化的进展是：“在10年时间内，平均关税税率已经从44.6%降至13.1%，最高税率由83.7%降至41%。” ③ 就整个拉美地区而言，平均关税已从改革前

① [法]热拉尔·迪梅尼尔、多米尼克·莱维：《大分化——正在走向终结的新自由主义》，陈杰译，商务印书馆2015年版，第58页。

② [法]热拉尔·迪梅尼尔、多米尼克·莱维：《新自由主义的危机》，魏怡译，商务印书馆2015年版，第1页。

③ 美洲开发银行：《拉美改革的得与失》，江时学等译，社会科学文献出版社1999年版，第23页。

的 44% 下降到目前的 10%。

南方国家采用“新自由主义”的政策，另一重要的方面是大力推行私有化。这种改革从 20 世纪 80 年代末 90 年代初在拉美国家达到顶峰，国家通过直接出售、股市出售、企业内部出售等形式进行私有化改革。私有化领域不仅包括了整个国有企业系统，还包括了一大部分社会服务部门，如电信、民航、石油、化工等行业。据统计，拉美按销售额排名的 500 强企业中，国有企业由 87 家减少到 64 家，其销售额由占 33.2% 降至 18.8%；外资企业则由 1990—1992 年的 149 家，增加到 1998—1999 年的 230 家，其销售额由占 27.4% 上升到 43.0%。同期，拉美制造业 100 强企业中，外资企业销售额由占 53.2% 增加到 62.7%，国有企业则从占 4.2% 降至 1.2%。此外，1998—1999 年，在拉美出口 200 强企业中，外资企业出口额占总额的 43.2%，国有企业仅占 24.1%。[①] 据美洲开发银行统计，1990—1995 年期间，阿根廷共对 123 家国有企业进行了私有化。在私有化过程中，南方国家还放松了对外资的限制，从而使外资的投资领域进一步扩大。一些拉美国家还通过提高利润汇出的额度和允许外资参与私有化等方式来吸引外国直接投资。

金融领域的改革以金融自由化和消除所谓“金融压抑”为目标。南方国家独立之初，为加速实现工业化，为工业融资，普遍实行了金融管制。“新自由主义”者认为，要进行金融自由化改革。金融自由化改革的内容主要包括降低政府在配置银行信贷方面的作用、利率市场化、国有银行私有化、减少存款准备金和开放资本市场等方面。金融领域的改革，使外国资本在南方国家市场中的自由度和流动性不同程度地得到加强，这为以后的金融危机埋下了伏笔。“新自由主义”的改革者们认为，资本管制是贸易保护主义和金融压抑的补充方式，阻碍了南方国家企业获取外国资金、技术和进入外国市

① 苏振兴：《对拉美国家经济改革的回顾与评估》，《拉丁美洲研究》2008 年第 8 期。

场。因此改革要取消外汇管制，取消对外国直接投资和其他各种资本流入的限制。拉美地区还对价格进行了市场化改革，政府放松对价格的控制，减少定价的范围和对价格补贴的幅度，逐步实现商品价格完全由市场加以调节。

“新自由主义”要求拉美国家进行“市场化”“私有化”和“自由化”的改革，改革的目标是建立排除一切国家干预的所谓自由市场经济体制，而且往往不顾各个国家的具体国情，强调推行千篇一律的政策措施。这一目标把反对国家干预推到了某种极端，而把自由市场的功能无限地加以夸大，被美国经济学者斯蒂格利茨（Joseph E. Stiglitz）称为“市场原教旨主义”（Market Fundamentalism）。北方国家要求南方国家在尽可能短的时间内摧毁原有的国家干预的经济基础，建立自由放任的市场经济体制，却丝毫不顾这一改革付出的代价。很多南方国家受到了“新自由主义”的蛊惑，从而陷入了巨大的制度陷阱。英国学者大卫·哈维指出了“新自由主义”的巨大危害，“新自由主义”霸权以金融霸权为工具，对发展中国家和社会主义国家的经济社会发展进行直接和间接的破坏。一是“新自由主义”霸权造成了20世纪80年代拉丁美洲的金融风暴，美国金融资本侵入了拉丁美洲整个经济并重新获取了它们的资产，造成拉丁美洲国家20多年经济发展徘徊的局面。二是20世纪80年代末90年代初期在苏联、东欧国家推行“休克疗法”，倡导“华盛顿共识”，造成了苏联、东欧国家社会制度和经济体系的崩溃。三是1997年，对冲基金对泰国和印度尼西亚货币的攻击，加上国际货币基金组织要求它们实行严格的通货紧缩政策，导致整个东亚和东南亚地区陷入金融危机，大量公司破产，成千上万的人陷入失业和贫困的境地。①

“新自由主义”改革的负面影响首先表现在经济增长率方面。如20世纪90年代后期，拉美地区的经济增速开始逐年递减，1999年和2001年出

① ［英］大卫·哈维：《新帝国主义》，初立忠译，社会科学文献出版社2009年版，第55页。

现了零增长，2002 年为负增长。从 1999 年到 2002 年，阿根廷经济连续四年出现负增长，经济增长率分别为 –3.4%、–0.8%、–4.4% 和 –11.0%。① 经济发展高度依赖外资，但外资流入不稳定，投向也不科学。跨国公司投资是为了自身的需求，不会根据南方国家的需要帮助其建立适合南方国家国情的工业体系，而且北方国家投资南方国家主要是看中了南方国家的资源。外资成为南方国家财富的"抽水机"，首先是金融资本从南方国家中卷走了巨额财富，接着是外国直接投资"抽取"财富。跨国公司作为参与私有化的主力而从中获取大量利润。在拉美地区，外资已经控制了交通、通信、能源、金融等关键而又内需急剧膨胀的行业。这使得生产性投资极少，资本积累少，南方国家极难甚至根本不可能实现高速经济增长。

贸易自由化改革，使南方国家的本土制造业遭受了沉重打击。南方国家国内企业在外来商品的激烈竞争面前无力适应，在生产和经营上陷入困境。一些企业因无力与进口产品进行竞争，宣告破产。一些出口商品生产商和服务商的利润变得非常微薄，绝大多数企业的实验室和技术发展中心被解散，在进口替代工业化时期建立起来的技术能力丧失，等等。私有化使南方国家的国有资产大量流失，而政府的一部分领导人却从削价出售的国有资产中中饱私囊，捞取回扣。大量的国有资产转移到了权势阶层和富人手中，使得这一阶层的资产规模进一步扩大，使资产分配更加不公平。如此大规模的私有化改革是在短时间内完成的，政府从相关领域退出后，传统的各种支持政策也被取消，原来由政府投资的公共部门呈现出了真空状态，极大地影响着人们的正常生活和经济发展。金融自由化和金融深化改革增加了金融风险。在推动金融自由化的过程中，政府未能有效地对金融部门加以监管。结果是，有些银行违规将大量贷款发放给少数"关系户"；有些银行为追求高利润率

① 车卉淳：《新自由主义在拉美改革的失败与启示》，《当代经济研究》2007 年第 3 期。

而从事风险过大的业务；大多数银行被外资银行所控制。由于开放了资本项目，国际资本的无序自由流动以及巨额游资的冲击，使拉美国家增加了金融市场的流动性和风险性，造成了金融危机的频繁爆发。过分开放、大量引进外资还造成进口急剧扩张和赤字剧增。这使得不少南方国家的外债又呈现大幅度上升的趋势。如 2000 年底，拉美地区的外债增加到了 7405 亿美元。巨大的债务成为南方国家经济发展的沉重负担，而且使南方国家的经济政策进一步受制于北方国家。

实行私有化，片面否定政府的作用，使国家退出了本该发挥作用的领域，阻碍了社会全面发展。“新自由主义”理论要求把国家的作用降低到最低限度。在“新自由主义”理论的影响下，南方国家的政府减少了对经济的直接干预，通过私有化等手段退出了生产领域，并放弃了一些本该国家承担的职能。一些国家的政府为了实现财政平衡而减少了对文教卫生领域的投资；一些国家的政府则将一些社会服务设施交给追求利润最大化的私人部门去管理，失去了政府在社会发展领域中的主导地位。尽管一些国家建立了面向市场的社会保障和服务形式，鼓励私人部门投资卫生和教育事业，但其结果是上层社会有能力支付私立学校和卫生保健的高昂费用，而社会底层的大多数人只能接受质量低劣的社会服务或者根本享受不到公共服务和社会保障。

南方国家的“新自由主义”改革在社会领域也产生了一系列的负面影响。“新自由主义”理论认为市场是万能的，推崇效率优先，漠视公平的重要性和必要性。“新自由主义”者认为经济的发展会使两极分化问题自然而然得到解决，但事实却不是这样。在许多南方国家，少数人从私有化和市场开放等改革措施中大发横财，而社会中的弱势群体则没有或很少从改革中得到好处。其结果是，两极分化和贫困化十分严重。“新自由主义”改革造成的两极分化现象愈演愈烈，最终产生了诸多社会问题。主要表现在贫困人口激增、社会治安状况不断恶化、政局动荡不安等方面。20 世纪 90 年代前半期随着拉美地区经济出现恢复性增长，社会贫困现象曾有所缓和，但从20世纪90年代后半期起，情况再度恶化。20世纪90年代拉美GDP的人均增长率不到1.5%，大多数拉美国家人口在2000年同在20世纪80年代一样穷。到2003年，拉美地区贫困人口占总人口的比重上升到44.4%，其中赤贫人口占总人口的20%；贫困人口数量更创2.266亿的历史新高，其中赤贫人口为1.02亿。[①] 还以阿根廷为例，1950年阿根廷的富裕程度曾领先于日本和意大利，同德国、澳大利亚大致相当。但实施了“新自由主义”政策后，阿根廷越来越落后，2002年5月，阿根廷有50%以上的居民生活在贫困线以下。20世纪90年代的十几年间，拉美国家先后有7位民选总统被中途废黜或被迫交权，他们都是被群众抗议运动赶下台的。

“新自由主义”不仅给广大发展中国家带来了种种灾难性影响，也解决不了资本主义的基本矛盾，美国学者大卫·科茨（David Kotz）指出，作为当代资本主义的主导性理论，“新自由主义”看起来问题重重。资本主义制度稳定和存在取决于它是否有能力带来富有活力的资本积累，而资本积累不仅包括经济扩张，也包括技术进步。富有活力的资本积累可以长期使利润的增长与大多数人口生活水平的提高同时进行。但是，“新自由主义”在当代资本主义制度下，似乎不会促进富有活力的资本积累。首先，从长远看，由于“新自由主义”政权具有降低实际工资和公共开支的明显倾向，“新自由主义”模式导致了总需求不足这一问题。其次，“新自由主义”模式放弃了国家反周期开支和税收政策，通过缩减社会福利计划减少了“自动稳定器”的有效性，放宽了对金融部门的公共管制。因此它在宏观层面上造成了不稳定。这使该体系容易受到大的金融危机和萧条的冲击。最后，“新自由主义”模式加剧了阶

① 苏振兴主编：《拉美国家现代化进程研究》，社会科学文献出版社2006年版，第273页。

级冲突，可能会打击资本家的投资积极性。[①]2008 年国际金融危机的爆发，宣告了“新自由主义”的破产。

第三节　国际垄断资本主义的控制、盘剥与资本主义世界体系的制约

进入国际垄断资本主义阶段，国外左翼学者认为北方国家采用新殖民主义手段，仍然维持着不公正不合理的国际政治经济旧秩序，继续享有着在殖民时代所享有的利益和特权，严重制约着南方国家的发展，成为南北差距不断深化的一个重要原因。北方国家对南方国家的控制主要表现在政治、经济以及意识形态上。

一、资本主义世界体系是一个两极分化、不平等的结构性体系

（一）资本主义世界体系的扩张是不平等的发展过程

在资本主义社会中，资产阶级占有生产资料，广大无产阶级被剥夺了生产资料，除了自身的劳动力以外，一无所有。马克思指出：“资本主义生产方式的基础是：生产的物质条件以资本和地产的形式掌握在非劳动者手中，而人民大众所有的只是生产的人身条件，即劳动力。”[②]“资本家和雇佣工人是生产职能的唯一承担者和当事人，他们之间的相互关系和对立是从资本主义生产方式的本质产生的。”[③]在资本主义社会生产方式中，资本主义的本质关系

① 李其庆主编、刘元琪副主编：《全球化与新自由主义》，广西师范大学出版社 2003 年版，第 5 页。
② 《马克思恩格斯选集》第 3 卷，人民出版社 1995 年版，第 306 页。
③ 《马克思恩格斯全集》第 26 卷（第 2 册），人民出版社 1973 年版，第 166 页。

就是资本和劳动的对立关系。马克思关于资本主义本质的理论，全面而深刻地揭示了资本同劳动的关系就是资本家阶级同工人阶级的关系，是资本主义社会的生产关系，也是资本主义社会经济形态的本质关系，这一关系决定着资本主义生产方式的全部性质。[①]资本主义社会中资本和劳动的对立具有两极性，一极是作为资本的财富的积累，另一极是作为劳动的贫困的积累。贫富两极分化是由资本主义本质所产生的必然社会现象。只要存在着资本主义，就必然存在着财富同贫困的对立及其分化，资本主义生产总是在不断扩大的规模上不断生产出资本同劳动的两极对立。国际垄断资本主义的到来，北方国际垄断资本的全球扩张，使世界性的生产关系和阶级关系也发生了变化。资本的剥削范围从一国发展到多国，剥削对象主要由本国劳动者转向他国劳动者。因而，一国内的无产阶级与资产阶级之间的矛盾与对立演变为北方国家资产阶级与南方国家无产阶级劳动者之间的矛盾与对立，进而演变为北方国家与南方国家之间的矛盾与对立。

一方面，不平等交换使南方国家作为一个整体成为北方国际垄断资本的剥削对象；另一方面，在南方国家内部也产生了代理北方资本集团利益的合作阶层——依附性的资产阶级集团，这个依附性的资产阶级集团代表国际垄断资本的利益，为虎作伥，剥削和压迫本国人民，自己也得到了一点残羹冷炙。南北关系实质上是资本和劳动的对抗关系，北方国家剥削和压迫南方国家，也就必然产生北方国家和南方国家的两极分化。在资本主义社会中，工人从属于资本，处于被资本奴役、剥削、压迫的社会地位，是资本增值的手段；在资本主义世界体系中，南方国家从属于北方国家，同样处于被北方国家奴役、剥削、压迫的社会地位，以美国为首的北方发达国家因其所处的地位而不断地从南方国家中聚敛财富。北方发达资本主义国家有庞大的垄断资

① 赵汇：《马克思的资本主义本质理论与当代现实》，中国人民大学出版社 1996 年版，第 3 页。

本主义经济，南方国家存在的是一般的资本主义经济；国际垄断资本具有强大的资金和技术实力，从南方国家中不断攫取高额垄断利润，南方国家不得不容忍这种不公正待遇。这样，一极是北方国家的发达、富裕、奢侈，另一极是南方国家的贫穷、落后、愚昧，北方国家的富强、进步是建立在南方国家的贫困、落后之上的。依附论认为南方国家自从被纳入资本主义世界体系之后，南方国家相对于北方国家的欠发达和发展差距，并不是孤立的现象，不是由于南方国家的全局结构所造成的内在现象，而是世界资本主义制度的产物，并且是资本主义世界体系的一个组成部分。① 多斯桑托斯指出，依附是这样一种状况，即一些国家的经济受制于它所依附的另一国经济的发展和扩张。两个或更多国家的经济之间以及这些国家的经济与世界贸易之间存在着互相依赖的关系，但是结果某些国家（统治国）能够扩展和加强自己，而另外一些国家（依附国）的扩展和自身的加强则仅是前者扩展——对后者的近期发展可以产生积极的或消极的影响——的反映，这种相互依赖关系就呈现依附的形式。不管怎样，依附状态导致依附国处于落后和受统治国剥削这样一种局面。② 沃勒斯坦指出："不平等的发展是在多层次总体结构中进行的。这样，具体地说，在 16 世纪存在着欧洲的世界经济体的中心地区对它的边缘地区的差别，在欧洲中心地区内的各国之间，在各国内部的各地区、各阶层之间，在地区内的城乡之间，最后在地方性更突出的各个单位之间，都存在着差别。"③ 阿明认为，世界体系的中心边缘结构既是资本主义发展的结果也是资本主义发展的动因，两极分化现象是资本主义世界扩张所固有的，伴

① ［美］斯塔夫里亚诺斯：《全球分裂——第三世界的历史进程》上册，迟越、王红生等译，商务印书馆 1993 年版，第 11 页。

② ［巴西］特奥托尼奥·多斯桑托斯：《帝国主义与依附》，杨衍永等译，社会科学文献出版社 1999 年版，第 302 页。

③ ［美］伊曼纽尔·沃勒斯坦：《现代世界体系》第 1 卷，尤来寅等译，高等教育出版社 1998 年版，第 97 页。

随着资本主义长达 5 个世纪的历史。而且，只要世界秩序仍以资本主义原则为基础，两极分化就会继续存在下去。弗兰克写道，当代的不发达状态大部分是不发达的卫星国和现在发达的宗主国之间过去和当前经济等关系的历史产物。而且，这些关系正是全世界资本主义制度整个结构和发展的一个主要组成部分。一种错误的观点认为，这些不发达国家和它们国内大部分不发达地区的发展，必须依靠国际和本国的资本主义中心向它们扩散资本、机构和价值观等来加以促进或给以刺激。以不发达国家过去经验为根据的历史观说明，恰恰相反，不发达国家只有在目前摆脱了大部分的这种扩散关系以后才有可能取得经济发展。①

第二次世界大战后的国际产业结构大转移，北方国家偏重于生产高、精、尖产品，将一些传统产业转移到一些南方国家。这样南方国家依旧是某种程度上的“农业国”，这种不平等地位仍未改变，南北之间仍旧是一种依附关系，一种新型的依附关系。多斯桑托斯还认为，历史上存在着殖民地依附和工业—金融两种依附形式，而第二次世界大战后的依附形式是第三种依附形式，即工业—技术依附。在新依附形式下，工业发展受到国际商品和资本市场的各种制约：新投资的可能性取决于存在一个创造外汇以购买工业部门所需原材料的出口部门；工业发展受到国际收支波动的严重制约，国际收支由于依附关系本身的原因而趋于出现逆差；工业发展受到帝国主义中心技术垄断的决定性制约。②因而，正是这种新型依附关系，使第二次世界大战后发展中国家经过一段时期发展之后又陷入困境之中。

资本主义发展到当代，在资本主义国家中，与以往的时代相比，一些劳

① ［美］查尔斯·K. 威尔伯：《发达与不发达问题的政治经济学》，高铦、徐壮飞等译，商务印书馆 2015 年版，第 162 页。

② ［巴西］特奥托尼奥·多斯桑托斯：《帝国主义与依附》，杨衍永等译，社会科学文献出版社 1999 年版，第 7 页。

动者的生活水平有了提高，如有的拥有了现代化的电器、汽车等耐用消费品。但是，只要资本主义社会中资本与劳动的对立关系依然存在，那么无论社会生产力发展到何等程度，无产阶级依旧是受资本奴役、服从资本意志的处于绝对贫困地位的劳动力。马克思曾经深刻地指出："工资的任何显著的增加是以生产资本的迅速增加为前提的。生产资本的迅速增加，会引起财富、奢侈、社会需要和社会享受等同样迅速的增长。所以，工人可以得到的享受纵然增长了，但是，与资本家的那些为工人所得不到的大为增加的享受相比，与一般社会发展水平相比，工人所得到的社会满足的程度反而降低了。我们的需要和享受是由社会产生的；因此，我们在衡量需要和享受时是以社会为尺度，而不是以满足它们的物品为尺度的。因为我们的需要和享受具有社会性质，所以它们是相对的。"①

同样地，在当代的资本主义世界体系中，一些南方国家纵然由于北方国家的投资、产业转移、大卖矿产资源以及有利的国际环境等原因，在人均GDP等方面有所发展，甚至和北方国家相差不大，以及在一些边缘产业方面有了一定的发展，但是它们依然处于不平等的地位，在许多方面受制于北方国家，不能独立自主地发展，不具有持续发展的希望，这就是最大的差距。南方国家的欠发达或欠发展，不是说没有经济增长。南方国家的欠发达是一种畸形的发展状态，虽然也有经济增长，却是受制于外国的片面经济增长。如果这种南北关系瓦解，北方国家不能向南方国家汲取垄断利润，就只能加强对本国人民的剥削，攫取垄断利润。那么，其劳动人民的生活水平就会急剧下降，社会矛盾就会加深，资本主义就会发生统治危机。第二次世界大战后几十年来，北方国家没有发生重大的社会制度危机，主要原因就是能大量吸吮南方国家的"血液"。因此，北方国家用经济、政治、文化、军事等手

① 《马克思恩格斯选集》第1卷，人民出版社1995年版，第349—350页。

段，竭力维持这种关系。可以说，这种不平等的南北关系存在一天，南北差距就不会消失。

（二）全球贫富差距扩大与全球跨国阶级分化、跨国阶级政治

在当代，全球两极分化的形势有了新的发展。2014 年，法国学者托马斯·皮凯蒂的专著《21 世纪资本论》揭露了 300 年来资本主义贫富差距扩大的总趋势。世界经济论坛发布的《2014 年全球风险报告》指出，未来 10 年，对整个世界产生系统性冲击的全球性风险中，富裕人口和贫困人口之间长期存在的收入水平差距，是最大也是最可能发生的全球性风险。面对日益扩大的全球鸿沟，面对各国国内和国际上的各种冲突和动荡，只有坚持马克思主义的立场、观点和方法，从阶级分化和阶级力量对比的角度来分析全球贫富差距扩大的现状和影响，才能科学地认识国际政治经济的本质、研判国际局势的演变和走向，并作出正确的应对，促进世界的和平发展与繁荣稳定。

1. 全球贫富差距扩大的现状。《21 世纪资本论》运用北方发达国家（主要是法国和英国）18 世纪工业革命以来（1700—2012 年）在收入、资本、人口、增长率等方面的历史数据，加上德国、美国、加拿大、日本和其他发达国家的经验数据，分析收入结构中劳动和资本的分成比例，发现了“不平等的结构”，认为不平等在资本主义历史上长期存在、根深蒂固，并不会随着经济增长而得到解决。[①]一些研究报告也证明了全球贫富差距扩大的趋势。在第 44 届达沃斯经济论坛召开之际，英国慈善组织乐施会发布报告称，世界财富分配严重失衡，全球近一半的财富集中在 85 个人的手中，已经威胁到了人类进步，成为 2014 年的最大挑战。报告还称，全球大量财富掌握在极少数人的手里，对政治、经济、社会和人类的进步等都构成威胁，它使政治遭到侵蚀，使政府更多的只是在为富人的利益服务，而牺牲了普通百姓的利

① 蔡万焕：《〈21 世纪资本论〉风靡西方的启示》，《红旗文稿》2014 年第 16 期。

益。[①] 全球财富分配不仅呈现出发达国家和不发达国家的两极扩大化趋势，在各个国家内部也是贫富分化现象严重，相对于发展中国家内部贫富两极分化这个老问题，就是一些号称已经中产阶级化的发达国家内部，贫富两极分化现象也日趋严重。

2. 全球贫富差距扩大的现状加强了全球跨国阶级分化的趋势。马克思、恩格斯在《共产党宣言》中指出："我们的时代，资产阶级时代，却有一个特点：它使阶级对立简单化了。整个社会日益分裂为两大敌对的阵营，分裂为两大相互直接对立的阶级：资产阶级和无产阶级。"[②] 曾几何时，马克思、恩格斯的这个论断还被人质疑。第二次世界大战后，受新技术革命的推进，北方资本主义的发展进入所谓的"黄金时期"，出于和社会主义国家进行制度竞争的需要，北方国家采取了一系列缓和社会阶级矛盾的措施，工人阶级的生活水平有所提高。同时发达资本主义国家的产业工人数量相对下降、白领工人数量相对增多。针对第二次世界大战后资本主义阶级关系的一系列新变化，许多人对马克思主义关于整个社会日益分为两大直接对立阶级的观点提出了质疑，有的还宣布无产阶级正在消失，正日益"中产阶级化"，资本主义社会已经成为"无对立面"的社会了。但现实的发展却证明了这个论断的无比正确性。一方面，马克思主义阶级划分的主要依据是人们在生产资料所有制中所处的地位，即使是新中间阶层，由于不占有生产资料，他们依然是处于受雇佣、受剥削的地位。另一方面，由于贫富两极分化趋势的日益发展，资本主义社会的工人阶级和其他社会阶层从生活水平和生活条件来讲，也日趋"无产阶级化"，被抛入无产阶级的队伍中。进入 20 世纪 70 年代，北方国家的生产趋于停滞，工人阶级的生活状况重新趋于恶化，社会阶级矛

① 《英报告称 85 人掌握全球一半财富，已威胁人类进步》，《环球时报》2014 年 1 月 22 日。

② 《马克思恩格斯选集》第 1 卷，人民出版社 1995 年版，第 273 页。

盾也紧张起来。20世纪八九十年代以来随着“新自由主义”主导下的经济全球化的不断发展，使得资本又重新回归本性，资本主义社会贫富两极分化趋势进一步加强，全球中等收入阶层规模出现了一定程度上的萎缩趋势，人们开始探讨起“中产阶级危机”问题。特别是2008年国际金融危机以来，对中等收入阶层的冲击最大，不断攀升的失业率以及沉重的债务负担使全球中等阶层正在面临坍塌的危机，北方国家出现了“集体向下沉沦”的局面。美国贫富差距越拉越大，美国纽约州立大学研究结果显示，1%的富人拥有财富的40%；1%的富人占有国民收入的24%；1%的富人占有50%的股票、债券和共同基金，而50%的中产阶层只占0.5%。全球金融危机给美国中等阶层带来更加沉重的打击，美国累计失业人数超过800万人，多达200万美国家庭由于无力支付房贷而失去住房。美国的情况同样在欧洲上演。近些年来，德国中等阶层规模出现了一定程度上的萎缩趋势。2010年以收入水平衡量的德国中等阶层群体所占比重已由2000年的62%下降至54%。①

3. 全球贫富差距和阶级分化的发展形成了全球跨国阶级和跨国阶级政治。随着资本主义经济全球化的发展，冷战结束以后，资本主义进入了国际金融垄断资本主义阶段，使世界性的生产关系和阶级关系也发生了变化。资本主义剥削的国际化，使一国内的无产阶级与资产阶级之间的矛盾与对立演变为发达国家资产阶级与本国和不发达国家无产阶级劳动者之间的矛盾与对立，进而演变为发达国家与不发达国家之间的矛盾与对立，这就使跨国阶级政治出现了。

首先，在全球形成了跨国阶级关系，产生了跨国资产阶级、无产阶级和他们的对立关系。跨国资本家阶级由跨国公司的所有者和经理人，以及世界各地管理跨国资本的其他资本家所构成。跨国资本家阶级具体包括构成跨国

① 张茉楠：《“中产阶级危机”是全球经济困顿之源》，《中国证券报》2012年12月3日。

资本内部循环的具有阶级意识的跨国精英，以及服务于跨国资本家阶级的跨国经理、跨国官僚、跨国技术人员和主流思想家及知识分子。[①]而跨国无产阶级，主要包括上层雇佣劳动阶级和下层雇佣劳动阶级。上层雇佣劳动阶级，或所谓的“中产阶级”大部分成员，他们受雇于跨国资本家阶级和本国资本家阶级，在全球化条件下形成的新的资本—雇佣关系中，逐渐失去了过去曾拥有的相对“稳定”和“富庶”的生活状态，“中产阶级”的光环逐渐暗淡，又逐渐地“再无产阶级化”。他们实际上已成为雇佣劳动阶级的主体。下层雇佣劳动阶级，或称下层工人阶级。包括低级“白领”、体力劳动者，移民工人和少数族裔工人等，他们从未认为自己属于“中产阶级”，而在全球化形成的新的阶级关系中则越发表现出无产阶级的特征。[②]

其次，随着跨国阶级的形成，在民族国家之间也形成了一个不平等的层级结构，资本和劳动的对抗关系扩展到了全球，发达资本主义国家—资本国家，不发达国家—劳动国家的国际关系格局出现了，使国家间关系阶级化。“世界体系理论”认为，资本主义的世界体系由中心区、半边缘区和边缘区三个部分组成。当前，资本主义世界体系的现状是美英等发达国家居于体系的中心，一些中等发达国家处于体系的半边缘，大批落后的南方国家处于体系的边缘。在不发达国家内部产生了代理发达国家资本集团利益的依附性的资产阶级集团，这个依附性的资产阶级集团代表国际金融垄断资本的利益，来剥削和统治本国人民。

（三）跨国阶级力量对比的现状

1. 后福特主义积累体制中工人阶级的不利地位。第二次世界大战后，北方国家形成了福特主义积累方式和积累的社会结构，这种积累方式采取

① ［美］威廉·I. 罗宾逊：《全球资本主义论》，高明秀译，社会科学文献出版社 2009 年版，第 98 页。

② 姜辉：《论当代资本主义的阶级问题》，《中国社会科学》2011 年第 4 期。

大规模群众消费刺激大规模生产的方法，在阶级和劳资关系上，一个重要的制度安排就是建立资本主义企业内部的劳资合作制度，资本家给予工人较高的工资和福利，而工人服从资本家的权威管理。在这种积累体制中，在某种程度上工人阶级不仅成为扩大剩余价值的来源，而且日益成为实现剩余价值的一支重要消费力量，资本主义基本矛盾得到一定程度的缓解。20 世纪 70 年代以来，由于资本主义经济全球化的进一步发展、资本逻辑的充分展开，由于东欧剧变、苏联解体，制度竞争的对手社会主义阵营的解体，资本主义终于可以不加掩饰地显露出其嗜血本性，福特主义资本积累体制逐渐解体，取而代之的是“后福特主义”资本积累体制或者说是“新自由主义”资本主义积累体制。垄断资本全球化的发展使资本可以在全球为全球化生产的不同环节寻求最有利的条件，这包括最廉价的劳动、最有利于资本的体制环境（如低税率）、法规条件（有利于资本的劳动法）等，跨国资本以退出相威胁，迫使各国展开降低公司和资本所得税的竞赛，或采取削减公共福利开支、限制工会和集体协商、降低最低工资标准等劳动保护措施。放松管制、去工会化和劳动力弹性是当代“新自由主义”积累的社会结构的几大要素。经济不平等的增加和工人工资与福利增长的停滞是这一结构的后果。[①] 这种后福特弹性积累体制的核心是廉价劳动和弹性劳动，它包括转包和合同劳动、外包、兼职和临时工、非正式的工作、血汗工厂和其他压迫性生产关系，因此，工人阶级的地位进一步下降和恶化。虽然贫富差距和各种不平等现象更加严重，但这种工人在全球生产过程中的碎片化和分散化使工人阶级尚未形成自觉的阶级意识。同时，工会组织和工人阶级政党既受到资本主义国家的控制和打压，面对社会结构和工人

① ［美］塞缪尔·罗森伯格：《当代积累的社会结构中的劳工问题》，童珊译，《马克思主义研究》2012 年第 12 期。

阶级结构的新变化，又没有有效的理论和战略策略的指导，组织力和影响力日渐衰微。缺乏工人政党、工会组织的推动，是工人阶级处于“自在阶级”状态的一个重要因素。至于在新社会运动旗帜下汇聚起来的工人和下层群众对于资本全球化的不满和反抗，这些运动在运动主体、运动议题、运动方式、组织形式等方面都具有与传统社会运动不同的特征，所以被称为新社会运动。这些新社会运动尚有待与工人阶级充分认识到自己阶级地位和阶级利益的政治和社会运动的有效结合，发展成为改造资本主义制度、对抗全球资本统治的有主体性和自觉性的工人阶级运动。

2. 跨国资产阶级力量的强化。在国际金融垄断资本主义时代，从整体上看，跨国资本打破了各民族国家的生产体系，把世界各国和人民整合到新的符合全球资本利益的全球积累循环之中。与工人阶级在新积累体制下的碎片化和分散化的不利地位相比，则是跨国资本及其代理人在全世界的财富拥有、政治经济管理、控制及决策等权力方面史无前例的集中化和集权化。而反映跨国资产阶级力量强化的一个重要标志就是全球化资产精英阶级意识强烈，在政治经济上组织起来，并有着明确的战略规划。20 世纪 70 年代中期成立的三边委员会将北美、欧洲和日本三大地区的商界、政界和知识界精英中的跨国化分支集中到一起，成为跨国资产阶级政治化的一个标志。[①] 国际大垄断资本不仅控制着传统意义上的政治组织、机构，还组成了较为隐秘的核心利益集团，形成了所谓“影子政府”，以加强加深自身的联系和领导。近年来，有关骷髅会、彼德伯格俱乐部、三边委员会、外交关系委员会等研究材料披露出存在着一个全球性资本主义核心领导组织。通过显形和隐形权力机构、机制的互动，北方国家能一以贯之地实施大战略，控制操纵社会和世界。国际金融垄断资本为了维护自己的经济地位和垄断优势，也必然有一个

① ［美］威廉·I. 罗宾逊：《全球资本主义论》，高明秀译，社会科学文献出版社 2009 年版，第 147 页。

全方位主导的战略规划。资本霸权国的全方位主导世界的新帝国主义政策，用暴力和各种非暴力手段、直接与间接的各种方式维持美国在国内外的既得利益。这些手段和方式包括军事、政治、经济、思想文化等，全面运用、综合运用，无所不用其极。他们把军事上的谋略运用到各个领域，打总体战、超限战，全方位主导、全方位控制。①

二、对南方国家的经济控制与制约

第二次世界大战后民族独立运动的兴起，摧毁了旧殖民体系。北方国家再也不可能继续使用赤裸裸的殖民统治方式来控制南方国家，但它们仍然依仗着自己在政治、经济、科技、文化以及军事上的优势，竭力维持不合理、不公正的国际政治经济旧秩序，运用新殖民主义的手段，严重阻碍着广大南方国家的发展。在经济方面，南方国家虽然形式上获得了独立，但在经济上仍属于依附性的经济形态。所谓经济的依附性是指在国际经济关系中，南方国家受到北方国家的控制、支配和剥削，失去了经济发展的自主性，为北方国家的发展提供了条件，而自身的发展却受到了制约、限制和损害。南方国家对外依附的经济根源在于殖民主义时代，南方国家被迫卷入了以宗主国为核心的极不平等的国际分工体系，造成了对宗主国的绝对依附地位。南方国家独立以后以及冷战结束以来，经济有了一定的发展，但经济的对外依附性依然存在，并有了许多新的表现形式。北方世界主要是以国际经济旧制度制约南方国家的发展。世界上三大经济机构世界银行、国际货币基金组织和世界贸易组织及其运行规则是维持当代资本主义世界体系的主要经济制度安排。这是以美国为首的国际垄断资本建立起来的一套有利于自身的“游戏规

① 周淼：《当代垄断资本主义的新特征探析》，《中共四川省委省级机关党校学报》2014 年第 1 期。

则”，往往倾斜于北方国家。阿明指出，帝国主义的“集体性”体现在以下几个方面：在经济领域，三方有共同的世界体系管理工具：世贸组织——三边世界的殖民部、国际货币基金组织——集体殖民货币组织、世界银行——三边世界的宣传部、经合组织和欧盟。[①]前世界银行首席经济学家斯蒂格利茨曾指出：“无论在国际货币基金组织还是在世界贸易组织，美国都起着核心作用。它拥有否决权。如果美国反对，就将一事无成。”[②]尽管有一些规则可能考虑到了南方国家的要求，但这是微不足道的。南方国家在遵守以北方国家为主导制定的国际经济规则时，付出了惨重的代价。

（一）赌场资本主义中的“冤大头”

国际垄断资本主义阶段，资本主义基本矛盾的发展使资本积累过剩和利润率下降，资本主义为了摆脱危机，拓展生存空间，就大力推进资本的全球化。而金融全球化是资本全球化的枢纽和杠杆。金融业的发展，使资本主义成了赌场资本主义。20 世纪 90 年代以后，美国金融部门就成为最重要的利润来源，美国通过与实体经济相脱离的虚拟经济主导的全球化，建立了一种新的资本金融化积累模式。这种资本积累模式的特点是美国建立以美元主导的国际货币体系，支撑着美国的对外债务，而美国债务规模继续推动美元发行形成了一个循环。但是输出国外的巨额美元如果不能得到有效控制，就会冲击美国经济，造成美国经济动荡。因此，美国国债就是其中最重要的一个吸纳流到世界各地美元的工具。但是美国也须支付大量的国债利息，长此以往，也是难以承受的。因此，为了维持美元的霸权地位，只有不断地定期“剪羊毛”，制造他国金融动荡，才能对国外持有的美元和美国国债进行削减，如此，才能使这种循环进行下去，保持收支平衡。金融垄断资本依靠这

① ［埃及］萨米尔·阿明：《多极世界与第五国际》，沈雁南、彭姝祎译，社会科学文献出版社 2014 年版，第 245 页。

② 《挑战华盛顿共识》，《布朗世界事务》杂志 2003 年冬春季号总第 9 卷，第 2 期。

种积累模式获得大量垄断利润，这种资本积累模式也是其核心利益所在，其在国际国内的各种政治行为均是为了维护这种核心利益获取机制。为了维护美元霸权和这种核心利益获取机制，金融垄断资本必须在幕后推出政客，在国内制定减税、放宽金融监管等“新自由主义”政策；在国际上建立军事霸权、政治霸权、经济霸权等综合霸权，在全球建立军事基地，掌控重要战略、能源要地；主导国际经贸规则制定，推动经济自由化、金融自由化，打开发展中国家大门；定期制造地缘政治麻烦和事端，以及“颜色革命”等，配合其加息、量化宽松等经济金融手段，周期性地制造相关国家的金融经济危机，促进美元回流和进行金融掠夺，洗劫一些国家的财富。

英国学者苏珊·斯特兰奇（Susan Strange）也指出：“西方的金融体系很快变得与一个巨型赌场没有什么两样。每天，这个赌场中进行的游戏卷入资金之大简直无法想象。夜间，游戏在世界的另一边继续进行。在俯临世界所有大城市的高耸的办公大厦里，房间里满是一支接一支不停抽烟的年轻人，他们都在玩这些游戏。他们双眼紧盯着电脑屏幕，屏幕上的价格不断闪烁变化。他们通过洲际电话或电子设备来玩这种游戏。他们就像赌场里的赌徒，紧盯着轮盘上咔哒旋转的象牙球，决定把筹码放在红盘或黑盘、奇数或偶数盘里。”① 国际垄断资本的腐朽性决定了它不单单满足于长期投资牟利，更热衷于短期赌博投机。北方国家作为善使老千的“高手”，引诱南方国家进入赌场，白白交出“血汗钱”。仅在20世纪90年代，据联合国1997年世界投资报告统计，在世界24万亿美元投资中，金融投资占85%，约为21万亿美元，直接投资只有3万亿美元。大量游资的出现是金融市场动荡不安、难以预测和金融危机频频发生的重要原因。国际垄断资本利用自己主导的国际货币基金组织、世界银行，诱导南方国家推行“新自由主义”金融改革，实行

① ［英］苏珊·斯特兰奇：《赌场资本主义》，李红梅译，社会科学文献出版社2000年版，第1页。

金融自由化。这种全球金融改革的目标是削弱落后国家的金融主权、取消政府对金融的管理和监督职能，实行金融殖民。金融的自由化使国际垄断资本能不断进行“剪羊毛”行动，制造南方国家的金融危机。金融危机使南方国家的经济成果被大量掠夺，大量民族资产被国际资本猎获。发生金融危机之后，它们还要求南方国家保持高利率和汇率稳定，不惜耗尽南方国家的外汇储备，以维持所谓的币值稳定。如国际货币基金组织曾要求发生金融危机的南方国家把利率提高至 30%、50%，甚至 80%。结果可想而知：如此高的利率扭曲了资本的价值，打击了工业生产并耗光了国家财富。① 同时，当今的国际货币体系是以美元为中心的国际货币体系。当美元取得国际储备货币地位时，国际垄断资本就可以通过美元贬值政策，向全世界倾销货币，通过美元贬值，使南方国家有限的外汇储备缩水，实现全世界财富向北方国家转移。2008 年由美国次贷危机引发的全球金融危机，使全世界中小股民的血汗钱瞬间蒸发。这次金融危机爆发的最深层原因是美国利用美元霸权地位盘剥世界的国家利己主义。这次美国发生次贷危机的一个重要原因是美国没有限制地发行债券。美国 2007 年的实际 GDP 还不到 14 万亿美元，却在金融市场上发行了 516 万亿美元债券。美国通过滥发美元，使美元成为产生庞大债务和泡沫化货币财富的工具。

国际垄断资本还利用掌控的国际金融机构趁南方国家资金短缺和对南方国家提供援助之际，逼迫其接受苛刻的还贷条件，导致南方国家债台高筑。在现行金融体系下，南方国家难以获得期限较长、利率较低的官方援助，只能得到期限短、利率高的私人资金，因而被戴上了沉重的债务镣铐。在偿还实际借款后，南方国家还要被迫向北方国家交付几倍甚至几十倍于借款的利息。尼日利亚总统奥巴桑乔（Olusegun Obasanjo）曾经这样感叹债务困境：“我

---

① 李其庆主编、刘元琪副主编：《全球化与新自由主义》，广西师范大学出版社 2003 年版，第 152 页。

们所借的贷款总额大约 50 亿美元，而我们已经支付了 160 亿美元，但我们得知，我们还欠 280 亿美元。这 280 亿美元是根据外国债权人确定的不公平利率产生的。”据统计，拉美一些国家每获得 1 美元的救援款，就要拿出 11 美元用于还贷。[①]

（二）“自由贸易”“自由市场”神话的破灭

世界贸易组织虽然高扬“自由贸易”“公平竞争”的原则，但其制定的国际惯例和规则中包含许多歧视、损害南方国家利益的条款。广大南方国家若要加入世界贸易组织，必须承诺并兑现诸如大幅度降低关税、对外国商品完全开放市场、给外资以国民待遇、对外资开放金融市场，以及有关服务贸易和保护知识产权等条款。北方国家一方面要求南方国家降低或取消关税，实行贸易自由化，而另一方面它们却不断加强贸易保护主义，阻碍南方国家的出口。“一直以来，英、美等所谓‘自由市场’国家，对‘自由贸易’的追求从来都只是半心半意。它们追求的是别地的‘自由竞争’，而非‘一视同仁’地要求自身也遵守‘自由贸易’的规则，尽管像世贸订立的这些规则已在很大程度上对强国的大企业有利。甚至是以‘自由放任’著称的里根和撒切尔的政权，都在很大程度上地不遵守‘自由贸易’的规则。”[②]

西方主流经济学自亚当·斯密以来一直有着关于资本主义“自由市场”“自由贸易”的神话，资本主义市场经济是一个自由竞争、自然发展的产物，而经济史学家布罗代尔（Fernand Braudel）和卡尔·波兰尼（Karl Polanyi）的研究则显示出历史中的资本主义是依赖国家、权力和垄断发展起来的，从而认为资本主义是反市场的。波兰尼明确指出，资本主义市场经济不是一个自发的发展过程，而是在政治和社会力量干预下，特别是政治权力的积极介

① ［英］罗布·莱昂：《第三世界债务：帝国主义的镣铐》，英国《国际观点》杂志 2005 年 2 月 5 日。

② 许宝强、渠敬东选编：《反市场的资本主义》，中央编译出版社 2001 年版，第 61 页。

入，才被创造出来的。波兰尼写道，自由放任绝不是自然产生的，若凭事物自然发展，自由市场永远不会形成。资本主义形成初期的棉纺制造业——当时主要的自由贸易行业——是在保护性关税、出口津贴和间接工资补助的帮助下才建立起来的。自由放任本身也是由国家强制推行的。19 世纪三四十年代不仅出现了各种立法以废除种种限制性的管制，而且国家的行政功能也大大增强，国家此时已拥有了集权的科层制度来实现自由主义信徒们所提出的任务。[①] 西欧国内市场实际上是由国家干预所创造的。在 15 世纪和 16 世纪，欧洲各国政府有计划地将商业制度强加于具有强烈保护主义倾向的城镇和公国头上。通过打破横在地方性贸易和城市间贸易这两种非竞争性的商业之间的隔阂，重商主义摧毁了这两种贸易所体现的特殊化，并由此为全国性市场的出现扫清了道路，这种全国性市场日益消除了城镇与乡村之间以及众多的城镇之间和省份之间的差别。[②] 所以，历史上发达资本主义国家正是靠着国家干预、保护性关税发展起来的，发达国家有意地隐瞒他们成功的“秘密”，而要求发展中国家采取“自由市场”“自由贸易”，其目的就在于遏制并控制发展中国家。联合国《2003 年非洲经济报告》也指出：“美国在 2002 年 5 月作出的拨款 517 亿美元以增加本国农业收成和补贴乳制品生产的决定使非洲经济前景黯淡。这些补贴使美国农产品价格下跌，非洲弱小国家很难与之竞争。”

同时，在国际贸易领域，整体上的格局是北方国家在交换领域凭借对工业制成品贸易的卖方垄断地位，又凭借对初级产品的买方垄断地位，长期垄断世界市场和商品价格制定权。它们以垄断高价向南方国家推销工业制成品，以垄断低价向南方国家收购初级产品，通过“一高一低”使南方国家蒙

---

① ［英］卡尔·波兰尼：《大转型：我们时代的政治与经济起源》，冯钢、刘阳译，浙江人民出版社 2007 年版，第 119 页。

② ［英］卡尔·波兰尼：《大转型：我们时代的政治与经济起源》，冯钢、刘阳译，浙江人民出版社 2007 年版，第 57 页。

受极大的经济损失。国际垄断资本在国际市场上翻云覆雨，完全是大资本有意识的活动，资本可以自由流动，劳动力呢？财富呢？何来“看不见的手”，何来“自由市场”“自由贸易”？国际垄断资本的行为使资本主义又被称作“反市场的资本主义”。

（三）跨国公司的产业殖民

北方国家极力鼓吹经济全球化、自由化，使南方国家敞开国门，开门揖盗，使资本可以肆无忌惮地流动于全球，捕食猎物。国际直接投资不利于南方国家合理工业体系的建立。大量外资的涌入，使国际垄断资本以极为低廉的价格甚至无偿地占有南方国家的资源和财富，控制其国民经济的命脉，制约后者的发展能力。国际垄断资本主义时代，跨国公司成为世界经济的主导力量。拥有跨国公司的数量与质量反映了一国经济力的强弱。2007 年，在全球 500 强公司中美国占 197 家，欧盟占 143 家，日本占 67 家，中国占 30 家。在跨国公司的组织下，形成了全球生产体系，但这仍然是一个不平等的分工体系。多斯桑托斯指出，当代世界在商品的生产和经销中，越来越大的部分是由一种集中领导的、在国际范围内活动的新型企业进行的。这类企业被称为多国公司、跨国公司或国际公司。当代帝国主义被定义为第二次世界大战后开始的资本主义的一个新阶段，其特点是世界资本主义体系建立在垄断大资本的集中、联合、集权和国际化的广泛发展基础上的高度一体化，而这一发展进程具体体现在它的组织细胞——多国公司的发展以及垄断与国家之间联系的增强和深化上。[①] 跨国公司从全球战略目标出发，采用垂直跨国经营结构，在全球配置资源，把提供原材料、零部件等的各种子公司设置在最有利的国家和地区，进行大规模专业化生产。北方国家具有资本、技术、管理等

① ［巴西］特奥托尼奥·多斯桑托斯：《帝国主义与依附》，杨衍永等译，社会科学文献出版社 1999 年版，第 1 页。

优势，这些又是南方国家的发展所必需的，南方国家也抗拒不了资本在全球的扩张。除了继续沦为北方发达国家的原料产地和产品倾销场所，南方国家又成为北方国家国际工厂中的一部分。

国外左翼学者认为，国际垄断资本在国际范围内配置资源，跨国公司的投资是根据自身的需要去组织生产和经营的，不仅其投资领域往往与投资接受国的发展目标相左，而且其经营活动也超出了南方国家的控制。因而，形成了产业“飞地”，不利于南方国家自身完整工业体系的建立，使其本已单一的产业结构更加单一，或使其原本脆弱的产业结构崩溃。斯塔夫里亚诺斯指出，南方国家的二元经济包括：一块为出口而生产的飞地，其周围是欠发达的传统农业区。控制着种植园、矿山以及进出口的跨国公司，通过它们的全球性销售组织支配着世界市场，因而从其投资中取得高额利润。[①] 同时，北方发达资本主义国家推行“雁行战略”，通过跨国公司直接投资等方式，实施产业与技术的下行性梯次转移。北方国家把一些处于生命周期中后期的产品和技术，转移到南方国家，来装点南方国家工业化的门面。这就进一步强化了南方国家与北方国家之间在技术上和产业上的依附关系，还抑制甚至摧毁了南方国家自主性的科学技术研究与开发系统，使南方国家仅仅成为低层次低水平的“加工工厂”。南方国家的发展成了一种被动式的发展，被紧紧地束缚于国际垂直分工体系的底部，无所作为。除了沦为北方国家跨国公司的零部件加工厂外，南方国家继续保持着北方国家原材料供应地的地位。如许多北方国家的跨国公司投资非洲，主要是看中了非洲国家的石油、矿产等资源，并不是要帮助非洲国家建立合理的工业体系，使许多非洲国家的工业发展仅限于初级原材料的开采业和加工业。

① ［美］斯塔夫里亚诺斯：《全球分裂——第三世界的历史进程》，迟越、王红生等译，商务印书馆1993年版，第723页。

这样，北方国家不用采取殖民主义时代那种开枪放炮，逼南方国家签订城下之盟的方式来掳取利益，以此手法，便可获得比以往多得多的利益。多斯桑托斯详细介绍了北方国家的跨国公司把利润抽回到本国的各种手段：或者把赚得的利润直接汇回国内（将微不足道的一部分用于在当地的再投资），或者通过严重夸大账面资产的形式进行虚伪的“再投资”，或者通过额外加价的形式购买母公司的商品（在不发达国家建立子公司所使用的机器设备、原材料以及几乎总是用作产品最后组装的零部件）。更不用说像技术服务、专利权和特许权等手段，这些都是伪装的汇出利润的方式。以国家直接援助形式或通过控制当地金融市场的方式直接以低价获取当地资金，也可以为汇出利润、投机活动的贴水等服务。[①]英国学者保罗·哈里森也详细介绍了跨国公司转移价格的方法。一个跨国公司的大多数分公司之间都相互进行进出口贸易，母公司在向其子公司出口时索取高价并在从子公司进口时压低价格，这样，跨国公司就可以汲取一部分不公开的利润，而极少有贫穷国家的财会专家能识破这种花招。在拉丁美洲进行的调查表明，跨国公司在向其子公司提供生产性原料时，往往要多收 16% 到 700% 的钱，而在收买子公司产品时，定价也许要低于市价 40%。有经济学家计算出在哥伦比亚的美国制药公司某年实际利润率是 79%，而这些公司纳税时申报的利润却是 6.7%。橡胶公司申报的利润是 16%，而实际所获利润是 43%。[②]

三、对南方国家的政治控制与制约

当代资本主义社会是一个高度垄断、权力高度集中的社会，但全球垄断

① ［巴西］特奥托尼奥·多斯桑托斯：《帝国主义与依附》，杨衍永等译，社会科学文献出版社 1999 年版，第 330 页。

② ［英］保罗·哈里森：《第三世界——苦难·曲折·希望》，钟菲译，新华出版社 1984 年版，第 403 页。

资本的权力和统治结构又是相对扁平化和网络化的。随着资本主义经济全球化、信息网络技术的发展，组织结构的扁平化和内部沟通的网络化，正在成为现代组织结构变革的最新趋向和目标模式。现代社会主要由政治、经济、社会、文化等四大领域组成，也因此形成了这四大权力领域，资产阶级垄断着国家权力，主要体现在对这四大领域的领导权控制上。资本主义社会由于私有制的存在，很多政治、经济、社会、文化主体，如政党、利益集团、企业、学校等，本身就是私有的，是资产阶级控制这四大领域的网络权力节点，形成了支撑维护资本主义制度的天然的网络化社会权力结构。当今时代，资本主义国家的权力结构也日益巩固并强化这种趋势。从国家经济生活的主体、国际金融垄断资本的载体——跨国公司来看，跨国公司首先形成了相对扁平化、网络化的组织结构形式，取代了“金字塔”形层级组织的全球性组织结构。近些年，跨国公司又形成了一些新型的组织结构，如控股公司结构、国际网络结构和虚拟公司结构、无边界企业结构等。控股公司结构是由国际核心控股公司和若干个法律上和组织上独立的子公司组成的组织结构。国际网络结构是依靠现代信息技术实施管理，以横向扁平型的网络组织逐步取代“金字塔”形层级组织的全球性组织结构。同时，金融资本的控制模式也由垂直控制格局转变为以金融资本为核心的网状联合控制的格局。金融资本通过“参与制”控制了较多的经济部门和产业部门，形成了网状的格局，形成了垄断大财团、大的跨国公司。

与经济权力的变化相适应，在政治、社会领域，国际金融垄断资本在国家权力格局中居于垄断地位和核心位置，但其治理方式和方法较为隐蔽和灵活，是通过对政党政治、利益集团政治、公民社会政治的支配和主导来实现政治垄断的。资本主义国家大力发展各种政党、非政府组织和利益集团组织，金融垄断资本通过这些组织多层次、多渠道、全方位、网络化、适时化地介入国家政治生活。所以，无论所谓的民主制度形式多么发达，大垄断资本依旧可以影响和支配国家政权和政治生活，最大限度地使国家政权为自己服务。国际大垄断资本不仅控制着传统意义上的政治组织、机构，还组成了较为隐蔽的核心利益集团、非政府组织，形成了所谓“影子政府”，以加强加深自身的联系和领导，增强对国家社会的渗透力和掌控力。发达资本主义国家内部权力组织形式发生了变化，相应地，其国际统治也发生了变化。在帝国主义殖民统治时期，北方国家对南方国家进行直接的殖民统治。在政治上，对南方国家直接发号施令，并对不服从统治、反抗自己统治的国家实施武力镇压或者制裁。以美国为首的国际垄断资本在殖民主义体系瓦解之后，采用新殖民主义手段，推行霸权主义和强权政治，按国际垄断资本的意志塑造世界秩序。第二次世界大战后，旧的世界秩序全面崩溃，欧洲列强在战争创伤中奄奄一息，面对这种状况，美国明确表示要主导全球秩序，发挥领导作用，对抗社会主义阵营。第二次世界大战以后乃至冷战结束以后，北方国家再也不能实行赤裸裸的殖民统治了，只能变换方式和手段，进行较为隐蔽的统治，实现在殖民主义时期就享有的利益。

这一时期，北方国家主要是依靠一些北方国家主导的国际组织，制定一些有利于北方国家的国际准则，形成了国际权力体系，以维持北方国家所希望的国际秩序。多斯桑托斯指出，从国际上看，这一体系概括为：美国及其本国货币、经济援助和军事力量的霸权地位；布雷顿森林协定及其机构形式（国际货币基金组织和世界银行）；马歇尔计划、第四点计划、争取进步联盟计划以及其他由进出口银行推动的“援助”计划的实施；里约热内卢公约、大西洋联盟公约、东南亚集体防务条约等军事协定，以及使美国军队得以建立一个隐蔽地占领几乎所有资本主义国家领土的国际网络的军事关系体制。[①]

① ［巴西］特奥托尼奥·多斯桑托斯：《帝国主义与依附》，杨衍永等译，社会科学文献出版社 1999 年版，第 1 页。

由于两次世界大战的惨痛教训，使人类渴望和平，世界各国寻求政治上的对话和合作，由此使国际组织迅速发展。目前，国际上各种国际组织已经形成了一个巨大的国际组织网，形成了国际社会组织化的趋势。联合国是国际组织发展的最高水平，是当代国际社会的协调中心和会议中心，在维护国际和平与安全、发展国家间的友好关系、推动国际合作方面取得了巨大的成就。当前，一些全球性的国际组织多数都是在联合国的框架下建构的。政治方面主要有国际法院、世界人权会议等，经济方面主要有世界银行、世界贸易组织、联合国开发计划署，等等。第二次世界大战后，美国通过控制联合国及其他国际组织，部署马歇尔计划，组建大西洋公约组织，构建一系列双边和多边同盟体系，整合了国际垄断资本的力量，建立了霸权地位。以美国为首的国际垄断资本力图控制或主导这些国家组织，为国际垄断资本的全球战略服务。但由于社会主义阵营的存在，资本主义世界体系尚未真正形成，国际战略格局由美苏共同主宰，美国独自主导世界的愿望未真正实现。

冷战结束以后，世界出现了多极化的发展趋势，但是以美国为首的北方国家妄图由国际垄断资本主宰世界。美国认为，战略对手的消失，是进一步巩固其北方国家盟主地位的极佳时机，也是确立其世界领导地位的“天赐良机”。世界上已没有一个大国或国家集团能够对美国构成实质性的现实威胁，美国似乎进入了被许多美国人以及不少北方国家人士津津乐道的“类似罗马帝国和大英帝国”的“新帝国时代”。在 1991 年 8 月发表的《美国国家安全战略》中，美国明确宣称：“世界新秩序尚未形成，它是一种希望，也是一次机会，我们可以按照我们的价值观和理想建立一个国际新体系。”在新体系中，“我们的基本价值观不仅要得到保存，而且还要发扬光大。我们必须与他人合作，但我们也必须是一个领导者”。由此可以明确地看出，美国所倡导的国际新秩序是确立美国的世界领导地位，建立美国主宰的国际战略格局。至 2000 年小布什上台，终于形成了“布什主义”。这时，以往建立的有限的国际组织和所谓的国际准则也就被更轻易地抛在一旁，它们或者是国际垄断资本可以任意诠释的行动法则，或者仅仅是国际垄断资本恣意行事时的可有可无的一块遮羞布。

“布什主义”是美国“鹰派”或“新保守主义”势力所体现的美国霸权主义恶性膨胀的产物。“布什主义”追求的目标是建立美国单极霸权主导下的“新帝国”和“新的帝国秩序”。相对于冷战和两极争霸时期的国际战略和对外政策，“布什主义”的基本特点是：美国霸权主义、强权政治急剧膨胀，军事、政治、经济、文化全线出击。“布什主义”的基本内容是，在国际关系方面，推行“单边主义”；在军事战略方面，强调“先发制人”。美国“单边主义”政策的内涵可概括为以下四点：一是只考虑美国的需要和美国的利益，而无须再顾忌别国乃至其盟国的需求和利益；二是美国有足够的力量单独实现自己的国际战略和国际目标，不一定总是需要借助别人的力量，当盟国不愿配合美国的行动时，美国完全可以独自去实施自己的国际计划；三是不再看重联合国以及其他国际组织和国际条约的作用和意义，当联合国以及其他国际组织和国际条约不符合美国的需要和利益时，完全可以把它们撇开；四是不允许再出现与美国争霸或抗衡的超级大国或国家集团。[①] 美国“先发制人”的军事战略是指以强大的军事实力为支撑，以国家核心利益为尺度，以绝对安全为目标，采取一种超前性和进攻性的战略态势，在恐怖主义势力和“敌对国家”对美国产生实质性威胁前将之摧毁。

进行“先发制人”的军事打击是由资产阶级的本质决定的，一直是北方大资产阶级的专利，在殖民主义时代，首先挑起战争的往往是北方国家。在两极格局时代，由于社会主义阵营的存在，北方世界有所收敛。美国垄断资产阶级不止一次打算对苏联和中国的核武器进行先发制人的军事打击，但掂量掂量自己的斤两，也就作罢，只能推行所谓的“遏制”和“威慑”战略，

---

① 王金存:《帝国主义历史的终结》，社会科学文献出版社 2008 年版，第 305 页。

只能动辄拿小国出气，但还得顾忌另一阵营，不能随心所欲。苏联解体，美国心腹之患消解，美垄断集团军事冒险主义思想抬头，可以无所顾忌地大干一场、大打出手了。2002 年 5 月美国国防部长拉姆斯菲尔德（Donald Henry Rumsfeld）在《外交》（*Foreign Affairs*）杂志发表的文章中论述了美国军事战略转型的必要性，声言在必要时美国将采取先发制人战略。美国先发制人打击的主要目标是其所谓的“无赖国家”“流氓国家”等，俄罗斯、中国这样的核对手只能缓图之。“布什主义”的最终目标是维护美国垄断资本的全球利益，强化美国在世界的单极霸权，实现美国对世界的统治。

美国国际垄断资本推行“布什主义”在实践中的主要手法有对不听从命令的国家策动“颜色革命”，扶植自己的代理人上台；或者以某种名义进行封锁或制裁以及军事打击，等等。“颜色革命”最初主要是针对独联体国家的，是美欧国家通过慈善机构、基金会等非政府组织，在独联体国家进行渗透，扶持“反对派”、支持民众以“街头革命”方式夺权，建立亲美疏俄的政权。后来泛指美国进行“民主输出”，在敌对国家中煽动政治动乱，颠覆这些国家的合法政权，以维护美国的利益。以美国为代表的北方世界这种肆意干涉他国内政的方法，给他国造成了内乱，严重影响了他国正常的经济社会发展；美国喜欢的政治势力上台，采取亲美的政策，大肆出卖民族利益，给南方国家造成了巨大的损失。

美国实现国际统治和剥削的另一个重要手段是经济制裁。经济制裁会对被制裁国带来经济利益上的损失，乃至危害其政治统治，从而迫使被制裁国的行为符合制裁者的要求。冷战结束以后，美国的单边主义色彩浓厚，频频对他国进行经济制裁。美国对他国进行制裁，迫使他国就范的一个典型例子是对利比亚的制裁。经过长达 20 年的经济制裁，利比亚终于做出了妥协。2003 年 12 月 19 日，利比亚政府宣布彻底销毁化学武器和核武器，停止发展大规模杀伤性武器。利比亚政府之所以做出妥协，是因为经过了长期制裁，其经济发展停滞。

在军事打击方面，冷战结束以后，人们曾经普遍认为世界会进入一个相对和平和稳定的时期。但国际垄断资本得寸进尺，不肯轻易善罢甘休。两极格局时期，因为有所顾忌，美国在动用军事手段时还是比较慎重的，一般情况下是最后的手段，至多打些代理人战争。如今，制约因素减少，美国新帝国主义思潮泛滥，霸权主义膨胀，美国国际战略和对外政策军事色彩增强。美国的军事打击是为其全球经济战略和政治战略服务的。如美国为了其石油来源以及保障石油供应线的畅通，乃至控制世界油桶要挟全球，在中东地区苦心经营。美国之所以对伊拉克用兵，一个重要的动因就是石油。美国对独立主权国家大打出手，对他国的独立和发展造成了巨大的破坏。目前的伊拉克经济增长迟缓、生活环境恶化、人道危机严重，而且社会动荡、暴力袭击事件持续不断发生。而美国前总统布什当年描绘的伊拉克将“进入一个民主、自由和富裕的新时代”的蓝图，对于伊拉克人民来说依然遥不可期。

值得注意的是，这些年来，“布什主义”片面强调硬实力的侵略性单边主义战略不仅让美国实力受损严重，也使美国形象急剧下滑，美国外交政策已经到了非变不可的地步。2007 年美国前副国务卿阿米蒂奇（Armitage）和著名学者约瑟夫·奈（Joseph Nye）发表了题为《巧实力战略》（*Smart Power Strategy*）的研究报告，明确提出运用“巧实力”进行对外战略转型，帮助美国摆脱当前困境，重振全球领导地位。但与此同时，我们也要看到，未来美国外交政策改变的不是战略目标，而是实现目标的方式。美国在全球传播美式民主自由，维护其全球利益的大方向没有变，也不会变。

四、对南方国家的思想文化控制与制约

文化霸权主义、文化帝国主义是霸权主义、帝国主义的新形态和重要组

成部分，是霸权主义和强权政治在文化领域的突出反映，也是帝国主义采取的新战略和新统治方式。随着全球化的发展，也出现了文化全球化的趋势，文化传播和交流在现代科学技术的推动下更加直接、快捷、简明。在文化领域，西方国家实施了文化霸权主义战略。第二次世界大战后，美国成为世界上实力最强大的国家，强大的经济、军事实力使美国有能力通过经济、技术和军事力量向全球推广其文化价值观和意识形态。他们竭力宣扬反共和冷战意识形态，把西方的政治经济制度、理念教条化，以此为尺度，对别的国家进行衡量、控制，并根据自己的利益采取相应的行动，这是霸权主义和强权政治在文化领域的突出反映。文化霸权主义迫使别国接受其价值观念和意识形态，以达到制约发展中国家的发展和影响世界事务的国际霸权目的。

著名国际政治学家汉斯·摩根索（Hans J. Morgenthau）在《国家间政治——为了权力与和平的斗争》一书中，根据帝国主义所用的典型手段，将帝国主义区分为军事帝国主义、经济帝国主义和文化帝国主义，并且指出："文化帝国主义如果它能够独自获得成功的话，就将是最为成功的帝国主义政策。它要征服和控制的目标不是领土或经济生活，而是人的头脑，同时将之作为改变两个国家权力关系的手段。"[①] 文化霸权主义不同于用军事暴力、经济制裁和政治手段的控制与渗透，主要是企图通过文化传播和文化入侵的手段达到奴役和控制其他国家、其他民族的目的。苏联的解体、东欧的剧变，使北方国家看到了利用思想文化进行"和平演变"的力量。北方国家把冷战的"胜利"归功于它们对社会主义国家推行"价值观输出"的政策。冷战后，在全球联系日益紧密的今天，运用传统的赤裸裸的军事干预、政治压迫和经济剥削显然不是最佳选择。而无须投入较大成本，运用价值观和意识

① ［美］汉斯·摩根索：《国家间政治——为了权力与和平的斗争》，李晖、孙芳译，海南出版社2008年版，第83页。

形态征服南方国家民众的心灵，达到不战而胜的目的，无疑是国际垄断资本最想看到的。许多美国战略家主张，作为唯一超级大国的美国，应是一个仁慈的霸权主义者，通过“软实力”，即通过它的自由民主意识和它的开放的、多元的文化，避免引起对其优势地位的强烈反应。“价值观输出”是北方国家谋取世界霸权的有力工具。美国输出它的价值观可以瓦解广大南方国家，特别是社会主义国家的人民和领导人对自身制度和意识形态的信念和信心，从而在政治上、经济上、意识形态上唯美国马首是瞻。此外，打着输出价值观的旗号，以捍卫“自由”“民主”“人权”为名，可以为其谋求霸权的行径披上光彩的外衣。这种文化帝国主义，“根本宗旨是剥夺第三世界人民的人格独立和内在的创造性。数百年物质的剥夺、人的体力的剥夺，已经包含着和滋生着这种精神的剥夺，文化帝国主义则以征服灵魂为直接目标。其对象不仅是个人，而且是整个的国家和民族，而且是整个的第三世界”[①]。

在政治上，国际垄断资产阶级鼓吹资本主义的民主观、自由观、人权观，鼓吹北方国家的政治体制是“放之四海而皆准”和最先进、最文明的，试图按照它们的政治模式重新改造世界。北方国家喋喋不休的说教，表现出致命的自负，强令南方国家照搬照抄其政治模式，而不管其符不符合南方国家的实际。对于拒绝照搬北方国家政治制度或者是对抗北方国家的南方国家，就攻击对方“专制、暴政、违反人权”，或者策动政变推翻之，或者经济制裁使其不战自乱，或者大打出手。国际垄断资产阶级宣传的“民主、自由、人权”，资本主义的民主形式，代议制、多党制、普选制、三权分立等；资本主义规定的有限自由，如政治自由、人身自由、宗教信仰自由，以及言论、出版、集会、结社、示威、游行等自由；资本主义的民主，资本主义规定的有限人权，包括各种人身权利、政治权利，经济、社会和文化权利，等

① 卫建林:《西方全球化中的拉丁美洲》，红旗出版社 2004 年版，第 462 页。

等，最大的特点是纸上谈兵，把许多宣传的、仅作规定的、浅尝辄止的、在资本主义制度下永远实现不了的当成是自己已经实现的。“民主、自由、人权”首先实际上是国际垄断资产阶级的“民主、自由、人权”，是抽象的、不完整的、不彻底的、虚伪的和片面的，它们极力宣传“民主、自由、人权”的“非阶级性”“非意识形态性”，把资产阶级的民主和人权说成是全民的民主和人权，劳动人民享受的只是镜中花、水中月似的“民主、自由、人权”。

马克思主义则强调“民主、自由、人权”的阶级属性，只有在消灭了私有制，生产力极大发展的共产主义社会，人类才有可能实现真正的民主、自由和人权；资本主义的“民主、自由和人权”由于受到私有制的限制，实际上只是资产者的。“民主、自由、人权”学说就有极大的缺陷。北方国家学者一般认为民主是一种社会管理体制。那么，社会管理的主体是谁？根据对政治统治的主体认识分歧，北方国家学术界形成了三种民主理论：大众民主论、精英民主论和多元民主论。大众民主论认为民主应体现为大多数人的统治。精英民主论认为治理一切社会的都是精英，而不是民众。精英民主论认为民主是一种精英统治，选举制和政党制这类民主制度对民主主要是象征意义，“就是通过选举让民众发挥一下某种作用，让民众选择某一政党，从而有助于把民众和政治体系联系起来”①。多元民主论认为民众是通过各自的利益组织来进行治理的，而且各利益组织的代表——精英——是最终领导者和执行者，这反映了北方国家民主的实际状况。总之，精英民主论和多元民主论最符合北方的实际。这说明了北方民主中根深蒂固的反人民性的传统。

北方资本主义民主只是在政治理念上和民主形式上接受所谓人民的统治，在政治实践上，北方资本主义从一开始就不接受，而且还竭力排斥。所

① ［美］托马斯·戴伊、哈蒙·齐格勒：《民主的嘲讽》，孙占平等译，世界知识出版社 1991 年版，第 6 页。

以说，资本主义民主的实质就是资产阶级的统治，掌握权力的是以大资产阶级为主体的精英。在资产阶级精英统治下，民主、自由和人权只有法律形式上的意义，没有实践上的意义。例如在选举上，选举需要一定的组织力量和经济力量的支撑，虽然普通民众和资产阶级精英分子同样拥有被选举权，但是，由于精英分子的社会地位、政治地位和经济地位，使其与普通民众相比，更容易获得这种力量支撑。如经济民主，在大企业里、大工厂里、大公司里，普通职工能和资本家一样享有所有的民主权利吗？况且很多资产阶级学者根本就不承认经济民主，或认为民主不包括经济民主。值得注意的是，就是在北方发达国家展示的“民主、自由、人权”，都不完全是资产阶级自觉采用的结果，几乎都伴随着与资产阶级对抗的其他阶级，尤其是工人阶级为争得民主所进行的抗争以及为此付出的鲜血和生命。北方国家把这一套学说和制度模式推销给世界，统治南方世界的只能是南方国家腐朽的旧社会精英或者是软弱的民族资产阶级精英，统治效果也就可想而知。

经济上，北方国家主要是鼓吹“新自由主义”。“新自由主义”理论在南方国家大行其道，除了南方国家面临的经济困难外，还是北方国家竭力影响的结果。首先，南方国家的改革是在北方政府和北方理论界共同作用下展开的。尤其是美国利用南方国家普遍面临的经济危机，抛出所谓“华盛顿共识”，要求南方国家按照其制定的“新自由主义”改革措施，进行“结构改革”，并通过控制世界银行和国际货币基金组织对南方国家施加压力。同时，北方国家特别是美国学术界十分活跃地宣传“新自由主义”关于大力发展市场经济，减少政府对经济生活的干预和控制的基本主张。经过南方国家媒体和学术界的炒作，“新自由主义”理论在南方国家的影响不断扩大，为经济改革的进行做好了舆论宣传和理论铺垫。其次，南方国家新一代领导人和众多“学成归国”的经济学家大多具有美国高等教育背景，深受芝加哥学派等“新自由主义”经济理论影响。因此，他们都在本国大力推行“新自由主义”改革。在“新自由主义”思潮的直接影响下，南方国家尤其是拉美的一些国家以“华盛顿共识”为政策取向进行大规模的经济改革，走上了“新自由主义”经济改革之路。“新自由主义”在南方国家的经济改革中不仅取得的成效较小，而且产生了一系列严重的后果。这其中以拉美国家为甚，对拉美国家的危害也较大，因而在拉美还出现了左翼运动回潮的情况。

“民主自由人权观”和“新自由主义”是北方发达国家在后殖民时代向南方国家灌输的价值观念和意识形态，基本代表了垄断资本在国际垄断资本主义时代自由流动、自由扩张的要求，成为北方发达资本主义国家不断在全球范围内扩张资本主义、推行资本主义全球化的重要理论工具。因此，可以说这些思潮实质上是国际垄断资本的理论体系，是北方发达国家将自己的意识形态和社会制度强加给广大南方国家，特别是社会主义国家，进而顺利实行新殖民统治的得力工具。冷战结束后，美国成为唯一的全球性军事强国，国际垄断资本的统治较为牢固。它不仅占据世界政治经济统治地位，而且更加巩固了文化霸权地位。作为国际关系的主导者，它不仅依据自己的利益需要决定与他国的关系，按照自己的标准制定国际社会行为准则，还掌握国际舆论话语权，影响和操纵国际政治、经济、文化和安全事务。这为宣传和鼓吹“民主自由人权观”和“新自由主义”，实现世界美国化提供了物质基础。北方国家的意识形态在南方国家中大行其道、锐不可当。“新自由主义”和“民主自由人权观”牢牢束缚着南方国家民众的头脑。南方国家不仅受到政治经济控制，而且在思想和意识形态上也成了奴隶，自觉地接受北方的说教，实施它们准许的政治经济制度安排，以便于北方国家的控制和剥削，独立自主的发展道路遥遥无期。“第三世界的最大不幸，也许不是今天的落后和贫困，甚至不是资本主义、帝国主义的掠夺和统治，而是精神的压抑和束缚，而是相信别人甚于相信自己，而是把自己的命运系在别人的船上，不是自己而是听从别人来操纵它的命运和发展道路。”[①] 这种日子不结束，南方国家的苦难就没有终结。

文化霸权主义为发达国家颠覆发展中国家政权的“颜色革命”的发生打下了政治经济文化基础。北方国家的文化霸权主义政策，严重威胁着广大发展中国家和社会主义国家的文化安全，尤其是使社会主义国家面临着“和平演变”的危险。“新自由主义”学说严重干扰了发展中国家发展民族经济的努力，在发展中国家引发了经济危机和种种严重的社会问题。在政治上，许多发展中国家接受北方国家的“民主政治观”，全盘照搬北方国家的政治体制，结果造成政局时常动荡，政治危机频发，这就为“颜色革命”的发生提供了动荡的社会基础。行使文化霸权主义的机构也是策动“颜色革命”的重要依托机构。葛兰西（Gramsci Antonio）认为，市民社会是资产阶级行使文化领导权的主要机关。市民社会领域的宗教、教育机构、家庭、大众传播、文化影视企业等，可被视为资产阶级的意识形态国家机器，是国家政权的重要组成部分。这些机构同时也是北方国家进行文化渗透，策动“颜色革命”的隐蔽机构。美国已经形成了一整套的方法和措施，主要是利用大学、基金会、非政府组织，吸引他国精英进行留学、培训、学术交流等活动，在其他国家培养亲美的精英人物，培养接受对美国有利的理论和意识形态的政治、经济、军事以及文化人才。在大众文化领域，北方国家凭借对大众传媒、文化市场的垄断和控制，对第三世界国家进行文化渗透和扩张。北方国家通过广播、电视、报纸、网络等媒介营造舆论，用文化产业的手段，推销其社会政治理论、价值观念、意识形态和生活方式，冲击着主权国家所固有的思想观念、文化传统、语言文字、生活方式、消费习惯，潜移默化地改变人们传统的思维及生活方式。因此，在非常时期，北方国家可以依托这些文化机构，

① 卫建林：《西方全球化中的拉丁美洲》，红旗出版社 2004 年版，第 463 页。

凭借长期渗透形成的影响力，利用长期扶植的代理人，以追求“民主、自由”的名义，发动街头政治运动，推翻、颠覆原有的国家政权，制造“颜色革命”。

第四节　南方国家对新技术革命挑战的不适应

第三次技术革命是指始于20世纪中叶的，以信息技术的发展为核心，以生物技术、新材料技术、新能源技术、激光技术、新制造（加工）技术、空间开发技术、海洋开发技术等高新技术群落崛起为标志的科技革命。它兴起于20世纪四五十年代，到七八十年代以后出现了高潮。自20世纪90年代以来，新技术革命全面铺开，在21世纪还可能持续相当长的时期。新科技革命引发的新产业革命不再是某一方面或某一领域的单独变革，而是物质生产方式的全面革命。一系列高新科技形成一种整体的力量，引发物质生产领域中新能源、新材料、新工具、新方法的一系列深刻转变，推动物质生产方式产生彻底的变革。科学技术是第一生产力，马克思把科学看成是“历史的有力的杠杆”“最高意义上的革命力量”。科学技术是生产力的内在要素，直接影响着生产力的其他要素。当科学技术的发展推动劳动者的素质、劳动工具、劳动对象的科技含量普遍提高时，就会大大推动生产力的发展，产生质的飞跃。所以，科学技术水平制约着整个生产力的水平。科技革命是社会动力体系中的一种重要动力，科技革命通过促进人们的生产方式、生活方式和思维方式的变革来推动社会发展。如电子信息技术的发展，使人们的劳动方式正在经历着由机械自动化向智能自动化、由局部自动化向大系统管理和控制自动化的根本性变革。

科技革命对资本主义社会的产生和发展起到了巨大的推动作用。第一次科技革命产生了机器大工业，使资产阶级实力增强，使资本主义制度得以巩固并推动了资本主义的对外扩张。第二次科技革命为社会化大生产进一步解决了能源和动力问题，促进了产业结构的巨大变革和生产力的巨大发展，推动资本主义由自由竞争阶段向垄断阶段过渡。新科技革命的发展，使高新科技成为战后北方国家经济发展的巨大引擎，成为推动当代资本主义调整和变革的强大动力。南方国家如果不能跟上新技术革命的步伐，就会有被进一步边缘化的危险。这次新科技革命为南方国家提供了一次后来居上的机会。历史上，一些落后国家借助科学技术的发展所引起产业革命的机会，乘势而上，迅速提升了在世界经济中的地位。英国是以纺织机和蒸汽机的发明为标志的第一次科技革命的发源地，从而实现了机械化大生产，走上了世界霸主地位。19 世纪后期到 20 世纪初，美国和德国依靠以电力、内燃机等的发明为标志的第二次科技革命，超越了工业革命起步较早的英国和法国，走在了工业化的前列。第二次世界大战后，新科技革命初露峥嵘，它的成果迅速传播，新加坡、韩国等一批发展中国家，抓住了世界产业结构大转移的机会，迅速晋升到新兴工业化国家行列。如今，世界正处在新科技革命的新浪潮之中，蕴含着高新技术产业化、市场需求增长和经济发展的无限机遇。南方国家如果能利用世界科技革命成果，发挥“后发”优势，改造产业结构，就能将工业化和信息化并举，实现跨越式发展。

但新技术革命也是南北差距拉大的重要原因。一是北方国家借助新技术革命首先完成了产业升级，进一步巩固了在国际生产格局中的领先地位。北方国家是新技术革命的发源地，借助技术革命，完成了产业结构的升级和对旧产业的改造，实现了资本密集型产业向技术知识密集型产业转化。这次科技革命以电子信息技术为核心，有的学者认为，北方发达国家已经由工业社会进入了后工业社会或信息社会。埃及学者阿明认为：一场技术革命的影响把未来工业的重心转向新的部门（原子能、空间研究、电子），使得以增加资本有机构成为特点的古典积累方式过时；“后效因素”——智力——成为增长中的主要因素，超现代化的工业以“劳动力有机构成”著称，这种有机构成给予高技术劳动力以高得多的地位。“技术革命将有可能造成一种新型的不平等的国际专业化。”[①]北方国家的产业结构进一步优化，垄断了高技术产品、知识密集型产品的生产，将简单加工工业或劳动密集型产品的生产转移到南方国家。世界分工格局中的高技术产品对初级产品的生产格局将进一步加大南北差距。二是迎接新技术革命的挑战，需要投入大量的人力、物力和财力，这是南方国家所不具备的。在当代，许多科学技术研究需要投入越来越多的人力、物力和财力，并承担着日益增大的风险。除了在科学技术研究费用方面，现代科学技术进步的一个关键问题是能否拥有大批合格的高质量的科学技术人才。哪一个国家能在人才的培养和竞争中居于有利地位，也就能在未来的科学技术领域中拥有优势。即使是普通工人，也需要大大提高科学技术水平，才能更适应现代经济的需要。北方发达国家不仅用大量的经费来普及教育和提高高等教育的质量，而且还在继续教育和终身教育等方面花费不少的开支，以使人们能够跟上科技进步的步伐。南方国家经济的不发达，使之无力投入巨额资金用于科技和教育，加之政治和管理体制的落后，使有限的投入也未能合理利用。北方国家还利用高工资优势，挖走了南方国家本来就很短缺的科技人才。

进入 21 世纪以来，新一轮科技革命和产业变革正在孕育兴起，全球科技创新呈现出新的发展态势和特征。信息技术、生物技术、新材料技术、新能源技术广泛渗透，带动几乎所有领域发生了以绿色、智能、泛在为特征的群体性技术革命。科技创新活动不断突破地域、组织、技术的界限，演化为创新体系的竞争，创新战略竞争在综合国力竞争中的地位日益重要。历史经验也表明，重大的经济危机时期，往往催生重大科技创新，而重大科技成果

---

① ［埃及］萨米尔·阿明：《不平等的发展》，高铦译，商务印书馆 1990 年版，第 158 页。

也往往推动经济走向复苏与繁荣。世界上各主要国家都把科技创新作为国家战略，把科技投资作为战略性投资，把超前部署和发展战略技术及产业作为带动经济发展的关键措施。2008 年国际金融危机之后，世界各资本主义大国都加快了通过科技创新寻觅新的经济增长点的步伐，以摆脱经济危机和困境。美、德、日等发达国家将焦点锁定在以新一代互联网、生物技术、新能源、高端制造业等为代表的战略性新兴产业上，展开了新一轮的增长竞赛，试图抢占新一轮经济增长的战略制高点。科技创新的重大突破和加快应用极有可能重塑全球经济结构，后发国家可以借助科技革命的历史机遇，利用后发优势实现社会生产力的跃升，但如不能抓住机遇，也可能拉大与发达国家的发展差距，继续被边缘化。

第四章

南北差距问题的危害

国外左翼学者普遍认为，南北差距问题是众多国际性问题的主要根源。美国学者斯塔夫里亚诺斯指出，在突出表现 20 世纪后期特色的“动乱”的背后隐藏着经济方面的因素，也就是说，富裕国家与贫困国家、第三世界内部富裕公民与贫穷公民之间的差距拉大了。[①]南北差距的存在和不断扩大，使南北矛盾、南南矛盾加剧，产生了众多的国际问题，这些国际问题有世界经济危机、民族和宗教问题、恐怖主义问题、全球生态危机，等等。这些国际问题的产生，威胁着人类的和平与发展。资本主义世界本身就是一个矛盾重重的世界，南北差距的存在，更加剧了资本主义的矛盾，撕开了资本主义繁荣昌盛的面纱。

---

① ［美］斯塔夫里亚诺斯：《全球分裂——第三世界的历史进程》下册，迟越、王红生等译，商务印书馆 1993 年版，第 869 页。

第一节 南北差距的存在，为众多国际问题的产生埋下了祸根

资本主义的经济危机，从根本上说是由于资本主义的基本矛盾造成的。而贫富差距、南北差距的存在，更加剧了资本主义的世界性经济危机。生产的社会化和生产资料的资本家私人占有之间的矛盾是资本主义制度的基本矛盾。这一矛盾具体表现在以下三个方面：一是表现为个别企业内部生产的有组织性和整个社会生产的无政府状态之间的矛盾；二是表现为资本主义生产无限扩大的趋势同劳动人民有支付能力的需求相对缩小之间的矛盾；三是在阶级关系上表现为无产阶级和资产阶级之间的矛盾。在资本主义制度下，随着生产力的不断发展，生产资料日益集中到资本家手中，尽管生产也越来越社会化，但生产什么、生产多少是资本家的私事，由此造成个别企业生产的有组织性与整个社会生产无政府状态的对立。资本家为了追逐利润，尽量扩大生产，并无止境地追求和榨取劳动者的剩余价值，造成生产能力无限增长趋势和劳动群众购买力相对缩小的对立。这些矛盾的尖锐激化，造成生产相对过剩，从而导致经济危机的爆发，使社会生产力遭到巨大的破坏。

在国际垄断资本主义阶段，经济全球化的进程，在把资本主义生产方式扩展到全球的同时，也不可避免地把资本主义基本矛盾扩展到全世界。经济全球化、生产社会化进程的发展，使当代的生产、交换与消费已经具有广泛的世界性。现代资本主义在创造了资本主义世界经济体系的同时，也把资本主义的基本矛盾扩展到了全球。埃及经济学家萨米尔·阿明指出，由于资本主义全球化扩张，资本积累不再由单个国家所控制，这样必将导致新的矛盾。然而，目前还没有任何一个组织或国家能够为世界资本主义的政治、社会、意识形态和文化提供总体管理框架，来调节由此产生的矛盾。这种矛盾所导致的后果是，旧的经济增长方式难以为继，南方和东方的外围国家也不

断地陷入危机中。不断深化的全球化推动战后国际经济秩序不断调整，这并不意味着资本主义基本矛盾被克服，而是随着资本主义全球扩张，资本主义基本矛盾渗透到所有国家和地区，世界体系的两极分化特征更加显著。人类面临的实际挑战，是如何按照逐步消除全球化灾难性后果的原则来建立一个新的全球社会。①

生产的社会化与生产资料资本主义私人占有之间的矛盾已成为世界资本主义体系中的基本矛盾。在一国范围内，由于国家垄断资本主义在各国的迅速发展，国家利用政权的力量，通过经济的、行政的、法律的手段，对国民经济进行广泛干预和调节；股份公司的发展，扩大了个别企业生产的有组织性的范围，从而使个别企业的有计划性与整个国内市场紧密联系起来；第三次科技革命带来的信息技术的高度发展，也为整个社会生产的有计划、有秩序提供了新的条件和手段，这些都相对缓和了资本主义生产的无计划性和基本矛盾。但在国际范围内，生产的社会化和生产资料的资本家私人占有形式之间的矛盾依然严重，主要表现为跨国公司生产的有组织性和整个世界生产无政府状态之间的矛盾。当今世界，民族国家是国际关系的主体，必须通过多国乃至世界各国共同参与和合作才能对世界经济进行干预。而资本主义国家从霸权主义或狭隘的民族利己主义立场出发，往往为了本国的利益而牺牲他国的利益，各国很难采取有效的集体行动。当代全球经济充满了不平衡、动荡和危机，各国之间在贸易、投资、国际金融等领域的矛盾日益激化。

在经济全球化的萌芽阶段，生产体系以民族国家为单位，阶级划分限于民族国家内部。在经济全球化时代，北方发达国家和南方国家的关系具有了阶级的性质。资本家和工人以及资本家之间的矛盾也因经济全球化在一定程度上转变成了国家与国家的关系。北方发达国家成为资本国，南方国家在某

① Samir Amin，*Capitalism in the Age of Globalization*，London：Zed books Press，1997，pp.75-79.

种程度上成为劳动国家，北方国家因其所处的地位而不断地从世界各国聚敛财富。由此可见，生产的社会性和生产资料的私人占有这一资本主义的基本矛盾依然存在，并扩大到国际范围。北方国家的国际垄断资本掌握着世界上大部分的资本，控制着全球经济的“命脉”，凭借其在资本、技术、信息等方面的垄断优势，从世界性的生产与交换活动中，通过国际间产品、技术、资金、劳动力、信息的不平等交换及剩余价值的转移，获取巨额利润。南北发展差距和贫富悬殊愈来愈大。一边是北方发达国家财富的不断积累，另一边是南方发展中国家贫困的不断加剧。富者愈富，贫者愈贫。

国际垄断资本主义阶段资本主义基本矛盾的第二个表现是资本主义生产无限扩大的趋势同世界劳动人民尤其是南方国家人民的支付能力相对缩小之间的矛盾。由于北方国家的制造业纷纷转移到南方国家，北方国家工人的福利和工资削减，失业率居高不下。而南方国家的国家债务沉重，又相互竞争，导致初级产品价格越来越低，自身又很贫弱，国际市场需求进一步萎缩。北方国家政府、企业、个人债务也越来越沉重，国际间竞争更加激烈。唯一从中获益的是北方国家的各垄断财团和跨国公司。由此，造成世界经济危机不断发生。国际生产的无计划性导致经济危机的另一典型表现就是金融危机的爆发。由于金融业和金融衍生工具的迅速发展，资本主义经济的赌博、投机性质更加明显。金融投机活动日益猖獗，造成金融体系与“实物经济”严重脱节。金融资本的超强流动性增大了经济波动的幅度，加速了经济波动的周期，严重影响了世界经济发展。北方资本主义国家还采取金融期货和现货工具对南方国家进行过度金融投机和金融掠夺，给南方国家带来了巨大的金融风险，造成了各国的金融危机。北方国家金融业投机赌博不仅祸害他国，还殃及了自身。2008 年，美国次贷危机引发的全球金融危机，如今正在全球深入展开，并使世界各主要工业国和南方国家经济衰退，这也必将是一场更大规模、持续时间更长的世界经济危机。美国金融机构的贪婪和违规操作，为一己之私利，不仅对不合格贷款者发放风险极大的住房贷款，而且设计多种金融工具将风险转移到各类投资者身上，最终引发了全球金融危机。美国次贷危机是一场新型的金融危机，风险从住房市场蔓延到信贷市场、资本市场，从金融领域扩展到经济领域，并通过投资渠道和资本渠道从美国波及全球范围。

总之，经济危机的频繁爆发，使得国际形势动荡不安，各种国际问题更加严重。资本主义世界体系的不平衡发展又使当前全球阶级分化、阶级力量对比失衡，与全球矛盾、冲突动荡有着紧密的关联。在当今国际社会的众多矛盾与冲突中，跨国资产阶级和工人阶级的矛盾是基本和主要矛盾，除此之外在国际关系中还有资本主义霸权国与社会主义国家之间的矛盾，霸权国与不发达资本主义国家之间的矛盾，霸权国与其他发达资本主义国家之间的矛盾，不发达资本主义国家内部的矛盾等，跨国阶级矛盾决定和制约着这些矛盾。除此之外，当今世界还有许多全球问题、冲突与动荡，一些国家内部出现了政权更迭和内战，还有“颜色革命”、领土争端、地缘政治危机以及民族问题、宗教问题、恐怖主义问题等，所有这些都与跨国阶级分化、阶级冲突和阶级力量对比失衡等跨国阶级政治密切相关。

在国际金融垄断资本主义时代，发达国家的国际金融垄断资本掌握着世界上大部分的资本，控制着全球经济的“命脉”，凭借其在资本、技术、信息等方面的垄断优势，凭借其掌握的世界政治经济组织和各种制度安排，从世界性的生产与交换活动中，通过国际间产品、技术、资金、劳动力、信息的不平等交换及剩余价值的转移，获取巨额利润，使南北发展差距和贫富悬殊愈来愈大。不仅仅是资本主义全球化造成的全球贫富两极分化的发展使资本主义国家内部产生了种种社会矛盾和问题，资本主义霸权国家还经常利用这些矛盾和问题，进行金融攻击，制造“颜色革命”、地缘政治危机，挑起领土争端、民族、宗教以及教派冲突等来转嫁危机、转嫁矛盾，以实现种种霸权企图。一些发展中国家内部出现政权更迭和内战等问题，贫富差距的不断扩大与贫困状况的日益恶化是出现这些问题的最突出的直接原因和内部原因。同时国际金融垄断资本霸权国也往往从本国的利益出发，插手发展中国家内部的社会矛盾，以及发展中国家之间的领土争端，这是外部原因。中东、中亚的民族冲突与教派纷争，非洲的部族仇杀，南亚、东南亚的民族与宗教争端，等等，乃至近些年的西亚北非动荡，这些矛盾冲突的背后都有资本主义霸权国的身影。

第二节　由南北差距问题引起的民族、宗教和恐怖主义等问题

冷战结束以后，世界形势不断发生着变化。虽然和平与发展成为时代的主题，但由于苏联的解体，两极格局的终结，被压抑的民族宗教等问题被释放出来，或者说，由于社会主义运动步入低潮，各种矛盾打着民族、宗教甚至恐怖主义的旗帜爆发出来。由民族宗教问题、恐怖主义问题引发的国际冲突以及国家内部的冲突、战乱等问题层出不穷，困扰着国际社会。20世纪90年代以来出现的国家裂变、领土争端、地区冲突、部族仇杀、种族排斥、宗教纷争等一系列现象基本上都有民族宗教问题的背景或直接来源于民族宗教问题。民族宗教问题、恐怖主义问题在一国内部和国际社会之间都是直接影响和平、稳定和发展的重要因素之一，而民族宗教等问题与南北差距问题有着密切联系。

一、民族、宗教等问题的表现、危害和成因

马克思主义认为："民族是人们在历史上形成的一个有共同语言、共同地域、共同经济生活以及表现在共同文化上的共同心理素质的稳定的共

同体。”[①] 民族问题主要是指民族从形成、发展直到消亡前的各个历史阶段中，不同民族之间在社会生活的经济、政治、文化等各个领域发生的各种关系，特别是出现的各种矛盾。宗教作为一种社会文化历史现象，比民族还要古老。在人类的科技文化日益进步文明的今天，它仍是多数人精神生活的重要组成部分。马克思主义认为，宗教是把支配人们日常生活的异己力量，用幻想的方式予以超自然化、超人间化的结果。某一宗教内部，不同的宗教之间，宗教与社会的政治、经济、文化等方面普遍存在着矛盾，这些矛盾构成了人们所关注的宗教问题。民族问题与宗教问题有着紧密的联系，在多民族和多宗教的国家里，宗教问题通常和民族问题交织在一起。一些国家和地区的民族问题往往以宗教冲突的形式出现，宗教的差异又加剧了民族的隔阂和纠纷。在世界范围内，宗教问题与民族问题相互影响、相互渗透，成为全球热点和难点。

当今世界民族问题主要有：

由部族主义引发的民族问题。这种民族问题主要发生在非洲。历史上，由于帝国主义的殖民统治，遗留下来诸多部族间的恩怨仇恨，这又和现实中部族化政治造成的部族间的摩擦矛盾交织在一起，导致许多国家之间和国家内部出现无休止的部族矛盾和领土争端，引起严重的流血冲突和地区持续动荡。索马里位于非洲大陆最东部的索马里半岛之上，称为“非洲之角”。索马里是一个拥有众多部族和部落的国家，部族制度维系着社会。历史上，过着游牧生活的部族之间经常为争夺水草和水源而发生冲突，这些历史积怨为以后的部族冲突埋下了伏笔。冷战时期，美苏两国分别在索马里扶植了代理人，亲美和亲苏的部族派别为了夺取政权多次兵戎相见。冷战结束以后，索马里的部族冲突全面爆发了。索马里一直处于军阀武装割据、国家四分五

① 《斯大林选集》上卷，人民出版社 1979 年版，第 64 页。

裂的无政府状态。虽然在2000年经国际社会的调解，索马里成立了新政府。但索马里民族和解进程非常缓慢，新政权提出的部族和解、解除民兵武装等一些措施也不被各派武装所承认，新政权活动范围仅限于首都一隅，索马里仍呈军阀割据状态。

由分离主义引发的民族问题。东欧剧变、苏联解体以后，苏联分离为15个国家，南斯拉夫分离为5个国家，这种民族分离主义浪潮至今余波未息。此类民族问题表现为多民族国家的少数民族极力从现有的国家中分离出去，并谋求建立单独的民族国家或与其他相邻的同一民族合并。这是冷战结束后最为明显和突出的民族问题。目前存在这类民族问题的地区主要有：斯里兰卡的泰米尔、印度尼西亚的亚齐地区、库尔德人聚居区等。20世纪70年代初，斯里兰卡泰米尔人正式提出建立独立的“伊拉姆国”的主张，一些激进分子进而组成“泰米尔伊拉姆猛虎解放组织”（简称“猛虎组织”），位于斯里兰卡北部的贾夫纳半岛是其大本营。长期以来，“猛虎组织”采取各种暴力手段与政府对抗。长达多年的内战，使国家的基础设施遭到严重破坏，巨额军费开支严重影响了整个斯里兰卡的经济发展。

还有由大民族主义所引发的民族问题、由泛民族主义所引发的民族问题等。大民族主义是一种民族极端利己主义，特别突出和强化本民族的地位和作用。在一国中，如果主体民族在国家的政治、经济、文化生活中处处以本民族为中心，而忽视其他民族应有的权利，甚至在政治、经济、文化等方面压迫和限制其他民族，就会导致民族之间产生矛盾和冲突。这类问题目前在原苏联和原南斯拉夫地区存在得比较明显和突出。泛民族主义以共同的种族、民族、宗教为基础，企图把散布在不同国家不同地区的属于同一种族、民族和宗教的人们统一到一个国家。这种主张试图打破现有的国家领土格局，从而引发了众多的国际纠纷、国家冲突。

当今世界的主要宗教问题使许多国家之间的冲突具有重要的宗教背景。

比较典型的是阿以冲突。阿以冲突是指两个不同宗教、不同民族之间的冲突。阿以冲突的核心是领土争端，但也掺杂着复杂的民族和宗教矛盾。阿以冲突的主要原因在于阿拉伯人和犹太人都要求重返故里，从而展开了争取本民族生存权利的斗争，而宗教在其中也起到了重要的作用。耶路撒冷是基督教、伊斯兰教和犹太教的共同圣地，围绕着耶路撒冷归属问题，巴勒斯坦和以色列一直在进行着较量，这已成为阻碍巴以和谈取得进展的重要原因之一。

还有一种重要的宗教问题是一国内部不同宗教、不同教派之间的冲突。印度的宗教矛盾历来十分突出，其中以印度教徒与穆斯林之间的矛盾尤为尖锐。印度教是产生于印度次大陆的古老宗教，伊斯兰教则随着穆斯林的移居而传入印度。印度教与伊斯兰教在信仰、法律、道德标准、习俗、服饰、语言等方面都有不同，甚至有截然对立之处。印度教与伊斯兰教有着上千年的冤仇，历史上印度教徒与穆斯林爆发过无数次流血冲突。教派主义是印度统一和发展的大敌，圣雄甘地和前总理尼赫鲁就认识到教派主义的严重危害，认为教派主义是“威胁印度生存的最大危险之一”。虽然印度是个政教分离国家，但教派之间的紧张关系经常对社会安全构成威胁。1992 年 12 月 6 日，约 20 万名印度教徒强占并捣毁了巴布尔清真寺，并引发了流血冲突，当天伤亡就达 2000 多人。

民族宗教矛盾冲突使南方国家政局动荡不安，使南方国家的发展受到影响。首先使南方国家的独立和主权受到了侵犯。南方国家内部民族和宗教矛盾冲突，特别容易导致外部干预势力的介入，使北方国家有了可乘之机。一些北方大国往往从本国的利益出发，插手南方国家内部的民族和宗教矛盾，意图操纵和控制南方国家。它们热切关注一些政治和经济战略地位重要地区的民族和宗教问题，表面上进行调停，穿梭于冲突各方之间，实际上则暗中支持对其有利或顺从的一方，压制对其不利或反对的一方，有时甚至故意激化民族矛盾。本属一国内部事务的问题成了国际势力干涉的对象，从而严重侵犯了有关国家的主权。其次严重妨碍了经济的健康稳定发展和人民的安居乐业。民族宗教矛盾的广泛存在，愈演愈烈，产生了极端民族主义势力和宗教极端分子。他们在运用合法政治手段难以奏效时，就越来越多地借助暴力手段来解决问题。他们或组织武装力量公开抗衡，或通过各种暴力恐怖活动进行干扰和破坏，借以达到目的。战争和冲突除造成大量的人员伤亡和严重的经济损失外，大批居民为躲避战乱不得不逃离家园涌向邻国或其他非交战区，给邻近国家乃至整个地区都带来新的不安定因素。由民族宗教问题引发的冲突和战争，还直接影响着人们正常的生产生活秩序，迟滞经济发展甚至使经济遭受巨大破坏和倒退。

民族宗教问题还使地区和国际形势变得复杂，破坏了世界和平与稳定。民族宗教问题具有跨国性的特点，其失控和扩散的趋势十分明显，往往在相关国家之间制造紧张关系，从而破坏了地区和世界的安全形势。民族宗教问题影响了国与国之间的关系，严重阻碍了国际间的交流与合作，对当前世界经济的全球和地区合作将带来一定程度的负面影响。如发生在非洲大湖地区的武装冲突，一方面使得民主刚果近年来战火不断，国家经济建设无法正常进行；另一方面也使得它与乌干达、布隆迪和卢旺达等邻国处于紧张的敌对状态。1998 年 10 月，土耳其与叙利亚关系严重恶化，其导火线便是库尔德问题，土耳其对叙利亚长期容留库尔德工人党领袖奥贾兰（Abdullah Calan）并支持库尔德工人党武装的行为予以强烈谴责。中东地区各宗教、宗教内部之间的矛盾和冲突源远流长，早在中世纪就爆发过数次十字军东征，而在近几十年里严重影响中东和平的两伊战争、巴以冲突、黎巴嫩战乱等问题中，宗教或教派分歧都起到了重要的作用。

从总体上看，民族宗教矛盾是随着全球资本主义的扩张，南方国家在改变传统社会结构，建立统一、强大的国家，向资本主义现代化加速迈进的过程中发生的。同时在某种程度上也是北方国家有意推波助澜的结果，特别是在资本主义危机时期。阿明指出，资本主义在面临危机时，资本主义主导力量将危机尽可能多地转嫁给了那些最弱小的伙伴国——处于东方、南方外围地区的国家。这么做，是为了减轻中心发达国家的危机后果，确保以后不发生剧烈的危机。资本主义的主导力量采用的方法是公然操纵：根据具体情况，通过选择性的干涉来操纵种族（操纵宗教激进主义）和民主。[①] 北京大学宁骚教授认为："民族宗教问题产生于民族国家构建与国内诸族体的发展要求之间的矛盾运动。民族国家构建是世界现代化进程的一项根本要求和本质内容，其内涵是从各个方面打破国内各个地区、各个族体间的壁垒，建立和健全全国集中、统一的国家权力系统，建立和发展统一的国民经济体系和商品流通市场，在全国范围内推行和传播统一的语言以及能够促进社会、经济现代化的统一的文化模式。民族国家构建既然是一个不断地增进权力集中、国家统一和文化同质的过程，不可避免地要与其他社会、政治力量所作的选择相对立。处于非主体地位的族体，面对民族国家现行政治体系实施的民族国家构建，可能作出的选择主要有两种：一种是与前资本主义生产关系有密切联系的传统势力所作的选择，这种选择以民族特性、宗教信仰、文化传统、乡梓利益为号召，谋求维持或恢复割据式的'自主'和'自立'。另一种选择是谋求在发展统一的现代国民经济体系的同时实现本民族地区的发展目标，谋求在增进对统一的民族国家的认同和忠诚的同时保持对本族体的认同和忠诚，谋求在发展国民文化的同质性的同时弘扬本族体的传统文化。后一种选择对民族国家构建是一种增强而不是削弱。然而，从实践上看，由于民族国家的统治阶级总是急于实现民族国家的构建目标，由于绝大多数民族国家的

① ［埃及］萨米尔·阿明：《全球化时代的资本主义——对当代社会的管理》，丁开杰等译，中国人民大学出版社 2005 年版，第 65 页。

现行社会、经济和政治体制，在决策过程中总是被国内处于主体和优势地位的族体的自我中心主义所左右，也由于处于非主体地位的族体的传统势力的要求和现代精英的要求时常混杂在一起，所以民族国家构建与族体自我发展要求之间总是存在着对立和龃龉。”①

经济社会发展差距的不断扩大与贫困状况的日益恶化是南方国家民族宗教问题突出的直接原因，南方国家的贫困是孕育极端民族主义者和宗教极端分子的温床。斯塔夫里亚诺斯认为，由于从殖民时代因袭下来的国内制度和国际政治经济关系的制约，使南方国家不能摆脱欠发达状态。在非洲，人们困苦的生活条件在第二次世界大战之后一直未有所减轻，社会关系因此十分紧张。这种经济和社会混乱不可避免地反映到政治方面，就业市场赶不上毕业文凭持有者人数的不断增加，于是产生了严重的“毕业即失业”问题。这又导致部落制的复活，因为失业的毕业生按照不同民族组织起来，在就业机会日益减少的情况下极力竞争。国家领导人必然以民族集团作为其支持的依据，结果，导致局势动荡不定和政治上的分裂。②

中东、中亚的民族冲突与教派纷争，非洲的部族仇杀，南亚、东南亚的民族与宗教争端，拉美的土著印第安人问题，等等，这些民族冲突和宗教狂热行为大多发生在南方国家。在南方国家中，很多国家都存在着国内各地区之间经济社会发展不平衡的问题，而且这种地区经济发展的不平衡性又往往同各个民族的发展水平差距联系在一起。在一些国家中，经济发达地区抱怨落后地区拖了自己的后腿，不愿承担对落后地区的援助义务，而落后地区则强调中央政府对本地区缺少足够的扶持或开发。少数民族地区的生活水平相

---

① 宁骚：《民族与国家——民族关系与民族政策的国际比较》，北京大学出版社 1995 年版，第 204—206 页。

② [美] 斯塔夫里亚诺斯：《全球分裂——第三世界的历史进程》下册，迟越、王红生等译，商务印书馆 1993 年版，第 732 页。

对落后，受到发达地区的歧视，希望尽快改变经济落后、生活贫穷的状态。各民族地区经济发展的不平衡，少数民族的政治经济利益长期被主体民族所忽视。在一些国家中，甚至以牺牲非主体民族的利益为代价来求得现代化进程的加速，这使得少数民族的发展与主体民族的差距不断拉大，导致少数民族地区对主体民族的不满。这种发展水平的差异若长期得不到解决，往往会引发民族和宗教间的隔阂，增加民族和宗教间的离心倾向，进而导致国家的解体。一些民族主义者和宗教极端分子就是利用贫困问题来煽动同一民族、宗教的仇外心理，最终酿成不同民族和宗教间的冲突。如俄罗斯的民族关系紧张，经济因素就是其中主要的原因之一。车臣向俄中央索要主权，甚至图谋独立，其目的之一是“为了自由支配石油，出口到外国，不想同中央分利税”。印度教徒和穆斯林之间的冲突也与长期以来经济发展的不平衡密切相关。近些年的苏丹种族冲突、尼日利亚民族冲突、卢旺达的部族仇杀无不与其经济困境有关。

从长远看，只要不根治贫困，不弥补差距，要彻底铲除极端民族主义和宗教极端主义就十分困难。在一些多民族国家内部，还存在着众多不平等现象。如在政治权力的划分上，是以各民族的实力或是占人口总数的多少来进行分配。政治权力不仅为主体民族所垄断，主体民族还以强制手段来剥夺少数民族的政治权利和民主权利。在文化方面，非主体民族受到歧视，民族语言、民族习俗得不到应有的尊重，本民族的宗教信仰得不到保护。同时，由于南方国家的政治民主化水平普遍比较低下，在多民族国家中，少数民族政治经济权利保障机制薄弱，参政机制空泛，少数民族的利益要求得不到合理表达，从而导致国家内部凝聚力的下降，为民族宗教问题的产生埋下了伏笔。

北方国家利用民族宗教问题干涉南方国家内政是民族宗教问题恶化的主要外部原因。南北差距的存在，使北方国家有意图和有能力，利用民族宗教问题干涉南方国家的内政，从而控制南方国家，也使南方国家无力抵抗这种干预。在冷战时期，北方国家为了限制社会主义国家的发展，除了运用意识形态的输出和文化渗透等方式外，还逐渐利用民族、宗教问题来作为颠覆社会主义国家的重要手段。苏联解体、东欧剧变，北方国家利用苏联、东欧社会主义国家在处理民族与宗教问题上的失误大做文章、煽风点火，激化民族矛盾和宗教冲突，制造民族分裂，也是一个极为重要的因素。冷战后，世界范围内普遍存在的民族和宗教矛盾凸显出来，这为北方国家利用民族、宗教问题干预南方国家内政，重新控制南方多民族国家提供了机会。例如，美国公开支持伊拉克北部的库尔德人反政府武装，以及以美国为首的北约绕开联合国在南联盟科索沃实施的武装干涉等。北方国家的干涉行动非但没有缓解南方国家的民族和宗教矛盾，反而导致了有关国家内部各政治派别间的持续对抗，引发了严重的人道主义灾难，并加剧了原有民族宗教问题的复杂程度，如索马里的无政府状态、科索沃塞尔维亚和阿尔巴尼亚两族间仇恨进一步加深等。同时，由于北方的干预，也使一些民族分裂势力和宗教极端分子积极谋求北方国家的支持。民族分裂主义势力和宗教极端分子不断制造事端，扩大事态，使国内民族和宗教矛盾国际化，以谋求北方国家的支持和干预，达到自己的分裂目的。在科索沃，阿族解放军不断制造恐怖暴力事件，加剧了整个地区形势的紧张动荡，从而最终达到了借助北约势力赶走南联盟军队的目的。

二、恐怖主义问题的表现、危害和成因

恐怖主义是一种古老的政治或社会现象，“恐怖主义指的是使用或主张使用无规则的暴力或技术手段，或是袭击平民或是袭击公用设施，以图达到

政治目的的一种行为与社会思潮”[①]。恐怖主义有很强的政治性。恐怖主义的主要目的并不是消灭和摧毁恐怖行动的客体对象，而是要通过暴力手段，造成特定的恐怖气氛和政治压力，从而对政府和特定的社会团体形成压力和威慑，迫使对方做出让步，这是恐怖主义活动与暴力犯罪活动的根本区别所在。恐怖主义的最显著特征就是其暴力性，恐怖分子用暴力手段来开展活动，引起政府与公众的广泛关注，从而扩大了自身的影响力，为达到自己的政治目标增加了筹码，这是恐怖主义为什么能够产生如此重大影响的原因之一。恐怖主义具有严密的组织体系。恐怖组织体系完善，内部分工明确。他们在实施恐怖活动过程中，大都经过精心准备和周密策划，通过一定的组织形式，做到了计划严谨、分工周密，因而破坏力极强。

恐怖主义在当代世界也是一个极为突出的现实问题，它是现实世界中许多矛盾不断激化的产物，它的产生与发展也有南北差距的背景。自 20 世纪 60 年代末以来，恐怖主义在全球范围内普遍滋生与蔓延，对世界的政治与经济都产生了深刻的影响。目前，国际恐怖主义活动进入新阶段，全球恐怖事件增多，世界面临的恐怖威胁持续增大，以“基地”组织为重要代表的国际恐怖势力实施重大恐怖袭击的能力有增无减，恐怖袭击更具谋略性和破坏性。近年来，恐怖主义活动覆盖面越来越广，世界面临的恐怖主义威胁日趋增多；中东与独联体仍不断发生恐怖事件；南亚的印度、巴基斯坦和阿富汗也是恐怖事件高发地区，阿富汗局势动荡不安，等等。

恐怖主义的类型主要有民族主义型恐怖主义、宗教极端型恐怖主义和极右型恐怖主义。民族主义型恐怖主义是旨在追求本民族的独立而引起的恐怖主义。恐怖主义与民族主义很早就结合在一起了，进入 20 世纪，伴随着民族主义浪潮的兴起和发展，恐怖主义作为某些民族主义团体实现政治目标的

---

① 李湛军：《恐怖主义与国际治理》，中国经济出版社 2006 年版，第 21 页。

武器，被频繁使用。在20世纪的第一次民族主义浪潮中，恐怖主义已开始成为一些弱小民族争取民族解放和独立的斗争武器。为争取爱尔兰独立，爱尔兰的民族主义者曾使用恐怖主义手段反抗英国统治。第二次世界大战后，南方国家民族解放运动高涨，一部分殖民地人民以恐怖主义手段来打击殖民者，加速了殖民统治的完结。冷战后，第三次民族主义浪潮冲击着世界各个角落，恐怖主义也如影随形，在世界各地泛滥。据统计，目前世界上1/3的恐怖组织是由极端民族主义者组成的，民族矛盾成为冷战后恐怖主义泛滥的主要原因之一。在车臣地区，由于部分车臣人要求脱离俄罗斯的目的难以实现，便频频制造恐怖事件。1995年6月和1996年1月，车臣极端分子制造了劫持千余名人质的特大恐怖事件。斯里兰卡的“泰米尔伊拉姆猛虎解放组织”，为争取建立“泰米尔独立国”，与斯里兰卡政府直接对抗，早在1975年就开始不断地制造暗杀、绑架、爆炸等恐怖活动以达到目的。在中东，由巴勒斯坦解放组织阵营——“法塔赫”组织——中分裂出来的“阿布·尼达尔”组织是激进的民族主义组织。该组织主张利用恐怖主义手段将以色列从被占的阿拉伯领土上赶出去，并打击以色列的支持者。恐怖袭击的主要目标是巴解驻外机构的代表、阿拉伯温和派人士及美国、以色列等国的驻外使节。

宗教极端型恐怖主义是指带有强烈宗教色彩的或打着宗教旗号的团体的极端性引发的恐怖主义活动。宗教极端型恐怖主义是当今恐怖主义活动中最为活跃的，在宗教信仰的感召下，在宗教热情的驱使下，无数人前赴后继地投身于恐怖主义活动。在当今世界，宗教极端型恐怖主义是最普遍、最严重、危害最突出的恐怖活动类型之一，让所有致力于反恐的国家大伤脑筋。宗教激进主义的一些组织是宗教极端型恐怖主义中具有典型代表的组织。这些组织主张建立政教合一的神权制度，恢复伊斯兰教的原始形式；面对北方国家压迫，主张用“圣战”来反抗；不但如此，他们还要在整个伊斯兰世界乃至全世界实现这一目标。1988年，沙特富翁本·拉登在阿富汗建立了“基地”组织。1991年前后开始，该组织将目标定为打倒美国和伊斯兰世界的“腐败政权”，建立一个纯正的伊斯兰国家。“9·11”事件后，美国不断的反恐斗争，沉重打击了“基地”组织。但其实力并没有被实质性削弱。它还充分利用了美国忙于伊拉克战争和阿富汗战争的有利时机，不断将触角伸向新的地区，有发展壮大的趋势。在非洲、南亚、中东，“基地”组织通过多种途径巩固甚至扩大了原有的组织网络；“基地”组织还将触角伸至北方国家中，通过互联网等途径发展了一些伊斯兰国家移民。它还调整活动方式，形成了“网络化”“本土化”的力量发展模式和“各自为战”的活动方式。

恐怖主义对社会的稳定、安全和经济发展的危害性极大。首先是恐怖主义严重威胁国际社会的政治安全。恐怖主义煽动宗教狂热，挑拨民族关系，挑动国家、民族、宗教纠纷，分裂国家和民族，影响国际和地区的和平与稳定。例如，巴勒斯坦与以色列由于领土问题一直产生矛盾，再加上双方都运用恐怖主义手段来使对方屈服，这使得巴以之间的关系一直都处于紧张状态，连续不断的恐怖主义活动使双方的误会加深，严重影响了巴以之间关系的正常发展。恐怖主义使民族国家社会动荡不安，恶化了发展环境。例如，在中东地区，民族国家内部的恐怖主义相当普遍。在黎巴嫩，在1975—1990年长达16年的时间内，各类恐怖活动泛滥成灾，严重影响了社会的正常秩序。这些恐怖事件制造了恐怖气氛，使投资者和消费者对经济前景失去信心，进而严重影响了经济发展，阻挠了各国、各地区之间贸易和经济交流，为国家间和地区间经贸合作设置了障碍。在斯里兰卡，1983年7月，由于恐怖分子扬言在茶叶（斯里兰卡三大出口商品之一）中投放了氰化物，致使买主与用户恐慌，导致茶叶出口大幅下降、损失惨重。恐怖活动还使外资纷纷撤离，严重危害经济。2002年10月，印度尼西亚巴厘岛爆炸事件严重打击了印度尼西亚旅游业，2002年和2003年估计旅游收入损失数十亿美元，其消极影响还波及东南亚地区，且至今尚未完全消除。恐怖主义造成了大量人员伤亡。据美国国家反恐中心统计，2007 年发生在世界各地的恐怖袭击事件为 14499 次，死亡人数为 22685 人。恐怖主义还造成了巨大的直接经济损失。它直接破坏了公共建筑和设施。恐怖分子和恐怖组织袭击的目标通常选择对社会、经济有重大影响的公共建筑物和公用设施，例如，城市标志性建筑、港口、车站、商店等。在斯里兰卡，自 1983 年 7 月发生大规模恐怖活动以来的几年时间内，恐怖活动使 11300 家企业与 10 万间房屋被毁，直接物资财产损失高达 20 亿美元。

同时，恐怖主义将随着现代科技的发展而更具威胁性和破坏性。传统的恐怖主义活动方式通常包括暗杀、爆炸、绑架劫持人质、武装袭击、劫持航空器等。为了谋求更大的恐怖效果，恐怖势力实施恐怖活动的手段方式也在不断变化，无所不用其极。恐怖主义活动的暴力性增强，破坏能量增大。目前，对人类威胁最大的是“化生放核”恐怖主义。主要指的是采用化学武器、生物武器、放射性武器和核设施等非常规性或是具有大规模杀伤性武器作案的恐怖主义。如采用化学武器进行袭击的恐怖主义。化学武器与核武器相比，其生产和制造成本低廉且容易制造，可其杀伤力所带来的恐怖效应不比核武器小，化学武器被称作“穷人的原子弹”。恐怖组织如果向水体投毒，在人口密集区或通风不畅的地方释放毒气，就会造成大量的人员伤亡。1995 年 3 月，日本东京地铁发生的震惊世界的“沙林”毒气事件，开创了公开使用化学武器进行恐怖活动的先例。核武器恐怖袭击是指恐怖组织利用核装置进行大规模杀伤和破坏的恐怖袭击事件。核武器恐怖主义还包括使用或威胁使用放射性材料，以及袭击核电厂，旨在造成大范围环境污染的行为。目前国际上除了几个大国拥有核武器和核技术外，许多中小国家也都储存有大量可供发展核武器的资源和技术。这就为恐怖主义组织获得核技术和核炸弹提供了可能性。根据德国《明镜》周刊报道，德国情报机构发现，国际黑市上倒卖含富铀物质等放射性材料的行为已经在世界各地泛滥成灾。放射性物质交易的存在，使人类越来越真正面临着核武器的威胁。可以预见，随着现代高科技的迅速发展，一旦一些毁灭性的武器、技术与能量为恐怖组织和恐怖分子所掌握，他们便很容易对环境、人类乃至整个地球构成致命的威胁，其危害将无法估量。

恐怖主义产生的原因：首先，经济发展不平衡和霸权主义强权政治的存在是恐怖主义滋生的国际根源。北方大国推行霸权主义、强权政治，大肆干涉他国内政，引起许多国家的反感和仇恨。南北差距的存在，再加上不合理的国际政治经济旧秩序，就会使许多南方国家陷入债务危机、金融危机等悲惨境地，经济发展面临困难。这种经济上的差距和政治上的霸权必然会产生很多矛盾，如南北矛盾等。这些矛盾被激化，就会成为引发恐怖主义的直接诱因。在中东，美国插手中东事务，长期实行亲以色列的霸权主义政策，造成了阿拉伯领土难以收复，伊斯兰宗教圣地无法回归，侵犯了阿拉伯国家和人民的利益，招致了阿拉伯国家和人民的强烈反对。而面对美国和以色列强大的国力和军力，阿拉伯世界根本不能与之进行正常的抗衡和较量，于是众多恐怖主义行为产生了。“9·11”事件发生之后，美国不反省自身的所作所为，反而乘势将反恐纳入其全球战略中，以反恐战为借口把触角伸到以前可望而不可即的地区，进一步巩固了其在全球的霸主地位。通过阿富汗战争，美国确立了在中亚的军事存在，同该地区重要国家的军事合作关系得到恢复和加强。通过伊拉克战争，美国推翻了萨达姆政权，巩固了美国在中东的主导地位，而且把伊拉克丰富的石油资源置于自己的直接掌控之下。同时美国在中东实行更加偏袒以色列的霸权行为，对以色列的侵略政策和野蛮的军事行为视而不见，却动辄对伊斯兰国家进行军事打击和经济制裁，这种反差极大的行为激起了伊斯兰国家的不满。许多伊斯兰国家政府在政治上和经济上有求于美国，委曲求全，支持美国的反恐政策，这反而激化了普通民众的反感情绪，增强了恐怖组织的号召力。这样，美国虽然在短期内可以用军事手段“卓有成效”地打击恐怖组织，推翻“无赖国家”的政权，但是却难以消除人们的反美情绪，将会促使更多的人转向恐怖主义。其次，经济落后和社会动荡是恐怖主义的国内根源。恐怖主义往往与有关国家的经济矛盾有着密切的联系，极度贫困和贫富两极分化造成社会结构的紧张，这种矛盾的尖锐化会为恐怖主义的滋生提供温床。绝大多数情况下，恐怖主义往往根源于人们的贫困、失业，贫富两极分化严重以及由此造成的阶级矛盾和社会矛盾的尖锐化。从恐怖活动的参与者来看，恐怖主义分子一般都是年轻人，大多生活在经济贫困、动乱不止的中东、中亚、非洲和拉美等地区，他们为了摆脱贫困、失业以及贫富悬殊造成的种种苦难，往往选择恐怖主义作为一种表达不满的方式。恐怖主义组织的领导层和下层虽然有出身社会富裕阶层、受过良好教育的人员，他们加入恐怖组织也是出于对社会不公、腐败、国家民族发展落后、北方压迫的不满，迫切希望改变社会落后状况和政治现实。如在 2005 年 7 月 29 日，巴基斯坦总统穆沙拉夫向外界宣布：作为打击极端势力的最新举措，巴政府要求宗教学校内的外国学生全部离境。宗教学校的学生绝大多数来自巴基斯坦的贫困阶层或偏远地区，他们上不起价格昂贵的私立学校，收费相对低廉的公立学校也难以完全吸收他们，所以只能上宗教学校。宗教学校虽然具有普及教育的积极作用，但一些有极端思想的人利用宗教学校大肆宣扬宗教仇恨和杀戮。

第三节　南北差距问题的存在加重了全球生态和能源危机

一、生态和能源危机的现状和危害

20 世纪以来，生态和资源问题日益成为全球普遍关注的焦点，尤其是 20 世纪 50 年代后全球生态环境遭到空前破坏，相继出现大气臭氧层破坏、

“温室效应”、酸雨、土壤侵蚀、森林锐减、陆地沙漠化扩大、淡水资源污染和短缺、生物多样性锐减等全球性生态环境问题。全球生态环境遭到严重破坏，使人类和自然处于尖锐的对立关系，影响着人类的生存和发展。如何建立人与自然之间的和谐关系已经成为人类所面临的重大时代课题。

全球生态危机威胁着人类的生存和发展。全球气候变暖对人类有重大危害。德国科学家预测，人类离安全气候的边缘只有两摄氏度，也就是说，如果全球平均气温再升高两摄氏度，人类的生存条件就要受到威胁，人类社会就将陷入不可持续发展的困境。联合国的一些专家说，由于全球变暖，到 2015 年，全球人口达到 800 万的 33 个大城市中，至少有 21 个沿海大城市将受到水位上升的威胁。届时，全球超过 1/10 的人口将受到影响。大气臭氧层的破坏对人类的生存造成威胁。大气臭氧层对地球生命的诞生、演化和维持地球生态系统的平衡具有重要作用，它能吸收太阳光 99% 以上紫外线辐射，从而保护了地球上的生物不受其伤害。但由于有害气体的排放，臭氧层正受到越来越严重的破坏。这种趋势如果不能得到有效控制，将会给地球生命系统带来难以估量的损害。研究表明，过量的紫外线会损害人的免疫力，从而增加传染病的发病率；增强大气的温室效应，使气候趋于恶化等。水资源危机同样令人担忧。虽然地球 70% 的面积覆盖着水，但只有 2.5% 是可供人类利用的淡水。联合国也警告说，到 2025 年世界将近一半的人口会生活在缺水的地区。另外，全球水体污染也相当严重。全世界在水中测出的有机化学物质多达 2221 种，全球有一半的地下水源受到污染，水中有害物的种类与含量已经达到必须彻底治理的地步。

全球发生的许多争端、战乱是由争夺资源而引起的。世界经济的现代化，得益于石油、天然气、煤炭与核裂变能等化石能源的广泛投入应用。然而，这种经济的资源载体将迅速地接近枯竭。按石油储量的综合估算，石油储量将在 2050 年左右宣告枯竭。因此，对石油能源的争夺成为国家和地区形势不稳定的重要诱因。中东局势之所以引起世界的关注，其中一个重要原因就是该地区巨大的石油利益。美国对伊拉克的战争，是其石油能源战略的一部分。控制中东，控制石油价格，这是美国巩固世界经济的中心国地位，使外围国家服从中心国家经济发展需要，并扩张其对其他国家控制能力的战略选择。近 20 年来，环境日趋恶化，特别是随着人口急剧增加，水资源匮乏与需求矛盾日趋尖锐，全球水资源问题，成为各国政府关注和迫切要解决的热点问题。约旦河流域、底格里斯河流域、幼发拉底河流域，以及尼罗河流域的水资源问题已成为国与国之间分歧（冲突）导火线；北美、南美、北非等地，也因国际河流和开发（利用）问题产生裂痕。苏丹达尔富尔地区在 20 世纪六七十年代，由于人口膨胀、放牧过度等原因，导致荒漠化现象不断加剧，居住在当地的阿拉伯游牧民族被迫南迁。而达尔富尔地区还有黑人部落，阿拉伯游牧民族因争夺水草资源与当地黑人部落不断发生冲突。2003 年初，达尔富尔地区黑人以政府未能保护土著黑人的权益为由，组织了武装力量，展开反政府武装活动。他们要求实行地区自治，与政府分享权力与资源。苏丹政府曾试图化解矛盾，召集当地部族首领举行和解大会，但效果不佳。迄今为止，冲突已造成 1 万多人丧生，100 多万人流离失所。

二、生态和能源危机的成因

资本主义制度是全球生态能源危机的根本原因。人与自然关系的恶化是由于资本主义制度造成的，资本主义无止境地获取利润、获取剩余价值是自然界动态平衡遭到破坏、自我净化调节功能减弱的根本原因。资本无限增值的欲望促使着资本跨越国界，利用全球所有的一切为自己最大限度增值服务。资本主义生产方式中自由放任、激烈竞争的特点使全球范围内的资源遭受掠夺式的开发，环境遭受毁灭性的破坏。“一个令人担忧的问题是，帝国主义和资本主义制度……把世界引向污染的深渊，使空气不能吸，使海洋和河流受到毒化；许多地方已经部分毒化，不再成为粮食的源泉和健康的源泉。”[①] 生态资源危机内在于社会危机，只有把生态革命和社会革命联系起来，才能从根本上解决生态问题。

北方发达资本主义国家不承担国际责任是重要原因。目前世界各国面临的各种全球性环境问题，已经构成了全球性威胁。而且，生态环境是一个紧密的有机整体，任何一个局部环境的破坏，都将产生连锁性的反应，对人类的生存环境造成威胁，各国都不能置身事外，需要世界各国人民的共同努力才能够解决。北方发达资本主义国家作为先发现代化国家，历史上和当今都对人类环境的影响最大，现今又有财力和物力对全球生态问题进行治理，理应首先承担起国际治理责任。北方发达国家利用它们先发展的历史优势，大量消耗自然资源并导致了环境问题的大量出现，直至现在，它们仍是资源的主要消费者和污染的主要排放者，所以无论从历史还是从现实看，北方发达国家都对全球环境问题负有主要责任。但是，北方国家出于资产阶级、国际垄断资本天然劣根性，不肯拔九牛一毛而利天下。北方发达国家要求大力加强环境保护，却不愿意承担调整生产与消费方式的代价，也不愿意承担自己的全球责任。根据联合国有关机构统计，世界上绝大多数有毒污染是北方国家造成的，北方国家给自然环境造成的压力和损害相当于南方国家的 2.5 倍。美国在 2001 年拒绝批准旨在控制和减少温室气体排放的《京都议定书》，拒绝履行其所分摊的削减 7% 的温室气体的承诺。北方发达资本主义国家还将一些劳动密集型、高能耗、高污染的企业迁移到南方国家，从而把生态危机转嫁给了南方国家。北方以占世界 20% 的人口消费着世界 80% 的资源，却

① ［古巴］菲德尔·卡斯特罗：《全球化与现代资本主义》，王玫等译，社会科学文献出版社 2000 年版，第 238 页。

把生态环境破坏的负面影响留给南方国家，当然从长远来看，这对北方国家也是有影响的。北方国家还把南方国家当作了垃圾场。据绿色和平组织的报告，北方国家以每年 5000 万吨的规模向南方国家转移有毒或危险的废弃物，把南方国家变成自己的垃圾场。

南北差距的存在，导致南方国家的生态和资源危机比北方国家严重。从总体上看，南方国家的生产方式落后，经济增长仍然没有摆脱依赖大量物质消耗的“高投入、高消耗、高排放、不协调、难循环、低效率”的粗放型经济增长方式。也就是说在经济增长的同时，付出的资源环境代价过大，从而加剧了能源、资源短缺的压力，致使可持续发展面临的矛盾与形势相当突出和严峻。南方国家急于发展经济，还不得不发展和接受北方国家淘汰的落后产业，以本国资源的掠夺性开发、生态环境的严重失调为代价来谋求一时的经济发展，结果是北方国家获得了滚滚利润，却让南方国家来承担恶劣的后果。目前北方国家经济、技术、管理水平较高，又经历了“先污染，后治理”的教训，对环境保护能力强、投入多。而南方国家与之相反，对环境保护能力弱，投入也少，更加剧了资源和环境危机。

第五章

南北差距问题解决的对策及其前景分析

对于南北差距问题的解决及前景，国外学者也用不同理论，作出了不同的回答。对这些理论主张作出科学的分析，对于我们积极参与全球治理体系改革，推动人类命运共同体建设，促进世界的和平发展与繁荣进步，具有非常重要的理论借鉴意义和现实意义。

第一节　国际治理理论与南北差距问题的解决

关于南北差距问题的对策研究，从外部因素方面来说，许多国外学者的共识是通过南南合作和南北对话加以解决。无论是南南合作还是南北对话，都牵涉到多方协商解决的问题。当今，资本主义全球化的发展，除了南北差距问题，还有诸如环境污染、军备竞赛、核扩散、民族与宗教冲突、能源问题等问题，已经超出了单个国家的控制范围。这些问题不仅是哪个国家的问题，而且是人类面临的共同问题，对人类的生存与发展构成巨大的威胁，需要通过进行全球治理，使全球各种力量携手合作，才能加以应对，以维持正常的国际政治经济秩序。这一点是整个国际社会达成的共识。全球治理体系是世界各国在全球政治、经济、安全、社会、环境等治理领域所形成的一套原则、规范、规则和机制，并通过具体的、正式的职能机构即国际组织来实施和维护。全球治理体系需要不断改进和完善，对于2008年的金融危机，英国《泰晤士报》的一篇文章中写道："不过，最大的教训是，我们还远未创造出有助于遏制全球化风险的政治和管理制度。如果想让资本、商品和服务继续不受束缚地流动，我们就必须找到一种远为更加有效的办法来监控全球风险，让各国政府联手应对这些风险。"① 对于南北差距问题，国际上有许多学者呼吁重新建构一些国际准则和组织予以解决。阿明在替代性的人道主义全球化方案中认为需要用平等的方式和一个全球性的决策程序，对资源和收入进行更为平等的分配，以解决全球的不平等现象。他指出，要通过协商在世界主要区域之间建立开放而灵活的经济联系，而这些区域目前的发展是不平等的。这需要逐步减少中心区国家对技术和金融的垄断。这意味着目前主导全球市场的组织（所谓的世界银行、国际货币基金组织、世界贸易组织等）停止发挥作用，同时也意味着创生出一套管理全球经济的新体制。② 英国学者保罗·科利尔（Paul Collier）在《最底层的10亿人》中写道："最底层10亿人的社会同样需要建立一些准则，就如同欧盟效应一样。但是它们没有，不过，实际上它们需要的也不是'共同体既有法规'一类的规则。因为这些规则都是由西欧国家所制定的。最底层10亿人社会需要的法则应该能够适应它们社会的发展需要，并能够解决它们所面临的困难。现成的标准和法规确实不少，但是它们中大多数的制定都是为了限定发达国家或者是新兴市

① 《金融海啸可能催生"新资本主义"》，《参考消息》2008年12月11日。

② ［埃及］萨米尔·阿明：《全球化时代的资本主义——对当代社会的管理》，丁开杰等译，中国人民大学出版社2005年版，第5页。

场经济的行为的。最底层10亿人的社会有其与众不同的问题，所以也就需要不尽相同的准则……我将建议制定五部国际章程——这些准则在我看来，有助于最底层10亿人的社会中的改革者们取得改革的机会，并将改革坚持到底。”①

一、资本主义管理全球事务的霸权式统治模式

资本主义诞生以来，启动了经济全球化的历程，全球的联系日益紧密，形成了主权国家间的政治经济关系体系。国际社会处于某种意义上的“无政府状态”，它不像国内社会一样，有统一的政府、统一的制度体系以维护基本的秩序；对于国家间事务、影响到整个国际社会共同事务的治理，一般是一种霸权式的治理，即由霸权国家来保障国际社会的“稳定”。霸权稳定论者认为世界需要有一个居于霸权和支配地位的强国来维持秩序，这一强国所起的作用是一种“稳定器”的作用，并可为国际社会提供一定的“公共产品”。沃勒斯坦认为，国家间体系的霸权是指这样一种机制，在所谓的大国之间的竞争中，一个大国在很大程度上将它在政治、经济、军事、外交甚至文化上的原则和意愿强加于国家体系中。②近现代历史上先后出现了英国治下的和平和美国治下的和平。霸权稳定论认为，近代以来，霸权国家在维护世界政治经济秩序上做出了贡献。查尔斯·P. 金德尔伯格（Charles P. Kindleberger）指出：“世界经济要想保持稳定，必须拥有一种‘稳定器’，即某个国家要能负责为亏本商品提供市场，让资本稳定地（不是逆循环地）流动，而且当货币制度呆滞不灵陷入困境时，它能为提供清偿能力建立某种

① ［英］保罗·科利尔：《最底层的10亿人》，王涛译，中信出版社2008年版，第120页。

② 王正毅、张岩贵：《国际政治经济学——理论范式与现实经验研究》，商务印书馆2003年版，第163页。

再贴现的机制。”[①] 现行的全球体系形成于第二次世界大战后，是在以美国为首的北方发达国家主导下建立起来的，这个体系主要由以联合国为中心的国际安全体系和布雷顿森林协定主导的世界经济体系构成。霸权稳定论为资本主义霸权国建立的国际不公正的政治经济旧秩序作辩护。在现实中，霸权国在国际上采取单边主义态度，不管是使用强制手段，还是利用其政治、经济、文化等各方面的优势来实现对世界政治经济管理，其主要用意是占据战略上的主动，实现对全球事务的控制，从而最大限度地谋求自己的利益。依附论认为纵使在资本主义世界体系中南方国家有所“发展”，也只能是一种不发达的发展。弗兰克指出，南方国家的发展只要处于目前的经济、政治和社会的结构之内，也注定是有限的或者是不发达的发展。[②] 日本学者星野昭吉也指出，发达资本主义国家和第三世界国家之间的非对称性经济关系，形成了“支配—从属”结构。由于生产的全球化是在发达国家之间进行的，因此第三世界的贫困仍然得不到救济，世界经济仍然存在边缘部分。在目前的资本主义世界经济中，并没有进行财富再分配的机制。在世界贸易领域，发达国家之间拥有大体平等的交换条件，而第三世界国家的贸易却不得不处在明显不平等的交换条件下。即使贸易的全球化得到发展，增加的利益和财富也不可能在世界各国中平等地加以分配。全球贸易的结构仍然向富裕的发达国家倾斜。[③]

因此，当今的世界政治经济秩序是由北方发达国家主导的不公平、不民主和不合理的国际政治经济旧秩序。北方发达国家或国家集团利用其自身的

---

① ［美］罗伯特·吉尔平：《国际关系政治经济学》，杨宇光等译，上海人民出版社 2006 年版，第 71 页。

② ［美］查尔斯·K. 威尔伯：《发达与不发达问题的政治经济学》，高铦等译，商务印书馆 2015 年版，第 167 页。

③ ［日］星野昭吉：《全球化时代的世界政治——世界政治的行为主体与结构》，刘小林、梁云祥译，社会科学文献出版社 2004 年版，第 131 页。

经济和军事实力，控制着国际组织，主导和制定有利于自身的国际规则，从而不断加强自身优势。在霸权体系下，南北双方的地位是不平等的，一方是霸权国，另一方是仰人鼻息的弱国，广大南方国家在参与全球事务中处于劣势，往往屈从于北方发达国家。这种霸权所提供的“稳定”的国际政治经济秩序、为国际社会提供的“公共产品”，是建立在霸权体系下大国控制剥削弱国、小国的基础之上的，主要是为霸权国的利益服务的，是一种压力下的冷和平。因而在国家之间不存在进行平等协商与对话、民主沟通与对话的平台，即使存在，也是形式和摆设，无法在全球问题上进行有效的合作，也无法用民主的方式解决相互之间的分歧与冲突，更遑论解决南北差距问题了。

二、国际治理理论对全球事务乃至南北差距问题的解决方案

20 世纪 90 年代以来，北方国家学术界中“治理”一词逐步流行起来。全球治理委员会对“治理”这一概念作了如下界定：“治理是各种公共的或私人的个人机构处理其共同事务的总和。这是一个持续的过程，通过这一过程，相互冲突的或不同的利益得以调和，并采取合作行动。它既包括那些有权迫使人们服从的正式机构与机制，也包括那些人们和机构已经同意的或认为将符合其利益的各种非正式的安排。”[①] 冷战后，虽然出现了众多的全球性问题，但是资本主义全球化的发展，也使主权国家在国际社会进行有限协调与合作的可能性增加。各种国际组织特别是非政府组织在地区、国家、国际等诸层次上大量涌现，各种国际制度和国际规则的创制，为协调国际关系、应对全球问题的挑战、重构国际秩序奠定了一定的基础，并显示了其重要作

① The Commission on Global Governance, *Our Global Neighbourhood*, Oxford University Press, 1995, p.2.

用，预示着较大的潜力。在这种背景下，全球治理理论兴起了。对于全球治理，全球治理委员会认为，“从全球角度来看，治理在世界层次上一直被主要视为政府间的关系，如今必须看到它与非政府组织、各种公民运动、跨国公司和世界资本市场有关，凡此种种均与具有广泛影响的全球大众传媒相互作用”①。还有学者将全球治理界定为“各国政府、国际组织、各国公民为最大限度地增加共同利益而进行的民主协商和合作，其核心内容是健全和发展一整套维护全人类安全、和平、发展、福利、平等和人权的新的国际政治经济秩序，包括处理国际政治经济问题的全球规则和制度”②。

传统上的观点认为，全球行为的主体是各国政府、政府部门以及国家间政府组织。全球治理理论认为随着全球化的发展，国家的权威逐渐削弱，治理的主体不仅仅是各国政府，各种非政府组织、跨国公司、私人企业、利益集团、社会活动等其他主体，也承担着维护秩序、调节经济和协调社会发展等治理的职能。英国学者托尼·麦克格鲁（Tony McGrew）认为，全球治理的基本单元正在逐渐演变成一种复杂的、多层的体系。它是由五个主要的治理单元（或层次）组成的结构性网络，这五个主要的治理单元是：超国家组织（如联合国）、区域性组织（如欧盟）、跨国组织（如公民社会与商业网络）、亚国家（如公共协会和城市政府等）。③全球治理体系作为立体、多层次的治理体系，不仅仅是全球性问题的治理，也包括地区性、层次性的治理。各种不同的行为主体从多个不同的层面、不同向度共同实现对公共事务的管理，是一种多层次全球治理。全球治理强调世界的整体性特征，力图建立一个全球多行为体、多层面和多维度的治理网络，一个全球层次、国家间层次、区

① The Commission on Global Governance, *Our Global Neighbourhood*, Oxford University Press, 1995, pp.2-3.

② 俞可平：《全球化：全球治理》，社会科学文献出版社 2003 年版，第 26 页。

③ 俞可平：《全球化：全球治理》，社会科学文献出版社 2003 年版，第 152 页。

域与次区域层次等多元、多层次的全球治理结构。全球治理理论还认为全球治理不等同于纵向结构的全球政府或世界政府，它的结构不是等级制的，而是一个自主的行为体系，是一个扁平化的治理网络。美国学者詹姆斯·N. 罗西瑙（James N. Rosenau）指出，这是一个治理逻辑不必遵循等级制度的世界，在其中最远的也是最近的，政治的时空向度被碎片化力量揉在一起，使得事件发生摆脱了任何直线性顺序。[①] 全球治理理论认为治理活动主体之间的关系是相互依存的、平等的，以共同的价值观为指导，进行协商和谈判，从而能有效地解决各种涉及公共事务的问题。在治理活动中，参与、谈判和协调构成了治理活动的主要内容，将主要通过合作形式来解决各个层次上的冲突问题。

对于全球问题，包括南北差距问题，全球治理论者期待用民主和协商的方式加以解决。国际治理理论对南南合作和南北对话的可能性、如何进行、能有多大成效、能走多远，也进行了尝试性的探索。全球治理理论在当今的实现途径及其应对南北差距问题解决的可能性有以下设想：

一是建立健全各种国际治理机制，进而协调解决南北差距问题。全球治理理论认为全球治理的过程是各国政府、国际组织、各国公民进行民主协商和合作的过程。全球治理通常以多边对话、民主协商为主要手段以推动世界多极化和国际关系民主化。全球治理的方式强调多主体之间通过协商互动，遵守一定的规范，在不同制度框架内以协调不同行为体间的差异并谋求合作，解决共同面临的问题。那么，就需要通过民主协商建立健全全球治理机制，通过国际制度和国际组织达到对许多公共问题进行必要的管理，以使全球社会向法治的方向发展。但是当今的国际制度不论是在规范制定方面还是在操作实践方面都不尽如人意，现有的国际规则体系不能

① 俞可平：《全球化：全球治理》，社会科学文献出版社 2003 年版，第 61 页。

有效管理全球事务，不能应对全球性挑战，它只能在有限的程度和范围内，对国际社会的运行发挥有限的规范作用。因此，国际社会需要共同努力，建立健全各种全球治理制度体系，更有效地解决各种全球性问题。在各种国际组织平台里，可以经常性地进行南北对话，使一些国际准则的制定多考虑南方国家的利益；还可以成立各种南南合作组织，以更好地代表南方国家的利益，使国际社会的注意力多向落后国家、贫穷问题等转移。联合国在缩小南北贫富差距、促进南方国家发展方面发挥了一定的作用。如联合国认识到教育在人类进步中担负着关键角色，故而把在 2015 年前普遍实施小学教育列为联合国千年发展目标之一。世界银行在执行"人人有学上"的计划中起着重要作用，任何能够提出完成普及小学教育的合理计划的国家都可以得到该银行的财政支持。假如能够全面履行，穷国的所有儿童在 2015 年前就能接受小学教育。①

二是实行多边主义遏制少数霸权国的单边主义，使当今的国际秩序有利于解决各种国际问题乃至南北差距问题。冷战后，美国凭借其强大综合国力，在政治、经济和军事上的优势，在国际社会推行单边主义的外交政策，谋求美国的私利，不顾大多数国家和民众的愿望、利益，挑战已制定或商议好了的维护世界和平与发展的国际准则和规则，严重影响世界的和平与稳定，阻碍着南方国家的发展。联合国前任秘书长安南，就国际社会如何解决全球性问题发表讲话时强调，国际社会应当加强合作，以多边主义共同应对全球挑战。国际社会普遍支持多边主义，国家间通过合作对话来解决国际问题、处理国际冲突。联合国在维护多边体制方面的作用已经得到了世界各国的认可。通过多边主义，可以限制霸权国的单边行为，使南方国家的政治经

① ［美］莱斯特·R. 布朗：《B 模式 2.0：拯救地球　延续文明》，林自新、暴永宁译，东方出版社 2006 年版，第 143 页。

济利益得到保障。

三是进行区域合作、南南合作，增强南方国家自身发展的力量。世界政治经济的两个重要发展趋势，一个是全球化，一个是地区化，区域经济合作在全球日益兴起和发展。北美自由贸易区和南美洲的南方共同市场各自建立，环太平洋地区的区域合作得到进一步加强；欧洲联盟成立，建立了单一市场和货币联盟，促进了区域经济一体化。2008 年 12 月 15 日，东南亚国家联盟（东盟）的《东盟宪章》正式生效，从而朝着欧盟式的共同体迈出了一大步。这份《东盟宪章》使该组织成为具有法律意义上的实体，同时还为该地区设定了 2015 年之前建立单一自由贸易区的目标。[①]2008 年国际金融危机爆发后，金砖国家逐渐走上全球治理的舞台，中国与其他发展中的新兴国家加强合作，建立了金砖国家间的合作机制。近年来，金砖国家合作机制不断完善，在多层次、多领域开展了务实合作，是新兴市场和发展中国家在经济、金融和发展领域交流与对话的重要国际合作平台。在经济全球化的大趋势下，南方国家共同推动区域合作和一体化将有利于经济的长期发展和政治稳定、有利于增强自身的实力。日本学者星野昭吉就把区域治理视为全球治理结构中的组成部分，“区域合作与区域一体化在全球治理结构中占有十分重要的地位。全球治理的框架似乎是由一个区域合作与区域一体化，也就是区域主义的几大中心构成的复杂结构”[②]。地区合作问题的解决给全球问题的解决创造了条件，地区合作治理是全球治理的先导，两者并行不悖。优先解决好地区性的合作问题，并注意与国际合作组织相协调，成为在当代国际合作中的现实追求。

① 《东盟宪章正式生效》,《参考消息》2008 年 12 月 16 日。

② ［日］星野昭吉:《全球政治学》，刘小林、张胜军译，新华出版社 2000 年版，第 291 页。

三、国际治理理论的局限性

国际治理理论反映了全球化时代的客观要求，也反映了人们在观念上的进步。但也有许多国外学者认为全球治理理论能否真正实行并取得实效，其强调参与的多元性、主体的平等性和程序的公开透明性是否现实，却令人怀疑。首先，有国外学者认为从全球治理理论本身来看，它无疑是作为“新自由主义”全球化的一个伴生物而出现的。“全球治理”学说是被新殖民主义者用作推行霸权主义的一个思想工具，与“新自由主义”基本理念存在着特殊关联。“新自由主义”全球化论者极力鼓吹“民族国家终结论”或“民族国家消亡论”，全球治理理论则与民族国家衰落论、主权过时论相呼应。霸权国家在国际上推行其霸权政策，为自己谋求私利，能打着“自由民主人权”的旗号侵犯发展中国家的主权，也就极有可能打着“全球治理”的旗号对广大南方国家的内政横加干涉。一些学者认为，“全球治理”是披着理想主义外衣的最狡诈的自由主义，它建构的“治理社会”是一个乌托邦式的幻想，因为它没能改变国际政治的本质。[①] 法国学者玛丽－克劳德·斯莫茨（Marie-Claude Smouts）指出：“它（指全球治理论者）设计的社会生活是天下太平，无视那些你死我活的争斗、对他人实行直接统治的现象，以及因国际社会中若干部分之难以控制而引发的种种问题……全球治理的基本标准是效益：处理争议、解决问题的效益，调和各方利益的效益。这当然对大家有利。但是，既然不存在中央组织和全球性的参照系统，市场便成为当今世界上唯一起作用并影响一切相互作用的社会子系统的调节者，而‘全球治理’很可能不过是

① 唐贤兴、张翔：《全球化与全球治理：一个“治理社会”的来临？》，《世界经济与政治》2000 年第 1 期。

一件理想主义、举世归心的外衣，下面隐藏着最狡诈的经济自由主义。”①

在南南合作和南北对话中，国际组织是平台，国际制度是运行规范。现行的国际组织和国际制度主要由北方国家建立并主导，其运行规则和制度必然着力于维护北方国家的利益并受北方国家价值观念的影响。联合国和它的下属组织应该是担负全球治理主要职能的最重要的政府间国际组织，但从目前的发展趋势看，其未来基本上仍将被以美国为首的北方大国左右，而美国有时还会绕开联合国采取单边主义军事行动。目前以联合国为代表的坚持协商一致的国际组织以及谈判规则面临着巨大挑战。正如许多国际左翼学者指出的那样，在当今国际社会中，美国作为超级大国，日本、德国、英国、法国等作为强国，处于世界体系的中心位置，其他广大的发展中国家则处于边缘位置。在国际组织和大国的根本利益不一致的时候，全球治理就会出现危机。而且有些北方大国经常为了一己私利，操纵国际组织损害别国利益。自20世纪70年代末80年代初以来，发达资本主义国家推行“新自由主义”的全球化，大谈“民族国家和国家主权失去意义”，要求发展中国家把有关主权让渡给国际货币基金组织和世界银行等国际金融经济机构，以保证其对弱国市场行使霸权，已经给发展中国家特别是拉美国家造成了巨大的危害。如在关税及贸易总协定乌拉圭回合谈判中，北方发达国家推动世界贸易组织制定了比以前更为严格的贸易协议，使南方国家获得先进技术更加困难。

国际组织往往机构庞杂、制度混乱，在应对复杂的全球问题时容易出现效率下降的现象，从而影响成员方对国际组织的信赖。最主要的是，这些国际组织、非政府组织的经费来源主要依赖于大国，因此它们很难开展任何为这些政府所反对的工作。由于这些国际机构的不公正、不合理行为，使得政

① ［法］玛丽-克劳德·斯莫茨：《治理在国际关系中的正确运用》，肖孝毛编译，《国际社会科学杂志》（中文版）1999年第2期。

府间国际组织很难在全球治理中获得有效的权威，世界上许多国家对这些组织行使全球治理的权力持怀疑态度。此外，由于联合国五大常任理事国在重大国际问题上分歧巨大，并且任何一个常任理事国都拥有否决权，导致联合国经常在关键国际争端上无法采取实际行动。同时，美国经常想依靠联合国来达到自己的政治目的，一旦达不到目的，就嫌弃联合国，经常以拖欠会费等行为作为要挟手段，使联合国的公信力日益下降。就非政府组织而言，某些北方国家正是利用非政府组织的自身特点，干预别国经济、政治生活。非政府组织的行为已经超出正常活动范围，违背了其非政府化的特点，反而与跨国公司等机构一样，成为北方国家伸向其他国家的触手。近年，欧亚大陆中部发生的一系列所谓“颜色革命”，如 2003 年的格鲁吉亚“天鹅绒革命”，2004 年乌克兰的“橙色革命”，还有吉尔吉斯斯坦“黄色革命”中都有非政府组织的影子。

成立地区性国际组织和南方国家间的合作组织，进行区域合作，也是增强南方国家力量、解决南北差距问题的一个重要设想。在资本主义体系下，不仅有全球性的大霸权国，而且还有地区性霸权国，这是由资本主义制度决定的。在南南合作中，一些地区性大国为了获得地区性霸权，往往以霸权主义行径对付更弱小的南方同类，使一些区域性合作组织难以建立或者说建立后不能真正发挥作用。如印度，自尼赫鲁时代开始，就意图做一个大国，并提出了“印度中心论”和“有声有色的大国论”。为了实现其大国梦，印度妄图继承英国在南亚所有前殖民地，妄想着建立一个包括中国西藏、缅甸、巴基斯坦和克什米尔在内的“大印度联邦”。在南亚地区，印度通过政治、经济、军事和人文等多种手段，对邻国进行了不同程度的控制。印度对巴基斯坦、斯里兰卡、不丹和马尔代夫等国，都曾施加过直接的军事影响。印度独立后还要中国政府承认非法的“麦克马洪线”，多次侵占中国领土。1962 年，中国人民解放军驻西藏、新疆边防部队在中印边境地区对侵入中国领土的印度军队进行了自卫反击作战。近年来，印度领导人更是提出了一个意在控制印度洋，进而谋求世界大国地位的“印度洋战略”。为此，印度政府一直将扩充军备作为一项基本国策，大力发展军事力量。1962 年印度失败后，加大了军队建设步伐。1998 年更是以所谓的“中国威胁”为借口，悍然进行了核试验，成为有核国家。印度还在南亚进行一系列破坏他国稳定的秘密行动，如“在孟加拉国，印度研究分析处（印度情报机构——笔者注）创建了一支叛乱部队，让他们在孟加拉国进行破坏活动。2005 年 8 月 17 日，由印度研究分析处在孟加拉国策划的连环爆炸案震惊了孟加拉国。这些爆炸活动是印度为了动摇支持中国的孟加拉国的稳定”①。

除却区域性的霸权国破坏，南方国家间的合作也是困难和挑战重重。南方国家大小不一、发展程度不一，有着不同的国家利益，难以协调一致行动。由于南方国家之间发展的不平衡，面临问题各异，如非洲国家最关注粮食和难民问题、拉美国家最关注债务问题、亚洲国家最关注贸易问题等，使相互间凝聚力减弱，南南合作受阻。冷战结束以后，“七十七国集团”和“不结盟运动”这两大全球性南南合作组织的影响力也日益下降，作用有限。2009 年哥本哈根举行了被称为“拯救地球的最后一次机会”的气候大会。但这次会议却没有取得成功，其中发展中国家利益的分化，是此次哥本哈根会议失败的主因。发展中国家之间的发展差距日益扩大，从温室气体排放方面来说，一些发展较快的南方国家排放量剧增，但小岛屿国家和部分撒哈拉以南的国家对巨大的碳排放量影响到其生存颇为不满，从而导致以前诉求一致的发展中国家利益产生分化，导致了全球气候谈判的破裂。欧盟现已成为一个庞大的区域性国际组织，成为地区一体化的成功典范。但是纵使是欧洲这样社会文明程度和经济发达程度都较高的地区，欧盟若想行动步调一致，也

① 英国《政治观察周刊》:《印度在南亚开展“秘密战争”》,《参考消息》2008 年 12 月 14 日。

是极其困难的。在2008年的国际金融危机中，欧盟虽然摆出“一致”姿态，但其内部的争执一直未见结束，内部分歧致集体救市难成行。欧洲尚且如此，何况南方国家？！

“全球治理”理论主张以民主和协商的方式解决矛盾和争端，这在当今国际社会中也是困难重重。由于国际社会的无政府状态，不存在最高的权威，资本主义国家又大多崇尚实力外交、权力政治，使侵略、颠覆、控制、干涉和制裁等强权政治行为成为常态。一些霸权国为了追求一国私利又常常不能容忍任何退让，不做丝毫的让步，使国家间很难达成有效的合作。国际社会中在涉及次要问题时，通过协商和妥协是可以解决的，但是涉及关键问题，涉及双方利害的根本利益时，协商和妥协是很难解决问题的。2008年底，联合国举行了全球规模的气候变化论坛会议，尽管各方积极发言，但这次会议在核心问题上未能取得重大进展，即谁该在减排问题上做出最大牺牲，以及如何采取具体措施进一步支持那些受气候变化影响严重的发展中国家。这次会议还准备启动所谓的“适应基金”，成立这一基金旨在帮助那些受到海平面上升、干旱和洪水影响最为严重的贫穷国家。然而，令人失望的是，在如何增加对该基金投入的问题上，会议没有达成一致意见。[①]联合国气候大会于1997年12月在日本京都通过了《京都议定书》，这是人类第一部限制各国温室气体排放的国际法案，全称是《联合国气候变化框架公约的京都议定书》，其目标是将大气中的温室气体含量稳定在一个适当的水平，进而防止剧烈的气候改变对人类造成伤害。但在《京都议定书》的谈判过程中，北方发达国家忘记了自己是历史上和现今温室气体最大的排放者，一再指责南方国家在控制温室气体排放问题上不合作，要南方国家承担更多的责任与义务。更有甚者，美国是全球最大的二氧化碳排放国，却为了其本国的利益于2001年

① 法新社：《联合国气候会议未获重大进展》，《参考消息》2008年12月14日。

以“减少温室气体排放会影响美国经济发展”和“发展中国家也应该承担减排义务”为由，宣布单方面退出《京都议定书》。所以，即使是面对这样具有高度共识、威胁人类生存发展的全球问题，由于资本主义、资产阶级的利己本性，国家与国家之间、国际组织与国家之间，等等，出于各自利益，也难以形成共识，采取妥协措施来弥合分歧、消除冲突，最终达成合作，解决并缓和南北差距等国际问题。美国总统特朗普上台以来，先后退出了跨太平洋伙伴关系协定、巴黎协定、联合国教科文组织、联合国人权理事会等国际组织，为了美国霸权私利欲重塑国际规则与秩序，这种行径使通过对话和谈判解决国际问题的方式受到重大挑战。

当然，协商和谈判的方式在解决南北差距问题方面也发挥了一定的作用。但由于上述原因，面临着巨大挑战。总之，国际治理在实践上受到全球垄断资本利益的制约，受到北方大国霸权主义和强权政治的干扰。因此，即使是全球治理的积极倡导者，对全球治理也抱有某种程度的悲观态度。人类社会在漫长的发展过程中，不断寻找着与时代发展水平相适应的社会管理模式。人们在全球层面探寻规范全球秩序、保障世界和平与安全的组织制度，出现了各种国家间政府组织和以实现特定利益为目的的非政府组织，这为全球治理打下了良好的组织基础。目前国际治理机制的发展，其真正发挥应有作用的那一天，只能是北方大国主导的国际政治格局被打破，国际秩序真正实现民主化的那一天。

第二节　发展理论与南北差距问题的解决

关于南方国家自身的发展，南北差距问题的解决，北方发达国家也有发展理论为之出谋划策。第二次世界大战结束以后，一大批南方国家赢得了政治独立。此时，南北之间的差距是巨大的，南方国家面临着尽快发展、缩小差距的任务，不然就不能真正维护政治上的独立。对于这些国家来说，适宜的社会发展理论是相当缺乏的。而对于北方发达国家来说，由于社会主义阵营的存在，北方资本主义集团也需要有限度地扶助一些南方国家，争取南方国家，进行制度竞争。总之，迫于经济上和政治上的需要，北方发达国家的社会科学家感到有必要对南方国家的发展问题进行研究。南北差距首先是在经济上的差距，经济问题是具有决定性的，所以发展问题的研究首先是在经济方面，这方面的研究即为发展经济学。因为目前发展经济学的发展，其研究范围不仅仅只在经济方面，还涉及了制度等诸方面，开始从系统上探究发展问题。研究发展理论的学者中还有许多进步人士，对发展中国家的苦难有着较深的同情之心，特别是被称作激进主义经济发展理论的学者，提出了许多有价值的理论观点和主张。

但对于北方国家主流经济学和发展经济学、发展理论，我们要有清醒的认识。虽然有一些北方国家学者的理论出发点是好的，他们也对如何推动第三世界国家经济社会发展进行了探讨，这些理论包含一些客观认识，但这些理论主要为北方国家资产阶级所主导和支持，包含着实现北方国家统治者奴役和控制第三世界，使之永久地落入附庸地位的政策和战略企图。就整体而言，北方国家发展学不过是用北方国家的利益、理论、思维定式来规范、引导第三世界发展，为北方国家服务并确立和加强北方国家对第三世界控制的学说。北方国家发展学以北方国家对第三世界的控制和掠夺作为政治的依托，以新古典主义作为理论的基础，20 世纪 80 年代以来，发展经济学已经渐次失去独立的意义，几乎完全融入“新自由主义”。在一定意义上，“新自由主义”已经取代北方国家的发展学，成为征服大多数第三世界国家，在这些国家发展中发挥主导作用的思想。

一、发展观的演变

在发展观方面，早期崇尚的是“增长的发展观”。“增长的发展观”以快速提高国民生产总值作为目标，认为经济增长了，社会其他发展目标自然而然就会得到实现。人们关心的主要是经济增长率和国民生产总值的数量，并以此作为衡量一国发展水平高低的唯一标准。在这种发展观的指导下，很多国家出现了“有增长而无发展”的现象。一方面，这种现象的产生源于忽略了经济发展的其他内容，如只思考把“蛋糕做得大些”，而不考虑能否公平分配，从而使人民群众的生活质量并未得到根本改善，致使阶级矛盾突出。还出现了诸如人口膨胀、过度城市化、社会政治动荡、农业停滞不前、社会腐败、生态危机等一系列新问题，并极大地妨碍了经济进一步发展。另一方面，社会的繁荣和发展以无偿耗费自然环境和恶化环境为代价，使人类社会与自然环境处于对立与不和谐状态，从而导致“有增长而无发展”的情况更加严重。

从“增长的发展观”到综合的发展观和以人为本的发展观。综合的发展观强调发展是“综合的”和“内生的”。美国经济学家迈克尔·托达罗认为：“虽然经济进步是基本部分，但它不是唯一的部分。发展不纯粹是一个经济现象。从最终意义上说，发展不仅包括人民生活的物质和经济方面，还包括其他更广的方面。因此，应该把发展看作包括整个经济和社会体制的重组和重整在内的综合过程。除了收入和产量的提高外，发展显然还包括制度、社会和管理结构的基本变化以及人们的态度，在许多情况下还有人们的习惯和信仰的基本变化。”[①] 法国学者弗郎索瓦·佩鲁（Francois Perroux）的《新发展观》一书对这种发展观进行了详尽的阐述，他认为：“这种发展观是‘整体的’、‘综合的’和‘内生的’。”强调要把增加就业、消除贫困作为目标，对经济、政治、文化和社会生活各个方面都进行协调变革；要充分正确地依靠和利用本国的力量和资源，包括文化价值体系来促进发展。书中还提出了“为一切人的发展和人的全面发展”的目标。[②] 佩鲁强调要从“人的活动及其能力”来研究发展问题，提出发展的目的是“以促进该共同体每个个别成员的个性全面发展”。在上述发展理论的影响下，联合国开发计划署从 1990 年起，每年发表一份不同主题的《人类发展报告》。《1994 年人类发展报告》对以人为本的综合发展观做了比较明确的表述：“人类带着潜在的能力来到这个世界上。发展的目的就在于创造出一种环境，在这一环境中，所有的人都能施展他们的能力，不仅为这一代，而且能为下一代提供发展机会”“人类选择会远远超越经济福利”。根据这一新的发展观，联合国确立了一种新的度量发展的标准——人类发展指数（Human Development Index，简称 HDI）。

“可持续发展”的核心观念是“既满足当代人的需要，又不对后代人满足其需要的能力构成危害的发展”。它的目标是要使社会经济具有长时期持续发展的能力，不仅要满足当代人生存和发展的需要，而且要考虑到后代人生存和发展的需要；不仅要满足人们的物质生活需要，而且要使人们生活的环境不断得到改善。可持续发展是一种崭新的发展观，重在阐明人口、资源、环境等自然要素方面对发展的制约，并且认为关注当代人发展的需要必须同考虑发展的后劲和代际的发展需求问题结合起来。

---

① ［美］迈克尔·P. 托达罗：《经济发展与第三世界》，印金强、赵美荣译，中国经济出版社 1992 年版，第 50 —51 页。

② ［法］弗郎索瓦·佩鲁：《新发展观》，张宁、丰子义译，华夏出版社 1987 年版，第 3 页。

二、发展经济学的不断变革及其关于发展的举措

在早期，发展经济学家普遍认为，由于南方国家市场体系不完善，社会经济结构缺乏弹性，价格机制被扭曲，市场不能对经济发展起重大调节作用。因此，认为北方国家正统经济学（新古典主义经济学）的一些原理并不适用于南方国家，需要借助于国家干预或计划，来进行经济结构的重大改进和经济关系的重大调整。在早期发展经济学中，比较重视资本、工业化和经济计划。他们认为资本积累与资本形成是南方国家经济发展的唯一决定因素，这种观点强调了储蓄增长、资本形成及积累对南方国家经济增长的极端重要性。工业化论认为南方国家应通过进口替代、出口导向、优先发展重工业等措施，大力实行工业化发展战略，来逐步实现国家的工业化。计划论认为南方国家要加强国家计划和干预，着重依靠国家的职能来有计划地集中使用稀缺的社会经济资源用于国家急需发展的项目，同时国家制定经济发展计划来实现经济的发展。

早期发展经济学结构主义思路在实践中遇到的问题，又使以新古典主义为主流的发展经济学得到发展。新古典主义经济学要求南方国家减少国家对经济的干预，主要发挥市场机制的作用。新古典主义经济发展理论强调出口鼓励战略，推行贸易自由化政策，以更好地利用国外贸易机会。新古典主义经济发展理论还探讨了人力资本对经济发展的作用，认为物质资本只是全部资本的一部分，还有人力资本。美国经济学家舒尔茨（Theodore W. Schultz）是公认的人力资本理论的构建者。舒尔茨强调了经济发展的关键是增加人力资本投资。在影响经济发展诸因素中，人的因素是最关键的，经济发展主要取决于人的质量的提高，而不是自然资源的丰瘠或资本的多寡。人力资本投资可以通过普及教育、职业教育、短期培训或各种形式的继续教育来进行。

这个时期，发展经济学对人力资本、知识的重视最终使内生增长理论产生。其核心思想是认为经济能够不依赖外力推动实现持续增长，内生的技术进步是保证经济持续增长的决定因素。内生经济增长理论把技术进步具体化为人力资本积累和投资，以及对生产新知识的研究、开发和投资，以此保证长期的经济增长。综上所述，南方国家要摆脱贫困和落后，要加强对知识和人力资本的投资。在新古典主义的影响下，不少南方国家出现了一定的经济增长。但是新古典主义经济学过分推崇市场机制，主张实现完全的自由化、私有化。新古典主义经济学推崇金融自由化理论和政策，却忽视了金融体系的健全和安全；过分实行出口鼓励战略，使得经济过分依赖国外市场的需求，等等，因而在实践中造成了巨大的危害，如 1997 年东亚金融危机。

发展经济学的进一步发展——新古典政治经济学与制度主导型发展政策。早期发展经济学的研究将发展归结于资本积累、技术进步等，新古典政治经济学家认为，对经济发展来说，资本积累、技术进步虽然重要，但制度的重要性也不容忽视，制度对经济发展起着决定性的作用。现行经济组织或制度有效率，经济发展才成为可能。新古典政治经济学把经济和制度、政治、法律、文化、道德伦理等看作一个互相影响的大系统，认为经济发展或者不发展的原因并不是某个单一因素所能决定的，需要用若干个因素的共同作用来促进经济发展。新古典政治经济学围绕包括政治、法律、文化等非经济因素在内的制度背景展开分析，得出了许多重要的理论观点。对制度做出重大研究的是新制度经济学，这是以制度作为其主要研究对象的经济理论。新制度经济学创新了制度分析法，将制度因素内生化，专门考察制度因素对经济发展的影响与作用。T.W. 舒尔茨在《制度与人的经济价值的不断提高》一文中，将制度定义为管束人们行为的一系列规则。诺思（Douglass C. North）认为，制度是一种社会博弈规则，是人们所创造的用以限制人们相互交往的行为的框架。制度是为约束在谋求财富或本人效用最大化中个人行为而制定的一组规章、依循程序和伦理道德行为准则。[①]诺思还把制度规则分为两大类：正式规则和非正式规则。正式规则是指人们有意识创造的一系列政策法则。非正式规则是人们在长期交往中形成的代代相传的文化的一部分。非正式规则主要包括价值信念、伦理规范、道德观念、风俗习性、意识形态等因素。制度规范了人们之间的相互关系，减少了信息成本和不确定性，使合作得以顺利进行。制度降低了交易成本。有效的制度能减少市场中的不确定性，抑制人的机会主义行为倾向，从而降低交易成本。产权制度是制度集合中最基本、最重要的制度。产权不是指人与物之间的关系，而是指由物的存在及关于它们的使用所引起的人们之间相互认可的行为关系。产权安排确定了每个人相应于物时的行为规范，每个人都必须遵守他与其他人之间的关系，或承担不遵守这种关系的成本。由此产权制度是一系列用来确定每个人相对于稀缺资源使用时的地位的经济社会关系。[②]新制度经济学的研究对象是制度，而制度研究离不开国家。国家是制度的最大供给者，它规定了产权结构，从而在制度变迁和经济兴衰中起关键作用。政府最重要的职能就是为经济和社会发展提供各种制度安排，尤其是产权制度安排。诺思认为，政府的一项重要职能就是在统治者的福利最大化目标范围内界定和保护产权。

激进主义经济发展理论认为依附、不发达和不平等产生的根源是世界资本主义体系，不发展的原因不是传统的生产方式，而是资本主义。所以，南方国家要发展必须推翻资本主义，反对以欧美为中心的现代化模式，注重自主发展模式。对于发展中国家现实的发展，还主张发展中国家应该与发达国家“脱钩”，摆脱依附地位。20 世纪 70 年代以来，随着资本主义经济全球化的深入发展，一方面，许多发展中国家对资本主义中心国家的依附性日益加

① ［美］道格拉斯·C. 诺思：《经济史上的结构和变革》，厉以平译，商务印书馆 1992 年版，第 196 页。

② ［美］R.H. 科斯、阿尔钦等：《财产权利与制度变迁——产权学派与新制度学派译文集》，胡主君译，上海三联书店 1991 年版，第 204—205 页。

深；另一方面，一部分发展中国家特别是东亚新兴工业化国家和地区积极吸纳发达国家工业资本的转移投资，经济迅速发展，出现了“东亚奇迹”，激进主义经济发展理论的一些理论观点引起了众多非议。在对依附论一些脱离现实理论观点的批判与反思中，以巴西总统、经济学家费尔南德·卡多佐（Fernando H. S. Cardoso）为代表的依附论者，修改了自己的观点，提出了“联系性依附发展”的观点，认为在外围国家暂时不可能摆脱依附状态的情况下，发展是有可能的。在卡多佐的影响下，在20世纪80年代后期许多依附论者都修正了自己的理论观点。阿明指出：“从长期发展趋势来看，外围国家最终要与世界资本主义体系脱钩，但是脱钩并不是闭关自守。”①

总之，对于激进主义经济发展理论的研究成果，我国一些学者认为虽然他们的理论体系主要起源于马克思主义，但他们的一些理论观点不够全面、准确和科学。但总体来说，国外左翼学者围绕落后国家的发展问题，主要研究了资本积累和帝国主义、资本主义世界体系的运转机制及其矛盾，不发达国家落后的原因和实质，全球剥削关系和剩余价值的转移，世界性的阶级关系和阶级冲突等，理论框架和主要观点是符合马克思主义的，是马克思主义政治经济学的重大发展。认真梳理和借鉴国外左翼学者研究落后国家发展问题的成果，对于构建和完善马克思主义国际政治经济理论和落后国家的发展，无疑是意义极为重大的。从20世纪五六十年代起，许多国外左翼学者就已经深入研究了发达资本主义国家在经济、金融、政治和文化方面的霸权和对发展中国家的全面制约机制，其中有全球剩余价值转移机制，发达国家特别是美元霸权对落后国家金融安全的影响乃至跨国公司避税和利润转移问题等。这些研究在当今依然有重大价值和意义。

① 颜鹏飞：《激进政治经济学》，武汉出版社1996年版，第209页。

三、发展理论关于解决南北差距问题的观点

加强制度建设和制度创新。制度经济学看重制度的作用，认为南方国家要发展，要缩小南北差距，首先就是要进行制度改革和创新。强调制度的重要性是必要的，但制度经济学家强调的“制度”是什么样的制度呢？在经济上，他们认为就是要进行私有化产权改革，确保产权清晰。不少北方国家经济学家指出“科斯的产权清晰就是私有产权”。美国经济学家斯蒂格利茨把新制度经济学的产权清晰论叫作“产权神话”。新制度经济学把产权制度作为核心制度，并认为生产要素私有制和资本主义市场制度是永恒优越的，这是错误和不正确的。它并没有科学地揭示生产力（技术等）与生产关系（经济制度等）以及经济制度与国家制度和意识形态（上层建筑）的辩证关系，没有揭示阶级社会中各种根本制度背后的阶级关系及其利益。斯蒂格利茨说：“这种神话是一种危险的神话，因为它误导了许多转型国家把注意力集中在产权问题上，即集中在私有化上。”[①]斯蒂格利茨的研究证明，明晰产权对于向市场经济转型的国家来说并非关键问题甚至是不必要的，政府几乎都有可能改进市场的资源配置。“没有私有化，甚至没有清晰地界定产权，也能成功地进行市场改革。”[②]

同时，国家是制度的最大供给者，国家也是最大的制度安排，国家在制度变迁、制度创新中有着巨大的不可替代的作用。对于南方国家来说，国家、政府担负的发展经济的责任更为重大，人们也更希望国家、政府能担负起重任。制度经济学者也看重国家的作用，但主要是在界定和保护私有产权

① Joseph E. Stiglitz，*Whither Socialism*？Cambridge：The MIT Press，1994，p.252.

② Joseph E. Stiglitz，*Whither Socialism*？Cambridge：The MIT Press，1994，p.262.

制度上。而不少南方国家的上层统治集团要么腐败、要么被特殊利益集团所把持，不能有效地肩负起引导社会发展的重任。为此，制度经济学者们的普遍共识是：要建立有约束机制的政治体制，他们认为北方国家三权分立的政治体制是南方国家可以借鉴和参考的。制度经济学家认为南方国家还要建立健全宪法秩序，主要是保护私有产权的宪法制度。诺思认为，私有产权制度的强化很大程度上在于限制政府的权力。有效产权制度的基本标志之一是产权的交易规范能否法制化，要建立遏制国家机构对产权干扰的有效手段。这潜台词就是要照搬北方发达国家的政治经济制度，彻底进行所谓的私有化、市场化，国家保护资本主义私有制。这也充分说明了制度经济学的资产阶级意识形态属性，这早已被南方国家的发展现实证明是失败的。一些南方国家即使能把北方国家的各种制度和法律规范照搬过来，正像制度主义者的研究那样，却因为和旧有的非正式规则产生冲突，使借鉴来的制度无法实施和难以奏效。制度经济学还要求南方国家进行制度创新，但在目前的国际条件下，南方国家的发展常常面临着国际困境。以北方发达资本主义国家为代表的国际垄断资本势力，在经济上主要是为了控制南方国家的经济命脉，以榨取南方国家人民创造的剩余价值。为了达到这个目的，北方发达资本主义国家常常推行霸权主义和强权政治，干涉南方国家的内政，使南方国家很难寻找和坚持适合自身国情的政治经济制度安排。

加强教育和科技的发展，促进人力资源的提高，是南方国家所必须解决的一个重大问题。教育是提高人力资源素质的最重要措施。如前文所述，在广大南方国家，与北方国家在教育体制、教育投资、教育水平等方面存在着巨大的差距。因此，在经济发展过程中，实现教育现代化，必须提高教育的投资效率，更新旧的教育思想、教育观念，改革旧的教学内容、课程体系、教育手段方法、教学模式、教育评价体系和教育管理体制，以适应社会现代化建设的需要。与教育问题类似，科技的发展也是如此，在科研体制、科研投入等方面的差距也严重制约了南方国家的发展。南方国家不仅要加强本国的科技建设，还要加强科技产业化的建设，通过发展先进技术来提升本国的产业，降低对北方国家的依存度。在南方国家对外开放的现实中，引进国外先进技术来促进自身的技术进步和经济发展，虽然能够在短期内以较少的投入获取较好的效果，但一般引进的是较低层次、较低等级的技术，往往还附带了许多不合理的转让条件，经济上受到了一定程度的损失。因此，由以模仿创新为主转向以自主开发为主，是降低南方国家在科学技术上对北方国家依存度的重要路径，是提高南方国家经济实力、保证经济安全、缩小南北差距的重要方面。

注重以人为本的社会整体发展。根据新的发展观，人们的共识是社会发展要注重以人为本的综合协调发展，主要为：要注重发展的全面性、协调性。南北差距是一种全面的差距，在推动经济发展的同时，要注重政治建设、文化建设和社会建设，促进社会各个方面的全面协调发展，实现经济发展和社会全面进步。要注重发展的主体性、人本性。社会发展要满足人的物质文化需要，切实保障人的经济、政治、文化权益，让发展成果惠及全体国民。同时要注重分配的正义性、合理性，不是牺牲一部分人利益去满足另一部分人，而是实现所有人的利益需要。要注重发展方式的集约性和可持续性。要节约资源、保护环境，倡导绿色生产、文明消费；发展循环经济，走新型工业化道路，实行低消耗、高产出、零污染、可循环的集约型发展方式。总之，当今世界，虽然出现了规范和影响世界发展潮流的许多新发展理论，希望经济发展与社会发展协调，一部分人的发展与大部分人的发展协调，人和社会的发展与生态保护相协调，一些国家还对发展政策进行了调整，但因为资本主义基本矛盾的存在，资本主义制度的制约，南方国家的调整并不彻底，跳不出传统发展模式的窠臼，这些新发展观和发展理论的一些设想也难以实现。

上述都谈到了国家的作用问题。事实上，第二次世界大战后，资本主义处于国家垄断资本主义阶段，很多南方国家都采用了国家垄断资本主义的形式，借助国家的力量，得到了一定的发展。但由于国家能力强弱、具体的制度安排、具体的发展战略、具体的国情不同，以及外部国际条件不同，发展程度不一。韩国等东亚新兴工业化国家和地区，发展于国家垄断资本主义时期，民族主义意识较强，集体主义传统较多，国家能力较强；依靠国家资本主义，借助有利的国际条件，有选择地保护，有选择地开放，采用出口导向等发展战略，发展形势较好。因此，如何正确处理好政府与市场的关系，直接关系到南方国家的发展。在下文，将依据发展型国家理论，从国家作用的角度来探讨南北差距问题的解决。

第三节　资本主义发展型国家的理论与南北差距问题的解决

一、资本主义发展型国家的理论与实证分析

20 世纪 80 年代以来，东亚奇迹成为国际学术界的热门研究课题，众多学者从不同的角度对这一现象产生的原因进行解析。一些学者用北方国家新古典主义解释，坚信是市场的力量造就了这样的奇迹。另一些学者则用国家主义的理论框架进行分析，“发展型国家”概念和理论被用来解释东北亚（特指日本、韩国等）20 世纪六七十年代的经济发展奇迹。自发展型国家的概念出现以来，发展型国家理论就成了国家主义者最具代表性的表述，发展型国家代表的是国家主导型经济发展模式。这一概念和理论主要是 1982 年美国学者查默斯·约翰逊（Chalmers A. Johnson）提出的。自查默斯·约翰逊提出“发展型国家”概念以来，吸引了众多学者进行研究，使发展型国家理论得到不断丰富和发展，并使之成为解释东北亚一些国家和地区 20 世纪六七十年

代经济奇迹的重要理论。在《通产省与日本奇迹》一书中，查默斯·约翰逊用发展型国家一词描述日本在发展经济过程中政府官僚阶层的自主性以及日本所采用的产业政策和经济干预手段，认为东亚成功的关键在于国家对经济进行了干预，对市场进行了引导。在政府主导型的经济发展模式下，东亚特别是日本、韩国、新加坡等国实现了经济的迅速发展，并跻身于世界先进国家的行列。

通过对韩国等国家发展经验的探讨，发展型国家理论学者指出，这类国家的政府大都具备较强的干预能力，政府与商业之间建立了极为复杂而紧密的网络联系，能制定正确的产业发展政策，从而形成了特殊类型的发展模式。他们认为发展型国家主要有四个特点：第一，持续的发展意愿；第二，具有高度自主性的核心经济官僚机构；第三，紧密的政商合作；第四，有选择的产业政策。[①]美国学者禹贞恩认为“发展型国家”是由政治的、官僚的和财阀势力组成的无缝网络的简称，这一网络塑造了东北亚的资本主义经济生活。[②]东北亚这些国家和地区发展的成功经验使得许多学者也探讨起南方国家学习他们发展的经验，成为下一轮发展型国家的可能性。这里主要以韩国为例介绍发展型国家，并探讨其他国家成为发展型国家的可能性问题。

韩国曾是世界上最贫穷的国家之一，“人们几乎不敢想象韩国能从贫困的恶性循环中走出来”[③]。然而，仅用了不到20年的时间，韩国就一跃成为新兴工业化国家，创造了举世瞩目的“汉江奇迹”。韩国政府主导型发展战略主要发端于朴正熙任总统时期，强烈的发展意愿有民族主义、地缘政治、制度竞争等诸多因素。韩国走这条道路时，有着地缘政治条件，它是在美国的

---

① ［美］禹贞恩：《发展型国家》，曹海军译，吉林出版集团2008年版，第1页。

② ［美］禹贞恩：《发展型国家》，曹海军译，吉林出版集团2008年版，第1页。

③ ［韩］朴圣相：《南朝鲜的经济发展与产业、金融政策》，洲雁编译，《经济社会体制比较》1989年第2期。

卵翼之下发展起来的。韩国是在美国支持下建立的，至今还有美国驻军。美国出于国际战略的考虑，为了扶植发展样本和社会主义竞争，给予韩国大量援助，美国的军事支持、经济援助直到现在仍然是韩国的政治精英决策的重要筹码。朝鲜半岛南北对峙的处境也是工业化的巨大压力之一。所以，“在一个持续的军事竞争环境里，国家安全可能成为政府官员个人权利和财富最大化的先决条件。在这种情况下，它们可能会在一段时间内随着外部军事威胁的加剧，把国家安全和个人利益等同起来，而工业化又是国家安全的根本保障，所以政府官员就有可能拥有共同的发展意愿。这样，发展型国家就可以成为国内层面的独立行为体。现代国家在欧洲的崛起就是这样一个持续的军事竞争环境所促成的。日本发展型国家也是在西方列强不断的军事、政治、经济和文化威胁下崛起的。韩国的发展型国家同样是在持续军事竞争的环境里形成的”①。

朴正熙在 1961 年 5 月军事政变上台后，开始了政府主导、出口导向和不均衡发展等战略，推进了韩国经济的有计划发展。他提出了“经济发展第一”的方针，主张运用强有力的政治权力，调动各种经济资源、社会资源和文化资源，排除各种传统障碍，大力推动工业化进程。韩国的政府主导是指政府的“定向”和“导向”在经济运行和发展中起作用。政府的作用可以简单概括为：政府规划、指导、管理和调控经济。韩国政府发展经济的具体方法是：第一，审时度势确定经济开发战略，调控经济发展方向。韩国政府在 20 世纪 60 年代中期提出了“出口主导型”经济开发战略；70 年代以后，提出“重化工业化”经济开发战略，把经济发展重点由轻工业转向重化工业；80 年代以后，又提出“技术立国”等。第二，根据经济发展战略，制定具体经济开发计划，并采取以自由与计划相结合的方式为经济发展的指导原则。

① 朱天飚：《比较政治经济学》，北京大学出版社 2006 年版，第 221 页。

政府主导实施了一系列经济开发计划，并制定了几个五年计划。第三，强调依法指导和干预经济建设。为适应经济发展的需要，制定各项经济政策、法规及措施并加以执行。第四，韩国政府首脑亲自干预经济。政府最高层直接干预经济、直接处理经济运行中的重要问题。

韩国的政府主导型模式之所以能成功，重要的是因为其紧密的政商关系。这首先有其思想来源。朴正熙认为，在市场经济条件下，应把“最大限度的竞争和最小限度的计划”相互结合作为原则，他曾研究过战后日本和德国的经验，认为政府都曾扶植私有经济部门。韩国企业和政府由于合作得较好，西方观察家把这种联合说成是“韩国公司”。朴正熙政府指导企业并与之合作的主要方法是经济刺激和政府命令相结合。由于政府已经确定大的经济发展战略，如出口导向型战略。在微观上政府规制企业最重要的手段就是分配外国贷款和信贷。银行信贷是企业的生命线，通过调整贷款数量、利率和贷款期限等，政府对大企业进行控制和指导。据统计，“从 1963 年至 1974 年，南朝鲜私人企业所获资金中有三分之二是来自借贷，在这部分资金中，有 53% 来自国内的银行和金融机构，29% 来自国外，19% 来自其他方面包括场外证券市场等”[①]。

政府虽然在政商关系中占主导地位，但企业却绝不是消极服从。“政府早先采取的商业银行国有化、控制外国贷款、筛选技术的输入等措施，使其对私有企业的支配制度化，绝不是要通过使用这些权利使自己疏远私有企业。所以，结果便形成了一种伙伴关系。在这种关系中，作为支配一方的政府决定政策目标，然后与市场代理人合作并强制它们去完成这些目标。”[②]所以，韩国政府和企业之间形成了良好的合作关系，政府决策者较为认真地接

① 任晓：《南朝鲜经济发展的政治分析》，博士学位论文，复旦大学，1992 年，第 84 页。

② 王德复：《新兴经济学：观念、制度与发展》，中国经济出版社 2006 年版，第 104 页。

受企业界的意见和建议，企业界也一直积极响应政府的决策。在韩国，早期的政府和企业合作的渠道，也就是企业界意见的上达主要有两种途径。一种是各种工商业协会。企业家们通过这些组织把自己的意见提交给政府，政府有时也利用这些组织来执行自己的决策。另一种是“每月出口振兴会”。政府官员、经济专家和企业界人士共聚一堂，企业可以充分表达自己的意见和要求，而且由于总统和各级官员都在，一些问题也可以当场得到解决。

发展型国家为什么能出现并成功？政府是怎样在南方国家资本主义的发展过程中起到了巨大的作用？最深层次的原因是资本主义的发展阶段。在第一章我们谈到资本主义发展到垄断阶段时，资本家与政府结合日益紧密，国家逐渐加强了对经济生活的干预和调节，这是由于资本主义社会的基本矛盾，即生产社会化与生产资料私人占有之间的矛盾贯穿于资本主义社会发展的始终，迫使资产阶级不断地进行着生产关系的调整，在资本主义生产关系内部一切可能的限度内，把生产力当作社会生产力看待。南方国家独立并发展的阶段，已经到了国家资本主义阶段，当然不能放弃国家这个工具，而且南方国家还有自身特殊的原因。有学者指出，南方国家“之所以是发展中国家，正是因为发展中国家的社会内部尚不存在足以产生市场经济的力量”①。虽然国际机构的自由化建议可以消除政府对经济活动的干预所造成的“政策性歪曲”，但却无法消除“自然的歪曲”，即由于民间部门自身的弱小，尚不具备导致市场经济诞生的活力。所以政府在发展中要扮演“市场创造者”的作用。②所以说，政府主导型的发展模式是南方国家发展经济必然的历史选择。第二次世界大战后，南方国家相继建立起民族独立国家，由于历史的原因，这些民族国家贫穷落后、缺乏资金。南方国家既不可能像老牌资本主义

① ［日］大野健一、樱井宏二郎:《东亚发展经济学》，史念译，民族出版社 1999 年版，第 180 页。

② 李文:《东亚社会变革》，世界知识出版社 2003 年版，第 50—52 页。

国家那样通过“圈地运动”或对外掠夺这类血腥的原始积累方式来筹集资金，又面对北方发达资本主义国家巨大的压力，只能借助政府的力量。政府主导型的市场经济模式，在政府主导下培育市场、完善市场、扩张市场，以内聚民力、外引资金，推动经济发展，提高国际竞争力。

值得注意的是，资本主义发展型国家的模式并不是在第二次世界大战以后才出现的，早在资本主义世界体系的萌芽和产生期，一些后发资本主义国家就形成了发展型国家的雏形，并发展成了资本主义强国。19 世纪，当自由主义学说被经济学家们普遍接受的时候，在德国却出现了作为其对立面的“历史学派”。德国历史学派强调各国经济历史发展的特殊性，主张国家干预经济发展，提倡通过贸易保护和国家干预政策发展民族工商业。李斯特认为：“国家在经济上越是发展，立法和行政方面干预的必不可少，就处处显得越加清楚”[①]；“完全放任自流的产业转眼就会毁灭。国家如果让一切事物自行其是，无异于自杀”[②]。在这种思想和理论的指导下，德国政府大力扶植垄断资本，因此也取得了其他国家所无法企及的效果。正是由于政府的扶持，德国的垄断组织获得了比其他国家更显著的发展，使得经济迅速增长。19 世纪 70 年代初，日本在考察了欧、美诸国后，仿效德国模式，确立了依靠国家政权力量全力推进工业化的国家发展思路。明治政府成立了内务省、大藏省、工部省三位一体的领导体制，雷厉风行地实施“殖产兴业”政策。“殖产兴业”政策就是充分发挥国家政权的作用，调动一切积极因素，甚至动用国库资金，大力推进资本的原始积累，刺激、扶植资本主义的成长。到 19 世纪 90 年代初期，日本已有了自己的工业体系，初步实现了工业化，成为亚洲第一个实现工业化的国家，经济实力大增，为其最终成为世界强国奠定了

① ［德］李斯特：《政治经济学的国民体系》，陈万煦译，商务印书馆 1997 年版，第 150 页。

② ［德］李斯特：《政治经济学的自然体系》，陈万煦译，商务印书馆 1997 年版，第 235 页。

基础。

不仅是一些东亚国家，当代北方发达国家的政府也已经全面干预经济生活，国家的阶级职能与社会职能进一步结合在一起。发达资本主义国家无论是政府机关，还是大型企业垄断组织，都对经济运行有着较为完善的调控手段和调控经验。新技术如信息技术的发展也为社会化生产和管理提供了技术手段。发达资本主义国家主要通过国有经济成分、财政手段、金融手段、收入政策手段、计划化手段、行政和法律手段等对经济进行调控，被认为是经济最自由化的美国，也经常采用财政和金融等手段对经济进行调控。财政手段主要有国家投资拨款、财政补贴和税收减免等措施。货币政策调节主要通过中央联邦储备系统改变法定准备金比率、贴现率和公开市场业务等来实现。在经济规划方面，美国在 1933 年就把公共工程署改建为全国计划局，编制“发展公共工程三年计划”。其他主要资本主义国家如法国、德国、日本等，第二次世界大战后都制定了经济发展中长期计划。美国被认为是最自由的资本主义市场经济国家，但这是表面现象，它在国家干预、经济计划方面只不过是做得比较隐蔽。在 2008 年的金融危机中，美国更是积极干预经济。在金融危机初期，美国前总统小布什还认为市场正处在自我调整中，不久，在越来越沉重的危机打击下，不得不表示有必要在更大范围内进行干预，后投入了巨量资金干预经济。美国前总统奥巴马于 2009 年 6 月 1 日宣布，美国通用汽车公司开始进入破产保护状态，由政府控制，美国政府将拥有 60% 的股份。

与日本、德国、韩国等这种比较明显的发展主义官僚型国家不同，美国和欧洲在国家干预方面被称为“发展主义网络化国家”，在国家干预、经济规划等方面，形式更为巧妙、灵活。这里以各国鼓励技术创新为例，来具体比较发达国家政府在其中的作用。第二次世界大战以来，发达国家的政府在确保和鼓励技术创新方面，都发挥了越来越重要的作用。发展主义官僚型国家日本与韩国主要采取由政府直接提供经济激励和国家补贴的方式，支持企业开展技术创新。而与日本和韩国不同，发展主义网络型国家则是帮助企业开发市场上尚不存在的产品和工艺创新。这是因为欧美的企业比较强大，已经有足够的动力去进行创新，额外的补贴和激励作用不太大。因此，发展主义网络型国家在技术创新方面主要依靠政府和企业、科研机构的合作，政府的相关机构和官员确定希望创新的领域和面临的技术挑战，随后对最有希望突破的企业和科研团队进行资助和提供其他资源。例如，美国国家健康研究院下的美国国家癌症研究所的官员可能会非常有效地为正在研究如何切断肿瘤血液供应的科学家提供资源和经济支持。发展主义网络型国家所采用的大多数核心方法都是由五角大楼一个特定办事处即高级研究计划署所开创。以此为例，我们可以看出发展主义网络型国家政府在促进经济发展中的操作模式。高级研究计划署计算机办事处精心培育了一种模式，这种模式与为研究提供基金的其他政府机构的标准做法不同。这个机构招聘富有远见的技术人员并让他们在研究经费方面有非常高的自主权，而且它在塑造研究方向方面还非常积极主动。从一开始，它就提供目标资源。[①] 高级研究计划署的模式主要有以下特征。一是完全由顶级科学家和工程师组成一系列的小型科研机构，他们有十分宽松的预算自主权来支持有可能实现的想法。二是这些科研机构积极主动地而非被动地为本领域的研究人员制定研究议程，主要是一些大学、公共部门和企业的研究人员，还为他们提供资金。三是这些科研机构还帮助企业把研究成果商业化，所以他们给予企业的资助远远超过资助经费。四是该机构的主要任务之一是利用其监督作用成为联结不同研究和开发领域思想、资源和人员的建设性纽带。

---

① ［美］弗雷德·布洛克：《被隐形的美国政府在科技创新中的重大作用》（上），张蔚译，《国外理论动态》2010 年第 6 期。

二、南方国家能否都成为资本主义发展型国家

资本主义发展型国家是少数国家和地区的发展模式，它的出现是国际、国内和历史等各种条件综合作用的结果，一般很难推广到其他国家和地区。虽然发展型国家取得一定成功后，由于受到资本主义基本矛盾和制度的制约，将重新面临发展的困境，如培植起了大资本，大资本就会渗透进政府，干扰政府的决策等。在韩国由于政商关系紧密，造成了企业对政府的强力依赖。韩国大企业集团为了获得更多的政府优惠，竞相不计后果地扩张，没有适时地调整经济结构、提高经济效益以及技术创新；企业的高负债、财务结构不合理，以及企业集团的制度缺陷，终使企业管理失控。加之资本主义基本矛盾的作用，在 1997 年金融危机时，韩国也经受了经济危机，很多企业纷纷倒闭。那么其他南方国家呢？在发展意愿方面，其他国家的政府也不乏有志之士，对国家的发展有着强烈的发展意愿，但在实践之中，却屡受干扰。这是因为，成为发展型国家较重要的一条是必须保证国家或政府具有一定的独立性。保持独立性才能不受利益集团左右，制定出正确的发展政策。资本主义政府的官僚一般都是由资本家资助，或者是由资本家直接充任。这样，政府往往被利益集团所左右，选择错误或者短视的发展政策，这也是其他南方国家不能成为发展型国家的一个重要原因。

对政府保持相对独立性问题的研究，在发展型国家理论中，是一个很重要的问题，这也可以转变为对于国家—社会（可以理解为各种利益集团集合等）关系的理解。这些国家为什么能保持自主性而不受社会集团限制，为什么会选择走“发展型”而不是“掠夺型”道路？美国学者埃文斯对这些问题做了更简洁的分析，在研究中引进了一个新概念——“嵌入式自主性”。埃文斯认为，东亚的发展型国家与社会保持了功能性的联系，根植于社会之中，

但又避免成为社会的俘虏。在垂直型国家—社会关系模式中，二者之间又通过正式或非正式的结构网络保持着横向联系。垂直命令和约束辅之以横向的咨询、协调，从而在国家和私人部门之间形成和谐关系。[①] 韩国在经济起飞重要阶段的朴正熙政府时期，包括前期，政府有较大的“自主性”，基本上代表了国家和民族的根本和长远利益，而不是仅代表个别资本的利益。为了更好地说明这个问题，这里还要谈一谈“军人政府”问题。南方国家独立后由于社会处于急速转型中，资产阶级民主化和法制化的程度又低，大量社会矛盾不能得到有序解决，政治局势不稳定，所以常常用军人干政的形式进行统治。韩国的朴正熙政权也是通过军事政变上台的，军人政府一般都具有某些“发展型国家”的特征。那么，那个时期的许多国家也存在着军政权，貌似独立于社会，为什么不能成为发展型国家呢？

这是因为，一是这些国家政治经济改革不彻底，还存在着大种植园主等腐朽落后阶层，其影响根深蒂固，易干扰政府决策。韩国土地改革中消灭了地主势力，但资本主义经济还不发达，资产阶级处于弱小状态，所以政府的权威较大。二是如拉美国家，被称作“美国的后院”，处于美国势力范围之内，不在冷战前沿，有相对和平的环境，统治阶层发展意愿不太强烈。三是一些国家的军政权只是在资产阶级统治出现危机时，不得已由国家暴力出面来维持秩序，这种军政权首先得与能直接影响其统治的大的特殊利益集团进行联合和妥协。四是这些国家，如拉美国家，历史上就受国外资本特别是美国资本的影响很深，拉美的政治生态一般都是由传统的种植业势力、国外资本与新兴的国内资本的联盟和政治上不稳定的国家所构成的。除了落后阶层阻碍发展，最重要的是这些地区不处于冷战前沿，国

① 参见 Peter Evans，*Embedded Autonomy*：*State and Industrial Transformation*，Princeton University Press，1995.

外资本只看到眼前利益，只把它们看作攫取的对象，谈不上扶植。而美国出于扶植韩国的需要，对韩国在对待国际垄断资本上的民族主义较为容忍。如 20 世纪 70 年代的韩国和巴西，这一时期是两国发展的重要时期，几乎两国都可以被称为发展型国家，两国有很多相似之处（如军人专制、强调经济增长的目标、重视出口和外贸等）。但是，到了 20 世纪 80 年代，巴西出现了长期的经济停滞，而韩国却在这个时期继续保持高速增长，完成了工业升级，在汽车、精密电子等产业上能同日本和美国展开激烈的竞争。这其中一个重要的原因是它们在保持民族经济自主性方面的差距。巴西的外资企业都分布在技术和资金密集型程度都很高的产业，而韩国的外资公司则分布在劳动密集型产业。1962—1969 年，韩国共引进外资 162.29 亿美元，其中外国直接投资 10.37 亿美元，仅占 6.6%。在 1972—1976 年，韩国的外资公司的利润返还占总出口额的 0.6%，而巴西的外资公司的利润返还占总出口额的 6.5%。[①] 可以说，巴西受国际资本的控制较深。

此外，还有一个重要的原因，朴正熙政府的政治资金来源包括韩国的发展资金来源，主要来自美援，政府在国内相对于资本势力具有一定的独立性。南方国家在发展初期，普遍面临着国内民族资本薄弱、缺乏发展资金的问题。由于美国的扶植，韩国获得了大量的美援，政府又控制着金融机构和信贷，而民族资本家要生存和发展，必须依靠政府。因此，不是政府依赖企业主，而是大中小企业都依赖政府贷款。这样，政府具有极大的自主性而不受大企业的制约。因此，大多数南方国家的国内政治经济生态，决定了它们很难走上发展型国家之路。首先在发展的指导思想方面，前文中已经大量阐述过发达国家的意识形态和文化霸权，发达国家向广大发展

① 李明德、江时学主编：《现代化：拉美和东亚的发展模式》，社会科学文献出版社 2000 年版，第 235 页。

中国家有意识地灌输各种错误的政治经济学说，使片面强调市场化、私有化、自由化的“新自由主义”经济学说大行其道，很多发展中国家只能片面地接受发达国家宣扬的各种“教条”，对国家与市场的关系等发展领域重大原则性问题的认识模糊，不能正确地选择发展道路。何况在国际垄断资本主义阶段，国际垄断资本的影响已深入骨髓，南方国家的任何政治经济制度变动、举措更改，都得经过国际垄断资本这一关，而国际垄断资本为其自身私利是不允许发展中国家选择真正能使其独立发展的制度和发展思想、发展战略的。

对于韩国这类国家，处于“反共前沿”，美国扶植其发展是出于战略需要，本质上是不希望它们独立和强大的，也需要对其控制和盘剥。它们虽有所发展，但也是依附性的发展，而且它们也没能抵御住发达资本主义国家“新自由主义”的蛊惑。在亚洲金融危机中，由于金融过度开放，遭受到了重大损失；后又接受国际金融机构的要求进行新一轮自由化改革，向外资开放。1999 年 12 月，韩国将其第一银行卖给了美国基金新桥资本；2003 年 9 月，韩国外汇银行卖给了美国龙星投资基金；到 2005 年末，在剩余的七大全国性银行中，有 6 家的外资股权比率超过 50%。韩国企业也向外资敞开了大门，外国投资者在韩国大企业的持股比例从危机前的 13% 上升到了 42%。三星电子和浦项钢铁的外资持股比例更分别达 54% 和 68%。这些国家的今后发展态势，值得研究。韩国等国家的民族主义意识较强，发展的国际条件较好，还尚且如此，遑论他国。早在 20 世纪 80 年代，拉美等国在美国的压力下，就普遍实施了“新自由主义”的经济模式，造成了“失去的十年”。发达资本主义国家允许发展中国家适度发展，但若其真的保持独立性，真正发展成为强国，与其平起平坐，它们是绝不可能答应的，必然会运用各种手段阻止之。

第四节　社会主义与南北差距问题的解决

很多国外左翼学者认为南北差距问题的根本解决在于南方国家走社会主义道路。巴西经济学家特奥托尼奥·多斯桑托斯就认为发展中国家的依附性发展必然导致出现一个深刻的政治冲突和军事冲突及社会矛盾激化的长期过程，因而主张走人民革命的道路，在社会主义条件下寻求发展。[①]

一、“跨越论”中的认识

关于南方国家解决发展问题、缩小南北差距的问题，马克思主义也有自己的回答。马克思、恩格斯首先科学地阐明了南北差距问题的产生。马克思、恩格斯早在《共产党宣言》中就指出，资本主义在西方的产生，使农村从属于城市，使未开化的国家从属于文明的国家，使农民的民族从属于资产阶级的民族，使东方从属于西方。最终形成了南北差距。就实质内容和社会功能而言，马克思主义的学说就是关于人类解放的学说，也就是关于实现社会和人的全面发展的学说。从南北差距的角度，也可以这样说，马克思主义的学说就是如何使南北差距得到全面解决，真正使人类实现“大同”的学说。马克思主义不仅有宏大的关于人类社会发展的理论，而且对于具体历史进程中落后国家的社会发展，也有成熟的理论和实践，可以说，能成功地解决南方国家的发展和南北差距问题。马克思晚年在世界历史发展的总背景下，通过研究东方社会特别是俄国社会的历史和现实，提出了跨越“卡夫丁峡谷”

---

① ［巴西］特奥托尼奥·多斯桑托斯：《帝国主义与依附》，杨衍永等译，社会科学文献出版社 1999 年版，第 8 页。

的理论设想，这一理论具有丰富的内涵和重大的实践意义。马克思、恩格斯的“跨越论”思想首先是为了寻求社会主义运动新的基点和突破口，从而探讨了落后国家跨越资本主义发展阶段的可能性问题。同时，这一理论设想也反映了马克思、恩格斯对落后国家社会发展道路问题的科学认识，这对南方国家这样的落后国家解决发展问题、缩小南北差距具有重要的现实指导意义。之后，以列宁、斯大林为代表的俄国共产党人和以毛泽东、邓小平为代表的中国共产党人，从理论和实践上丰富和发展了马克思、恩格斯的“跨越论”思想，从而为南方国家走社会主义道路，解决发展和南北差距问题，提供了科学理论指导和实践道路。

在马克思、恩格斯的“跨越论”思想中，主要是探讨了南方国家跨越的可能性和跨越的保证问题，也即是南方国家中社会主义革命和建设的可能性和保证问题。资本主义最早产生、发展于西欧，因而马克思、恩格斯早年关注的重点是西欧国家的无产阶级社会主义革命的前景。当巴黎公社革命失败以后，西欧各国的社会主义运动处于衰退状态，马克思、恩格斯就及时把研究视阈转向了革命运动方兴未艾的东方国家，把相当的精力投入到对俄国、中国、印度等东方落后国家的革命形势和世界革命前途之关系的研究思考当中。发生这一变化的动因一在于革命实践的需要。众所周知，马克思、恩格斯一生从事科学研究和实践活动的目的，旨在实现无产阶级和全人类的解放。对社会主义运动发生、发展的研究始终是马克思、恩格斯理论研究的旨趣所在。社会主义革命一时沉寂了，那么，共产主义的“幽灵”下一步又将移向何处？实践需要革命导师作出回答。二在于马克思、恩格斯一以贯之的方法论原则。普遍联系的观点，是唯物辩证法的一个基本观点，马克思本人更是娴熟运用这个理论的大师。早年，马克思运用这一观点考察人类社会的发展规律，来论证共产主义的必然性时，就提出了世界历史思想。在资本主义世界体系中，各种问题都必须放到整个资本主义世界的范围来认识，只有这样，才能真正搞清问题，才能找到解决问题的正确途径，研究社会主义运动亦如此。从世界历史和资本主义世界体系的角度去考察社会主义问题，才能够从全局上、整体上和规律上把握社会主义运动的发生、发展。

马克思、恩格斯作出这一重大理论转折的时代，恰逢资本主义世界体系的加速确立年代，资本主义从自由资本主义阶段过渡到垄断资本主义或帝国主义阶段。北方发达资本主义国家几乎完全控制了亚非拉等广大落后的地区，使之完全沦为殖民地、半殖民地或附属国，到 19 世纪末 20 世纪初，资本主义世界殖民体系形成。在资本主义世界体系中，分为北方发达国家和大多数南方不发达国家。北方国家在落后的南方国家中找到了廉价的劳动力，获得了高额的垄断利润。这一方面缓和了帝国主义国家内部生产力和生产关系之间的矛盾，使其国内的阶级矛盾得到了一定的缓解，社会主义运动相对平息；另一方面北方国家为了维护自身的国际垄断地位，又勾结和扶植南方国家的腐朽势力，压制其民族资本主义的发展，大多数南方不发达国家的人民既受国际资产阶级的剥削，又受国内资产阶级、封建地主阶级等势力的剥削压迫，遭受的苦难极为深重，反而促进了南方国家革命形势的发展。

针对俄国出现的革命形势，马克思在致《祖国纪事》杂志编辑部的信中，首次提出了俄国跨越资本主义阶段的可能性问题。1881 年，马克思在给俄国民粹派革命家查苏利奇的信中，根据俄国的现实条件明确提出了“俄国可以跨越资本主义卡夫丁峡谷”的著名设想。它指的是经济文化落后的国家，有可能“不通过资本主义制度的卡夫丁峡谷”①，而直接享用资本主义的肯定性成果，走上社会主义道路。马克思借用“卡夫丁峡谷”这一历史典故，说明了当时俄国具备了跨越资本主义制度而走社会主义道路的现实可能性。这就说明，马克思、恩格斯认为东方落后国家的社会革命成功后，可以走社会主

① 《马克思恩格斯选集》第 3 卷，人民出版社 1995 年版，第 765 页。

义道路，转变为社会主义性质的革命。值得注意的是马克思、恩格斯并没有过多探索在当时的时代背景下落后国家为什么能爆发社会革命，落后国家的社会革命为什么能首先取得成功，这种社会革命为什么能够转变为社会主义性质的革命，而是针对俄国出现的革命形势，直接论证以俄国的具体社会条件，即存在着农村公社的情况，在革命胜利后能否走社会主义道路，对农村公社进行社会主义性质的改造。马克思跨越“卡夫丁峡谷”思想的核心内容是俄国社会的跨越问题。在马克思的“跨越论”中，农村公社问题，只是马克思探索俄国社会跨越问题的一个“引子”、一个契机。

因而，马克思、恩格斯关于社会主义革命的设想是体系性的胜利，两种类型社会主义运动相互影响、相互作用。这两种类型的社会主义运动是北方国家的社会主义运动和南方国家的社会主义运动。资产阶级统治全球性扩展的结果，必然要求无产阶级反抗资产阶级斗争的全球化。社会主义事业是国际性的，社会主义只有在世界范围内取得胜利人类才能获得整体解放。马克思、恩格斯早在《共产党宣言》中就阐述了无产阶级国际联合的思想，强调了无产阶级国际联合的重要性。国际联合既包括北方国家内部无产阶级的联合，也包括南北之间无产阶级的联合。马克思、恩格斯曾经设想无产阶级革命必须在几个主要北方资本主义国家几乎同时爆发才能取得胜利。1848 年革命后马克思和恩格斯将“同时发生”的设想具体化为世界革命的战略和无产阶级国际合作的策略。一国首先发生革命，然后引起其他国家的革命。既然在北方国家内部发生革命困难了，那么革命的运动中心就转移到了南方国家。这两种类型社会主义运动将相互促进、相互支持，最终取得共同胜利。这种思想在马克思、恩格斯论述跨越“卡夫丁峡谷”问题时也得到了较为充分的阐述。

马克思、恩格斯在 1882 年的《共产党宣言》俄文版序言中写道：“假如俄国革命将成为西方无产阶级革命的信号而双方互相补充的话，那么现今的俄国土地公有制便能成为共产主义发展的起点。”[①]当落后国家首先赢得社会主义革命、民主革命的胜利，保持相对的独立性，与资本主义世界体系的联系不那么紧密，发达国家吸取不了落后国家高额的“经济剩余”，加之其本身固有的资本主义的基本矛盾，将会迟早引起北方国家的经济危机，进而造成变革的社会形势。因而，俄国革命“会给西方的工人运动以新的推动，为它创造新的更好的斗争条件，从而加速现代工业无产阶级的胜利”[②]。同时，一些南方国家取得革命的胜利，并能进入社会主义，进行社会主义改造和建设，并不意味着社会主义获得对资本主义世界体系的整体性胜利，而且由于处于资本主义世界的包围，能否长期存在也是个问题。因此，假如“没有这种胜利，目前的俄国无论从公社那里还是从资本主义那里，都不可能达到社会主义的改造”[③]。

学术界曾有人认为，马克思、恩格斯对落后国家跨越“卡夫丁峡谷”问题做了这么严格的限定条件，即发达国家走上社会主义道路并给予帮助，便认为马克思、恩格斯最后断定落后国家不能跨越“卡夫丁峡谷”。其实，其一，马克思、恩格斯从全人类的解放的角度出发，强调北方国家与南方国家之间的社会主义运动相互依存对于社会主义运动最终胜利的重要性，提醒北方国家与南方落后国家的社会主义者不要忘了自己的国际主义义务，并不等于他们又否定了自己跨越“卡夫丁峡谷”的思想。只有北方国家也取得了社会主义运动的胜利，落后国家的社会主义革命和建设才能取得最后的成功，世界社会主义运动也才能最后胜利。其二，落后国家走社会主义道路，而北方国家的社会主义运动暂时没有胜利，能进行社会主义改造和建设吗？能坚

① 《马克思恩格斯选集》第 1 卷，人民出版社 1995 年版，第 251 页。
② 《马克思恩格斯选集》第 4 卷，人民出版社 1995 年版，第 450 页。
③ 《马克思恩格斯选集》第 4 卷，人民出版社 1995 年版，第 450 — 451 页。

持下去吗？确实，如果北方国家永世长存，落后国家的社会主义是否能一直存在下去有待研究。但北方国家是不会万古长青的，落后国家取得革命的胜利，继而北方发达国家也取得社会主义运动的胜利，这中间有个时间差，但不等于说北方国家的社会主义运动会永远沉寂下去。可能有几十年、上百年，对于有限的人生而言是漫长的，而对于人类的发展史来说，却是弹指一挥间。明白这一点，落后国家走上了社会主义道路，就能坚定进行改造和建设的信心，以待国际局势的变化，有所作为。北方国家的社会主义运动最终会兴起并取得胜利，南方国家也会最终彻底完成社会主义改造，取得社会主义建设的胜利。至于说发达国家的进步势力采用何种手段支持落后国家的进步事业，由落后国家的革命和建设引发的发达国家内部的社会主义运动采用何种手段变革社会，这有待于当今与后世的社会主义者根据具体情况采取具体的对策。

之后列宁关于社会主义革命可能在不发达国家首先胜利的理论，丰富了社会主义革命的理论，使之更加成熟，也指导实践取得了巨大的成功。从而使马克思主义对南方国家的发展、缩小南北差距给出了明确的回答——进行社会主义革命和建设。马克思、恩格斯关注落后国家的革命，将之与社会主义革命联系起来做出理论探索，初步标志着由于资本主义世界体系的存在，社会主义运动进入了一个社会主义革命首先在南方国家中发生的时代，说明社会主义运动中心发生了重大转移。今后的社会主义者若只看到发达资本主义国家内部社会矛盾缓和的迹象，而看不到落后国家的革命形势，那就看不到社会主义运动兴起的希望。

马克思、恩格斯认为南方国家实现跨越的保证，是世界体系中的落后国家取得革命胜利后要积极吸收资本主义的肯定性成果。这说明南方国家不能闭关自守，要积极利用和借鉴北方发达国家的文明。在马克思、恩格斯的“跨越论”中，俄国农村公社问题的前提是俄国社会的跨越问题，而俄国社会跨越的基本条件是俄国革命，以及吸收和借鉴北方国家的发达生产力，这是马克思、恩格斯“跨越论”的一般内容。资本主义创造的高度发达的生产力和社会化大生产，是社会主义生产关系的物质基础。俄国式的南方落后国家中的无产阶级胜利地夺取了国家政权，能否进入社会主义，该如何从革命前的落后状态进入社会主义，如何去完成由于历史跳跃而遗留的本应由资本主义承担的历史任务？马克思、恩格斯认为，俄国不是脱离现代世界孤立存在的，俄国保留的农村公社是处在文明程度较高的资本主义时代，这“就使俄国可以不通过资本主义制度的卡夫丁峡谷，而把资本主义制度所创造的一切积极的成果用到公社中来”[①]。也就是说俄国是世界整体的组成部分，俄国与北方发达资本主义国家有着不可分割的相互联系和相互作用，这种相互间的联系和“享用资本主义制度的一切肯定的成果”是实现跨越的前提条件，否则脱离世界而孤立存在的俄国是不可能实现跨越的。

马克思、恩格斯认为，在北方发达的资本主义国家与落后的南方国家并存的资本主义世界体系内部，落后国家有可能实现跨越式的发展，而南方社会跨越的实现必须是以充分学习和利用资本主义所创造的一切肯定成果为条件。南方国家跨越的是资本主义制度而非生产力和商品经济，生产力和商品经济充分发展是南方国家实现社会主义不可逾越的必然历史阶段，未来社会的实现是建立在生产力和商品经济充分发展基础上的。这种思想也为后世的社会主义实践和南方国家的发展实践所证明。同时，南方落后国家取得革命胜利后，世界社会主义尚未获得整体性胜利，资本主义也还在发展，也就是说，世界历史进程中世界经济体系的发展与资本主义和社会主义关系的发展仍然是全球性的运动。在以世界市场为基础的资本主义世界体系中，资本主义与社会主义之间的关系不仅存在着纵向发展的继承替代关系，而且还存在

① 《马克思恩格斯选集》第 3 卷，人民出版社 1995 年版，第 765 页。

着横向扩散的互动互补关系，南方不发达国家要吸收的不仅是北方发达国家既往的先进成果，而且还有其共时态创造的先进性成果。第二次世界大战后国际共产主义运动的历史教训很多，其中重要的一条，就是一些落后国家在走上社会主义道路后，过度强调与资本主义制度和意识形态划清界限，普遍忽视了对资本主义文明的扬弃和利用，结果付出了沉重的代价。

二、关于落后国家社会主义革命和建设的理论与实践

列宁发展了落后国家社会主义革命理论，指导俄国革命取得了胜利，并创造性地进行了社会主义建设实践和理论探索，从而进一步丰富和发展了马克思主义的“跨越”理论。首先，列宁指出，社会主义革命可以在一国或数国首先取得胜利，而且可能在南方不发达国家中首先胜利。这是列宁对马克思和恩格斯提出的无产阶级革命学说的重大发展。列宁提出了帝国主义理论，揭示了帝国主义时代经济政治发展不平衡的规律，并提出了社会主义不能在所有国家同时取得胜利，而是首先在一个或者几个国家内获得胜利的新论断。列宁指出：“在资本主义制度下，各个经济部门和各个国家在经济上是不可能平衡发展的。”[①]“经济和政治发展的不平衡是资本主义的绝对规律。由此就应得出结论：社会主义可能首先在少数甚至在单独一个资本主义国家内获得胜利。”[②]

资本主义政治经济发展的不平衡，迅速地改变着帝国主义国家之间的实力对比。后起的帝国主义国家，竭力向外扩张，与老牌帝国主义国家产生矛盾。这种矛盾的日益尖锐化，必然会引发北方各帝国主义国家之间的战争。

① 《列宁选集》第 2 卷，人民出版社 1995 年版，第 553 页。

② 《列宁选集》第 2 卷，人民出版社 1995 年版，第 554 页。

帝国主义国家之间矛盾与冲突的加剧和加深，甚至爆发战争，又必然会削弱帝国主义体系，从而在北方帝国主义体系链条中就会出现薄弱环节。因而，列宁认为，个别国家的无产阶级有可能利用帝国主义力量的削弱，利用帝国主义国家之间的矛盾，利用战争造成的有利时机发动革命，首先在一国或几国取得社会主义革命的胜利。列宁还分析了社会主义可以在经济落后国家首先胜利的原因，主要是：（1）帝国主义时代资本主义发展的不平衡加剧了。各国在竞争中往往以军事冲突和战争的方式重新瓜分世界。帝国主义内部的冲突加深，从而形成资本主义统治链条中的薄弱环节。（2）帝国主义战争的严重破坏，使一些经济不发达国家的社会矛盾尖锐化，使这些国家的人民除了起来革命之外没有别的出路。（3）不发达国家由于资本主义发展不充分，封建势力存在，造成这些国家资产阶级的软弱性、动摇性，甚至叛卖性，他们不可能举起民族民主革命的旗帜，把这些国家引上资本主义发展道路。（4）这些国家的无产阶级人数虽少，但革命性强，有农民作同盟军，有经过长期革命斗争锻炼的无产阶级政党的领导。如果这些条件汇合起来，就可以形成一种直接的革命形势。列宁关于社会主义革命可能在不发达国家首先胜利的理论是列宁主义的重要组成部分。[①] 列宁逝世后，在斯大林领导下，苏联在进行社会主义建设中逐步形成了一整套政治、经济体制和建设的路线、方针、政策，被称为苏联模式。关于苏联模式社会主义的是是非非，学界的文章汗牛充栋，但其功勋是不可磨灭的。

中国共产党人进一步丰富和发展了落后国家社会主义革命和建设的理论。俄国革命胜利之后，在中国共产党人的努力下，丰富和完善了无产阶级革命首先在不发达国家中取得胜利的理论。以毛泽东同志为核心的中国共产党第一代中央领导集体，经过艰苦的实践和探索，深刻分析了中国社会形态

① 高放等主编：《科学社会主义的理论与实践》，中国人民大学出版社 2003 年版，第 143 页。

和阶级状况，明确了中国革命的性质、对象、任务和动力，提出通过新民主主义革命建立新民主主义社会进而走向社会主义社会的两步走战略，制定了新民主主义革命的总路线，开辟了以农村包围城市、最后夺取全国胜利的革命道路。新民主主义革命胜利以后，毛泽东带领中国各族人民，建立起人民民主专政的政权，完成了社会主义改造，建立了社会主义的经济基础，使中国从此步入社会主义社会。毛泽东还试图走出一条符合中国实际的社会主义建设道路，以摆脱苏联模式。他提出了许多符合实际、有创见性的思想。如：国内阶级斗争已基本结束、主要矛盾已经转化的思想，社会主义社会的基本矛盾和正确处理两类不同性质的矛盾的思想，等等。中国共产党人领导中国人民从半殖民地半封建社会走向社会主义，又初步探索出了一条适合中国国情的由新民主主义革命转变为社会主义革命及进行社会主义改造和建设的道路，成功地实现了马克思、恩格斯的“跨越论”思想。

以邓小平为核心的中国共产党第二代中央领导集体，立足于中国的具体实际，在总结中国社会主义建设正反两方面经验的基础上，提出了改革开放的路线、方针和政策，领导中国人民开始了中国社会主义建设的新探索。邓小平领导全党创造性地构建了适合中国国情的全新的社会主义观，比较系统地回答了经济文化落后国家如何认识社会主义、怎样建设社会主义的一系列基本问题，继承和发展了马克思主义，形成了邓小平理论。邓小平理论第一次比较系统地初步回答了跨越“卡夫丁峡谷”以后像中国这样的经济文化落后的国家如何建设社会主义，如何巩固和发展社会主义的一系列基本问题，从而进一步丰富和发展了马克思、恩格斯的“跨越论”思想。以江泽民同志为核心的党中央集体坚持和发展邓小平理论，形成了“三个代表”重要思想，进一步回答了什么是社会主义、怎样建设社会主义，创造性地回答了建设什么样的党、怎样建设党的问题。中国共产党的十六大以来，以胡锦涛同志为总书记的党中央，又明确提出了科学发展观等重大战略思想，体现了中国共产党人在社会主义建设理论上的与时俱进，并最终形成了中国特色社会主义理论体系。“中国特色社会主义理论体系，就是包括邓小平理论、‘三个代表’重要思想以及科学发展观等重大战略思想在内的科学理论体系。这个理论体系，坚持和发展了马克思列宁主义、毛泽东思想，凝结了几代中国共产党人带领人民不懈探索实践的智慧和心血，是马克思主义中国化最新成果，是党最可宝贵的政治和精神财富，是全国各族人民团结奋斗的共同思想基础。”① 党的十九大报告把十八大以来党的理论创新成果概括为新时代中国特色社会主义思想，党的十九大通过的党章修正案把习近平新时代中国特色社会主义思想确立为我们党的行动指南。习近平新时代中国特色社会主义思想是对马克思列宁主义、毛泽东思想、邓小平理论、“三个代表”重要思想、科学发展观的继承和发展，是马克思主义中国化最新成果，是党和人民实践经验和集体智慧的结晶，是中国特色社会主义理论体系的重要组成部分。中国共产党人在跨越“卡夫丁峡谷”后的社会主义建设、发展、巩固的问题上探索不断，以一个又一个新的理论与实践成果丰富和发展了马克思主义，使中国跨越“卡夫丁峡谷”后走得更稳健、更豪迈，这对世界上的共产党人和南方国家的发展也有较大的借鉴意义。

三、中国道路对解决南北差距问题的积极意义

阿瑞吉指出，什么样的世界秩序或失序最终将变成现实，主要有赖于人口稠密的南方国家——首先是中国和印度——能不能为自己和世界开辟出这样一条发展道路，即它比使西方致富的那条道路在社会上更公正，在环境上

① 胡锦涛：《高举中国特色社会主义伟大旗帜 为夺取全面建设小康社会新胜利而奋斗》，人民出版社 2007 年版，第 11—12 页。

更可持续。[①] 习近平总书记在党的十九大报告中指出，中国特色社会主义进入了新时代。这个新时代是我国日益走近世界舞台中央、不断为人类做出更大贡献的时代。中国特色社会主义进入新时代，意味着近代以来久经磨难的中华民族迎来了从站起来、富起来到强起来的伟大飞跃，迎来了实现中华民族伟大复兴的光明前景；意味着科学社会主义在21世纪的中国焕发出强大生机活力，在世界上高高举起了中国特色社会主义伟大旗帜；意味着中国特色社会主义道路、理论、制度、文化不断发展，拓展了发展中国家走向现代化的途径，给世界上那些既希望加快发展又希望保持自身独立性的国家和民族提供了全新选择，为解决人类问题贡献了中国智慧和中国方案。以中国为代表的社会主义国家，始终坚持马克思主义与本国实际相结合，改革不适应生产力的生产关系、不适应经济基础的上层建筑，不断完善社会主义制度，努力探索和建设具有本国特色的社会主义，取得了巨大成就。特别是中国的和平发展正在深刻地改变国际政治经济格局，中国道路的发展也为世界提供了一条文明型、和谐型、共享型发展道路借鉴。

当今世界正处于大发展大变革大调整时期，国际政治经济格局正在发生着深刻的变动和演变。国际上爱好和平、追求发展的力量日渐壮大，国际力量对比更趋平衡，和平发展大势不可逆转，和平与发展仍然是时代主题。但同时，世界面临的不稳定性、不确定性突出，国际上一些深层次矛盾日益公开和紧张，人类面临许多共同挑战。北方一些大国虽然开始衰落，但在经济、军事、文化、科技等方面仍具有巨大优势，并不断加大国内外战略调整力度，试图继续维持在全球的主导地位。世界经济复苏动能不足，贫富分化、南北差距日益严重，地区热点问题此起彼伏，恐怖主义、重大传染性疾

① ［意］乔万尼·阿里吉：《亚当·斯密在北京——21世纪的谱系》，路爱国、黄平、许安结译，社会科学文献出版社2009年版，第10页。

病等非传统安全威胁持续蔓延。面对这些挑战和风险，人类社会迫切需要构建新的更加公正合理的国际政治体系和秩序。近年来中国的持续快速发展对世界经济的贡献大幅攀升，也是国际金融危机以来稳定世界经济发展的重要力量。党的十九大报告指出，中国共产党是为中国人民谋幸福的政党，也是为人类进步事业而奋斗的政党。中国共产党始终把为人类做出新的更大的贡献作为自己的使命。中共十八大以来，中国的综合国力、国际影响力、塑造力进一步提高，日益走近世界舞台中央，中国是世界和平的建设者、全球发展的贡献者、国际秩序的维护者。

一些国外左翼学者也探讨了中国在促进世界和平稳定发展，促进发展中国家发展的积极作用。埃及经济学家阿明指出，在可以预见到的未来，世界必然走向多极化的格局，中国的崛起带动了亚洲的整体经济增长率，这为全球秩序带来了新型的稳定和平衡的结构。中国在应对这场危机中扮演着重要角色，世界应当期待一个强大且团结的中国，中国应当实现增长性的内部变革。对马克思主义和社会主义的探讨和思索无法绕开中国化的马克思主义和中国正在走的社会主义道路，因为它是马克思主义和社会主义强大生命力和广泛影响力的现实体现。[①] 中国也坚持维护以联合国宪章宗旨和原则为核心的国际秩序和国际体系，同广大发展中国家和爱好和平发展的国家站在一起，发挥负责任大国作用，弘扬共商共建共享的全球治理理念，推动全球治理体系变革，阐明中国理念，提出中国方案，为改革和优化全球治理注入强大中国力量，这必将促进世界和平、经济稳定发展和国际政治经济新秩序的建立。中国推动建设相互尊重、公平正义、合作共赢的新型国际关系和构建人类命运共同体。中国积极发展全球伙伴关系，推进大国协调和合作，加强

---

① 张晓萌：《资本主义的系统性危机及出路——埃及经济学家萨米尔·阿明教授访谈》，《马克思主义理论学科研究》2016 年第 1 期。

同发展中国家团结合作，以扩大同各国的利益交汇点，防范和化解危机、冲突。中国坚持对外开放的基本国策，积极促进“一带一路”国际合作，打造国际合作新平台，推动建设开放型世界经济，为国际社会增添共同发展新动力。在中国特色社会主义新时代，中国有信心也有能力继续为世界特别是发展中国家的发展做出更大贡献，以促进世界的和平发展与稳定、人类的繁荣与进步。

（一）树立正确的义利观，坚持以科学社会主义基本原则引领中国的和平发展道路

思想理论和观念是行为的先导。在国际关系领域中，不同的外交理念决定了不同的国家行为与国际战略。在外交工作中坚持正确的义利观，是以习近平同志为核心的党中央针对世界形势的新发展和中国外交的新任务提出的重要思想，是马克思主义外交思想在中国的理念创新，也是中国外交实践的指导原则。中国正在发展为全球性大国，中国的发展正日益深刻地影响着世界，如何处理更多的义利关系，世界也在普遍关注。提出坚持正确义利观，恰逢其时，表明了中国坚持走和平发展道路，将以更加积极性的、建设性的、负责任的身份参与国际事务，这将增强世界对中国发展的信任，消除外部的怀疑和猜忌，使世界对中国发展的外部影响有一个良好的预期。习近平总书记指出：“要找到利益的共同点和交汇点，坚持正确义利观，有原则、讲情谊、讲道义，多向发展中国家提供力所能及的帮助。”[①]

国际政治经济行为是国内政治经济行为准则的延续。坚持正确的义利观，也体现了社会主义制度的本质要求。近代以来，在北方国家主导的国际体系下，单个国家的“利益至上”理念被视作国际关系的不变法则，国强必霸似乎成为国际关系历史的铁律。因此，国际局势很不太平，各国争权夺

①《习近平谈治国理政》第1卷，外文出版社2014年版，第299页。

利，战争频发。马克思主义认为，当国家为某一剥削阶级所统治，国家利益的核心表现为居于统治地位的剥削阶级的利益的时候，其自私自利性就表现得尤为突出。资产阶级为了谋求自己的国家利益，特别是国际上一些霸权主义国家，往往会推行侵略扩张政策，不顾他国利益和全人类的共同利益，甚至以侵害他国利益或牺牲全人类共同利益来寻求自己的国家利益。只有当工人阶级执政后将经济基础由私有制转变为公有制，外交政策才可能由侵略扩张转变为和平互利合作。因此，私有制的经济基础决定着国际关系具有对立和对抗性质，公有制的经济基础才有可能形成平等、互利与合作关系。

提出并坚持正确义利观，是中国外交理论和实践发展的必然结果，也证明了社会主义国家才是维护世界和平和正义的坚定力量。党的十八大以来，习近平总书记多次强调要坚持走和平发展道路，坚定不移地促进世界和平与发展。因此，能否坚持和贯彻落实正确的义利观关键在于社会主义基本制度的坚持和完善。只有坚持和完善社会主义基本制度，中国才能在国际上主持公道、伸张正义，践行平等、互利互惠等理念，切实反对霸权主义和强权政治。改革开放以来，社会上有一些对中国特色社会主义的错误认识。对此，习近平总书记指出："中国特色社会主义是社会主义而不是其他什么主义，科学社会主义基本原则不能丢，丢了就不是社会主义。……随着中国特色社会主义不断发展，我们的制度必将越来越成熟，我国社会主义制度的优越性必将进一步显现，我们的道路必将越走越宽广。我们就是要有这样的道路自信、理论自信、制度自信，真正做到'千磨万击还坚劲，任尔东西南北风'。"[①] 习近平总书记的讲话旗帜鲜明地回答了人们的疑问，中国特色社会主义就是社会主义，中国特色社会主义的发展方向就是共产主义；国际政治是国内政治的延续，这就为在对外交往中坚持和贯彻落实正确的义利观提供了

① 《习近平谈治国理政》第 1 卷，外文出版社 2014 年版，第 22 页。

坚强的制度保障。

（二）把握时代发展潮流，全面、辩证、动态地看待时代主题问题，积极应对国际格局的调整与变化

时代问题是马克思主义观察和研究国际关系问题的基础和前提，是社会主义国家和无产阶级政党制定国际战略和策略的依据。马克思主义所说的“时代”是对人类社会从低级向高级发展进程中某一历史阶段社会性质、基本特征和发展趋向的界定。大时代是由人类社会基本矛盾的性质决定的，时代性质变换时往往是因为社会基本矛盾的激化和转换，从而社会性质和时代性质发生了变化。当今时代也被称为资本主义向社会主义过渡的大时代。时代的性质、本质是划分大的历史时代的范畴，时代主题即时代的主要问题，是时代性质的集中表现，是指人类社会某一发展阶段中带有全球性、战略性和关乎全局的核心问题，是由人类社会的基本矛盾具体化的主要矛盾规定的。一般认为如果人类社会基本矛盾的运动采取激化形式并使世界主要矛盾采取比较极端的运动形式（主要是大国之间的军事斗争），世界的主题就是战争与革命；如果基本矛盾的运动采取缓和形式并使世界主要矛盾采取比较温和的运动形式，世界的主题就是和平与发展。在国际社会中，人类社会的主要矛盾又具体化为各国、各大国之间的矛盾斗争。正是主要资本主义大国之间的实力对比发生了大的变化，他们之间的矛盾斗争激化，表现为战争的形式，使国际政治经济格局发生剧烈变动，时代主题才发生变化。

当今时代，由于社会主义大国对霸权主义和强权政治的制衡；核武器的出现使战争的成本升高；国际垄断的形成使全球剩余价值流动形式相对灵活；各国联系日益紧密，全球生产网络体系的形成等使世界的基本矛盾和主要矛盾即使相对激化，大国之间的斗争博弈形式也尽量避免采取直接军事斗争的形式，世界大体上表现出相对和平与发展的形势。这种不同于以往的矛盾斗争和解决方式，具有宏观上、全局上的大的社会综合竞争博弈的形式，

这种竞争博弈在经济、金融、政治、军事、社会、文化等领域展开。由于判断时代主题的主要依据是大国矛盾激化程度、博弈竞争的形式及其所造成的国际态势（和平或是战争）来决定的，所以当今时代由于种种制约，世界呈现出相对和平态势，我们称时代的主题是和平与发展，世界有了相对和平的发展空间和时间。在关注这种国际格局的相对稳定状态时，我们也不能忽略、忽视和否定国际矛盾斗争、大国博弈竞争的形式变化，以及要时刻关注国际矛盾的发展演变态势。我们要清醒地认识到当矛盾激化时，大国之间较量的战场并不仅仅在军事领域，霸权国善于出其不意攻其无备，用非常规方式解决矛盾，瓦解对方。因此，我们需要用创新的意识，全面、辩证、动态地看待时代主题问题，对时代潮流有充分正确的把握。

20 世纪 80 年代初，邓小平分析世界上的各种矛盾及其相互关系，认为在相当长的时间内不会发生大规模的世界大战，维护世界的和平与稳定是可能的。1984 年 10 月邓小平指出："国际上有两大问题非常突出，一个是和平问题，一个是南北问题。还有其他许多问题，但都不像这两个问题关系全局，带有全球性、战略性的意义。"① 邓小平对时代主题的认识揭示了世界的主要矛盾和突出问题，为中国对国际形势的正确判断和外交决策的科学制定提供了理论武器，也是我国集中精力进行社会主义现代化建设的重要理论根据，具有划时代的重要意义。邓小平既看到了大国矛盾斗争形式的变化，认为在相当长的时间内不会发生大规模的世界大战，维护世界的和平与稳定是可能的，同时也关注到了霸权主义与强权政治对国际和平与发展的挑战与负面影响。1989 年，他在会见南方委员会主席、坦桑尼亚革命党主席尼雷尔（J. K. Nyerere）时指出："我希望冷战结束，但现在我感到失望。可能是一个冷战结束了，另外两个冷战又已经开始。一个是针对整个南方、第三世

① 《邓小平文选》第 3 卷，人民出版社 1993 年版，第 96 页。

界的，另一个是针对社会主义的。西方国家正在打一场没有硝烟的第三次世界大战。所谓没有硝烟，就是要社会主义国家和平演变。”①1992 年，邓小平在南方谈话中指出：“世界和平与发展这两大问题，至今一个都没有解决。”②党的十八大以来，以习近平同志为核心的党中央立足时代变化，把握时代发展潮流，全面、辩证地看待时代主题问题，以积极应对国际格局的调整与变化。习近平总书记指出：“要充分估计国际格局发展演变的复杂性，更要看到世界多极化向前推进的态势不会改变。要充分估计世界经济调整的曲折性，更要看到经济全球化进程不会改变。要充分估计国际矛盾和斗争的尖锐性，更要看到和平与发展的时代主题不会改变。要充分估计国际秩序之争的长期性，更要看到国际体系变革方向不会改变。要充分估计我国周边环境中的不确定性，更要看到亚太地区总体繁荣稳定的态势不会改变。”③他还指出：“这个世界，人类依然面临诸多难题和挑战，国际金融危机深层次影响继续显现，形形色色的保护主义明显升温，地区热点此起彼伏，霸权主义、强权政治和新干涉主义有所上升，军备竞争、恐怖主义、网络安全等传统安全威胁和非传统安全威胁相互交织，维护世界和平、促进共同发展依然任重道远。”④

因此，以习近平同志为核心的党中央既充分把握了和平、发展、合作、共赢的时代潮流，看到了国际力量对比继续朝着有利于世界和平与发展的方向发展，也居安思危，关注到了中国国力迅速增长的同时，在国家安全上面临的挑战日益复杂和多样化。十八届三中全会公报指出要设立国家安全委员会，完善国家安全体制和国家安全战略，确保国家安全。习近平总书记

① 《邓小平文选》第 3 卷，人民出版社 1993 年版，第 344 页。
② 《邓小平文选》第 3 卷，人民出版社 1993 年版，第 383 页。
③ 《习近平谈治国理政》第 2 卷，外文出版社 2017 年版，第 442 页。
④ 《习近平谈治国理政》第 1 卷，外文出版社 2014 年版，第 272 页。

于2014年4月15日主持召开中央国家安全委员会第一次会议并发表重要讲话。他强调："要准确把握国家安全形势变化新特点新趋势，坚持总体国家安全观，走出一条中国特色国家安全道路。"[①] 习近平指出："当前我国国家安全内涵和外延比历史上任何时候都要丰富，时空领域比历史上任何时候都要宽广，内外因素比历史上任何时候都要复杂，必须坚持总体国家安全观，以人民安全为宗旨，以政治安全为根本，以经济安全为基础，以军事、文化、社会安全为保障，以促进国际安全为依托，走出一条中国特色国家安全道路。"[②] 设立国家安全委员会、树立总体国家安全观意义重大，当前在国际交往和国际博弈中，我国国家安全面临的挑战是全面的、立体的、隐蔽的、非传统性的。苏联解体、许多第三世界国家政权被颠覆的教训表明，传统领域的安全固然重要，以军事暴力为基础，进行文化战、舆论战攻心、夺心；利用非政府组织进行渗透瓦解，搞"颜色革命"；借助于非常规手段进行攻击，如在金融领域进行攻击是霸权主义和强权政治颠覆他国政权的常用战略战术。设立国家安全委员会，树立总体国家安全观，这是我国国家安全理念提升，国家安全维护能力提高的重要标志。这有利于有效应对国际竞争博弈形式的变化和复杂性，对国家安全利益进行跨部门维护，切实形成维护国家全面安全的整体协调机制，确保国家安全。

（三）坚持走和平发展道路，构建以合作共赢为核心的新型国际关系和国际新秩序，推动建设人类命运共同体

当前，由于霸权主义和强权政治的存在，不公正不合理的国际政治经济旧秩序依然存在。为了维护中国和广大发展中国家的根本利益，中国一直致力于建立一个和平稳定、公正合理的国际政治经济新秩序。党的十八大以

① 《习近平谈治国理政》第1卷，外文出版社2014年版，第200页。

② 《习近平谈治国理政》第1卷，外文出版社2014年版，第200—201页。

来，以习近平同志为核心的党中央立足正在发生深刻复杂变化的国际局势，对建立国际政治经济新秩序做出了新的战略构想。

首先，提出“命运共同体”的新理念团结和凝聚国际社会，营造和建设国际新秩序。当今世界多极化、经济全球化深入发展，全球合作向多层次全方位拓展，国家之间处于一种相互依存的状态。经济全球化促使人们对传统的国家利益观进行反思，人类社会是一个相互依存的共同体已经成为共识，一种以应对人类共同挑战为目的的全球价值观已开始形成。顺应并把握时代潮流，习近平总书记指出：“面对风云变幻的国际和地区形势，我们要把握世界大势，跟上时代潮流，共同营造对亚洲、对世界都更为有利的地区秩序，通过迈向亚洲命运共同体，推动建设人类命运共同体。”[①] 总之，“命运共同体”的关键特征是分享、合作、共赢、包容，一国在维护和追求本国安全和利益时要兼顾他国的利益，在谋求本国发展中要推动各国共同发展。“命运共同体”是中国新一届领导人为促进世界共同发展，为建立国际社会新秩序而提出的新理念，这有利于明确国际社会共同利益，凝聚共识，消弭分歧，促进和平、合作与发展。

其次，坚持走和平发展道路，以合作共赢为核心，构建新型国际关系和新的国际秩序。2014 年，习近平应德国科尔伯基金会邀请在柏林发表演讲，阐述了中国和平发展道路和独立自主的和平外交政策，指出：“中国早就向世界郑重宣示：中国坚定不移走和平发展道路，既通过维护世界和平发展自己，又通过自身发展维护世界和平。”[②] 中国宣示将坚定不移走和平发展道路，也真诚希望世界各国都走和平发展道路，进而建立新型国际关系和新的国际秩序。为了促进世界的和平与发展，习近平总书记继承中华民族优秀传统文

① 习近平：《迈向命运共同体，开创亚洲新未来——在博鳌亚洲论坛 2015 年年会上的主旨演讲》，《人民日报》2015 年 3 月 29 日。

② 《习近平谈治国理政》第 1 卷，外文出版社 2014 年版，第 265 页。

化和我国一贯倡导的和平共处五项原则，提出了要构建以合作共赢为核心的新型国际关系。只有建立以合作共赢为核心的新型国际关系，才能应对国际上各种风险和挑战，促进世界的和平发展。“面对国际形势的深刻变化和世界各国同舟共济的客观要求，各国应该共同推动建立以合作共赢为核心的新型国际关系，各国人民应该一起来维护世界和平、促进共同发展。”① “我们要坚持合作共赢，推动建立以合作共赢为核心的新型国际关系，坚持互利共赢的开放战略，把合作共赢理念体现到政治、经济、安全、文化等对外合作的方方面面。”②

最后，在坚持底线原则的前提下与世界各国建立新型伙伴关系，构筑全球伙伴关系网。2015 年，习近平在纽约联合国总部出席第七十届联合国大会一般性辩论并发表重要讲话，指出：“我们要在国际和区域层面建设全球伙伴关系，走出一条‘对话而不对抗，结伴而不结盟’的国与国交往新路。”③这就为改变传统国际关系中结盟或对抗的现象，为世界各国相互尊重、共同发展提供了建立伙伴关系的新思路。中国坚持在和平共处五项原则基础上全面发展同各国的友好合作。中国坚持改善和发展同发达国家关系，推动建立长期稳定健康发展的新型大国关系。2012 年，习近平在美国白宫同美国副总统拜登举行会谈时指出，在建设中美合作伙伴关系过程中也会不时遇到各种问题和挑战。双方应有充分信心、持久恒心，始终抓住共同利益这一主线，不要让这样那样的矛盾、分歧左右中美关系大局，要携手走出一条大国之间和谐相处、良性竞争、合作共赢的新型道路。④2013 年，习近平在同美国总统奥巴马共同会见记者时指出：“面对经济全球化迅速发展和各国同舟共济的客

① 《习近平谈治国理政》第 1 卷，外文出版社 2014 年版，第 273 页。
② 《习近平谈治国理政》第 2 卷，外文出版社 2017 年版，第 443 页。
③ 《习近平谈治国理政》第 2 卷，外文出版社 2017 年版，第 523 页。
④ 《习近平会见拜登　称中美和则两利斗则俱伤》，新华网 2012 年 2 月 15 日。

观需求，中美应该也可以走出一条不同于历史上大国冲突对抗的新路。双方同意，共同努力构建新型大国关系，相互尊重，合作共赢，造福两国人民和世界人民。国际社会也期待中美关系能够不断改善和发展。中美两国合作好了，就可以做世界稳定的压舱石、世界和平的助推器。”[①]

中国也一直坚持与邻为善、以邻为伴，努力使自身发展更好惠及周边国家。习近平指出：“我国周边外交的基本方针，就是坚持与邻为善、以邻为伴，坚持睦邻、安邻、富邻，突出体现亲、诚、惠、容的理念。”[②]中国与广大发展中国家不断加强团结合作，共同维护发展中国家正当权益，永远做发展中国家的可靠朋友和真诚伙伴。2013 年习近平在坦桑尼亚尼雷尔国际会议中心的演讲中指出：“在双方共同努力下，中非合作关系已经进入全面发展的快车道。双方成立了中非合作论坛，构建起新型战略伙伴关系，各领域合作取得显著成果。”[③]2013 年习近平在墨西哥参议院演讲中指出：“当前，中拉关系正处于快速发展的重要战略机遇期。我们应该登高望远、与时俱进，巩固传统友谊，加强全方位交往，提高合作水平，推动中拉平等互利、共同发展的全面合作伙伴关系实现新的更大发展。”[④]2014 年习近平在中阿合作论坛第六届部长级会议上指出：“实现民族振兴的共同使命和挑战，需要我们弘扬丝绸之路精神，为发展增动力，为合作添活力，不断深化全面合作、共同发展的中阿战略合作关系。”[⑤]中国在全面建设和发展各种伙伴关系的同时也坚持底线原则，强调决不能牺牲国家核心利益。习近平总书记强调：“我们要坚持走和平发展道路，但决不能放弃我们的正当利益，决不能牺牲国家核心

① 《习近平谈治国理政》第 1 卷，外文出版社 2014 年版，第 279 页。
② 《习近平谈治国理政》第 1 卷，外文出版社 2014 年版，第 297 页。
③ 《习近平谈治国理政》第 1 卷，外文出版社 2014 年版，第 304 页。
④ 《习近平谈治国理政》第 1 卷，外文出版社 2014 年版，第 311 页。
⑤ 《习近平谈治国理政》第 1 卷，外文出版社 2014 年版，第 314 页。

利益。任何外国不要指望我们会拿自己的核心利益做交易，不要指望我们会吞下损害我国主权、安全、发展利益的苦果。”[①] 对于什么是中国的核心利益，2011 年发表的《中国的和平发展》白皮书，界定出中国核心利益的范围。白皮书指出，中国的核心利益包括：国家主权，国家安全，领土完整，国家统一，中国宪法确立的国家政治制度和社会大局稳定，经济社会可持续发展的基本保障。至于中国与周边国家存在的领土、领海和海洋权益争端，中国一直致力于通过友好谈判，和平解决这些争端。

（四）坚持“走出去”战略，积极推进国际新经济机制的不断发展

国际经济机制是国际关系和国际秩序的基础。当前以全球性经济组织世界贸易组织、国际货币基金组织、世界银行集团和联合国下属的国际经济组织等为依托的国际经济秩序和国际经济协调机制，是国际金融垄断资本所推动建立的，由国际金融垄断资本主导，最有利于国际金融垄断资本的协调机制。发达国家通过打造以其为主导的国际经济协调体系影响和制约发展中国家的发展，世界上三大经济机构世界银行、国际货币基金组织和世界贸易组织及其运行规则是维持当代资本主义世界体系的经济制度安排。这是以美国为首的国际金融垄断资本建立起来的一套有利于自身的“游戏规则”，往往倾斜于发达国家。发展中国家在遵守以发达国家为主导制定的国际经济规则时，付出了巨大的代价。这种旧的国际不平等关系和国际政治经济旧秩序是极为不合理的，极大地影响着世界的和平与发展，也是国际金融危机以来世界经济持续低迷的主要原因。因此，中国作为一个负责任的发展中大国，一直积极参与国际事务，推动国际秩序和国际政治经济体系朝着公正合理的方向发展。

实施“走出去”战略，是党中央面向新世纪作出的重大决策，在新的形

---

① 《习近平谈治国理政》第 1 卷，外文出版社 2014 年版，第 249 页。

势下，实施“走出去”战略，是我国积极参与经济全球化的必然选择，“走出去”有利于促进中国经济与世界经济的双向融合，必将为我国经济社会协调发展提供新的强大动力，也必将促进世界和平发展，为世界经济的持续增长做出中国的巨大贡献。为加快实施“走出去”战略，2013 年习近平总书记在哈萨克斯坦纳扎尔巴耶夫大学发表重要演讲，首次提出了加强政策沟通、道路联通、贸易畅通、货币流通、民心相通，共同建设“丝绸之路经济带”的倡议；2013 年习近平总书记在印度尼西亚国会发表重要演讲时明确提出，中国致力于加强同东盟国家的互联互通建设，愿同东盟国家发展好海洋合作伙伴关系，共同建设“21 世纪海上丝绸之路”。以习近平同志为核心的党中央提出“一带一路”倡议，标志着中国正在大步实施“走出去”战略。这些构想和举措的提出与付诸实施，也意味着中国将不再仅仅是国际经济体系及规则的参与者，而正在努力成为国际体系、国际规则的建构者，这也体现了中国和世界同舟共济、共享发展成果的责任和担当。

在推进“一带一路”倡议中，中国向发展中国家和友好邻国提供力所能及的帮助，真心实意帮助发展中国家加快发展。中国不断增加对周边的投入，积极推进与周边国家互联互通，并探索搭建地区基础设施投融资平台。2014 年 7 月 15 日，金砖五国成立“金砖国家开发银行”，同时建立了“金砖国家应急储备安排”。另外，2014 年 10 月 24 日，中国、印度、哈萨克斯坦等 21 国在北京签约决定成立亚洲基础设施投资银行。2014 年 11 月 9 日，习近平总书记在 2014 年亚太经合组织（Asia-Pacific Economic Cooperation，简称 APEC）工商领导人峰会做主旨演讲时又宣布，中国出资 400 亿美元成立丝路基金，为“一带一路”沿线国基础设施建设、资源开发、产业合作等有关项目提供投融资支持。另外，人民币国际化进程也在明显加速。自 2008 年以来，中国人民银行已先后与许多国家（地区）的央行及货币当局签署了货币互换协议。2015 年 12 月 1 日凌晨国际货币基金组织正式决定将人民币纳入特别提款权（Special Drawing Right，简称SDR），人民币将成为SDR篮子中第五种货币。以交通基础设施为突破，以建设融资平台为抓手，金砖国家开发银行、亚洲基础设施投资银行、丝路基金等金融载体的建设，将打破互联互通的瓶颈。可以说，亚投行、金砖银行等新生多边金融机构的成立是对现有国际金融结构的重要补充，将积极促进国际金融机构的平衡发展。这将在国际金融结构中增强发展中国家的话语权，有利于全球治理的平衡发展。

“一带一路”一经提出就广泛获得世界积极回响。目前，包括中国在内的“一带一路”沿线国家中，已有近60个国家表态支持，同时也获得东盟、欧盟、阿盟等多个国际组织的支持。2015年，中俄签署丝绸之路经济带同欧亚经济联盟合作对接联合声明，组建对接协调工作机制，决定将上海合作组织作为推进这一目标的主要平台，有力促进了“一带一路”倡议在欧亚大陆的实施。中国和欧盟也决定对接“一带一路”和欧洲投资计划，商讨设立中欧共同投资基金，建立互联互通合作平台。中英探讨“一带一路”与英国基础设施升级改造计划和“英格兰北部经济中心”对接。中德建立“中国制造2025”同“德国工业4.0”对接协调机制。在东北亚，中韩决定推进四项发展战略对接，2015年6月1日，中韩两国政府正式签署中韩自由贸易协定。中蒙商定对接“丝绸之路”与“草原之路”。在东南亚，中国与印度尼西亚同意加快对接两国发展战略，中越加紧磋商“一带一路”和“两廊一圈”合作。在南亚，中印加强“一带一路”建设领域合作，中巴经济走廊路线图也进一步明晰。“一带一路”建设得到广泛认可、深入推进，体现出中国在全球经济治理中推进国际新经济机制建立的成果。这种新机制的显著特征就是在公正、平等的规则下实现互利共赢。中国主动参与规则制定，以积极作为促进国际体系向相对均衡方向发展，必将切实促进世界特别是南方国家的和平、稳定与发展。

参考文献

马克思主义经典著作：

《马克思恩格斯文集》1—10 卷，人民出版社 2009 年版。

《列宁专题文集》1—5 卷，人民出版社 2009 年版。

中文著作：

陈德成主编：《中东政治现代化》，社会科学文献出版社 2000 年版。

程恩富、余斌、马艳主编：《中级现代政治经济学》，上海财经大学出版社 2012 年版。

陈其人：《南北经济关系研究》，复旦大学出版社 1994 年版。

陈岳：《国际政治学概论》，中国人民大学出版社 2006 年版。

宋则行、樊亢主编：《世界经济史》中卷，经济科学出版社 1994 年版。

丰子义、杨学功：《马克思“世界历史”理论与全球化》，人民出版社 2002 年版。

高波编著：《发展经济学》，南京大学出版社 2017 年版。

高德步、王珏：《世界经济史》，中国人民大学出版社 2005 年版。

高放、李景治、蒲国良主编：《科学社会主义的理论与实践》，中国人民大学出版社 2003 年版。

顾兴斌：《主要资本主义国家政治制度概论》，江西人民出版社 2006 年版。

郭宝宏：《经济全球化与发展中国家的发展》，经济管理出版社 2003 年版。

郭寿玉：《资本主义南北经济关系新论——马克思主义中心外围论》，首都师范大学出版社 1993 年版。

贺文萍：《非洲国家民主化进程研究》，时事出版社 2005 年版。

何秉孟主编：《新自由主义评析》，社会科学文献出版社 2004 年版。

侯衍社：《马克思的社会发展理论及其当代价值》，中国社会科学出版社 2004 年版。

靳辉明、罗文东主编：《当代资本主义新论》，四川人民出版社 2005 年版。

江时学、李明德主编：《现代化：拉美和东亚的发展模式》，社会科学文献出版社 2000 年版。

李桂娥主编：《发展经济学》，武汉大学出版社 2013 年版。

李其庆主编、刘元琪副主编：《全球化与新自由主义》，广西师范大学出版社 2003 年版。

李文主编：《东南亚：政治变革与社会转型》，中国社会科学出版社 2006

年版。

李元书主编:《政治发展导论》,商务印书馆 2001 年版。

李湛军:《恐怖主义与国际治理》,中国经济出版社 2006 年版。

李琮:《当代资本主义阶段性发展与世界巨变》,社会科学文献出版社 2013 年版。

李琮主编:《当代资本主义论》,社会科学文献出版社 1993 年版。

李琮主编:《当代资本主义论》,社会科学文献出版社 2007 年版。

林娅主编:《全球化与社会发展理论研究》,北京大学出版社 2002 年版。

刘国平、范新宇:《国际垄断资本主义时代》,经济科学出版社 2004 年版。

刘祖云主编:《发展社会学》,高等教育出版社 2006 年版。

刘昀献:《国际垄断资本主义论》,河南人民出版社 2005 年版。

卢现祥:《西方新制度经济学》,中国发展出版社 2003 年版。

罗荣渠:《现代化新论:世界与中国的现代化进程》,商务印书馆 2004 年版。

马也:《历史是谁的朋友》,中央民族大学出版社 2003 年版。

穆怀中:《发展中国家社会保障制度的建立和完善》,人民出版社 2008 年版。

宁骚:《民族与国家——民族关系与民族政策的国际比较》,北京大学出版社 1995 年版。

世界银行:《2007 年全球经济展望》,中国财政经济出版社 2007 年版。

世界银行:《2008 年世界发展报告》,清华大学出版社 2008 年版。

施雪华:《政治现代化比较研究》,武汉大学出版社 2006 年版。

苏振兴:《拉丁美洲的经济发展》,经济管理出版社 2000 年版。

苏振兴主编:《拉美国家现代化进程研究》,社会科学文献出版社 2006

年版。

宋惠昌等:《政治哲学》，中共中央党校出版社 2003 年版。

谈世中、王耀媛、江时学等编:《经济全球化与发展中国家》，社会科学文献出版社 2002 年版。

谈世中主编:《历史拐点：21 世纪第三世界的地位和作用》，中国经济出版社 2004 年版。

王惠岩主编、韩冬雪副主编:《政治学原理》，高等教育出版社 1999 年版。

王金存:《帝国主义历史的终结》，社会科学文献出版社 2008 年版。

王乐理:《政治文化导论》，中国人民大学出版社 2000 年版。

王正毅:《世界体系论与中国》，商务印书馆 2000 年版。

王正毅、张岩贵:《国际政治经济学——理论范式与现实经验研究》，商务印书馆 2003 年版。

卫建林:《新自由主义全球化别名考》，中央民族大学出版社 2007 年版。

卫建林:《全球化与第三世界》1—3 卷，清华大学出版社 2009 年版。

许宝强、渠敬东选编:《反市场的资本主义》，中央编译出版社 2001 年版。

徐崇温:《当代资本主义新变化》，重庆出版社 2005 年版。

徐世澄:《拉丁美洲政治》，中国社会科学出版社 2006 年版。

徐晓明:《全球化压力下的国家主权》，华东师范大学出版社 2007 年版。

严书翰、胡振良:《当代资本主义研究》，中共中央党校出版社 2004 年版。

杨永华:《发展经济学流派研究》，人民出版社 2007 年版。

杨龙等:《发展政治学》，高等教育出版社 2006 年版。

姚开建主编:《经济学说史》，中国人民大学出版社 2003 年版。

俞新天：《机会与限制——发展中国家现代化的条件比较》，上海社会科学院出版社 1998 年版。

臧秀玲：《当代资本主义新发展问题研究》，山东大学出版社 2004 年版。

张登文：《经济全球化与后发资本主义国家》，人民出版社 2007 年版。

张宏明：《多维视野中的非洲政治发展》，社会科学文献出版社 1999 年版。

张雷声：《寻求独立、平等与发展——发展中国家社会经济发展理论研究》，中国人民大学出版社 1998 年版。

张小劲、景跃进：《比较政治学导论》，中国人民大学出版社 2001 年版。

张云飞：《跨越“峡谷”——马克思晚年思想与当代社会发展理论》，人民出版社 2001 年版。

张蕴岭主编：《亚洲现代化透视》，社会科学文献出版社 2007 年版。

赵虎吉：《比较政治学：后发展国家视角》，中山大学出版社 2002 年版。

周一良、吴于廑主编：《世界通史（近代部分）》上册，人民出版社 1972 年版。

朱天飚：《比较政治经济学》，北京大学出版社 2006 年版。

外国学术著作中译本：

［埃及］萨米尔·阿明：《不平等的发展》，高铦译，商务印书馆 1990 年版。

［埃及］萨米尔·阿明：《世界规模的积累——欠发达理论批判》，杨明柱等译，社会科学文献出版社 2008 年版。

［埃及］萨米尔·阿明：《多极世界与第五国际》，沈雁南、彭姝祎译，社会科学文献出版社 2014 年版。

［巴西］特奥托尼奥·多斯桑托斯：《帝国主义与依附》，杨衍永等译，社会科学文献出版社 1999 年版。

［巴西］特奥托尼奥·多斯桑托斯：《新自由主义的兴衰》，郝名玮译，社

会科学文献出版社 2012 年版。

［法］热拉尔·迪梅尼尔、多米尼克·莱维：《新自由主义的危机》，魏怡译，商务印书馆 2015 年版。

［古巴］菲德尔·卡斯特罗：《全球化与现代资本主义》，王玫等译，社会科学文献出版社 2000 年版。

［加拿大］罗伯特·奥布莱恩、［澳大利亚］马克·威廉姆斯：《国际政治经济学》，张发林译，中国人民大学出版社 2016 年版。

［美］保罗·巴兰：《增长的政治经济学》，蔡中兴、杨宇光译，商务印书馆 2000 年版。

［美］德怀特·H. 波金斯、斯蒂芬·拉德勒、戴维·L. 林道尔：《发展经济学》，彭刚等译，中国人民大学出版社 2013 年版。

［美］威廉·I. 罗宾逊：《全球资本主义论——跨国世界中的生产、阶级与国家》，高明秀译，社会科学文献出版社 2009 年版。

［美］罗伯特·布伦纳：《全球动荡的经济学》，郑吉伟译，中国人民大学出版社 2012 年版。

［美］罗伯特·吉尔平：《国际关系政治经济学》，杨宇光等译，上海人民出版社 2006 年版。

［美］禹贞恩：《发展型国家》，曹海军译，吉林出版集团 2008 年版。

［美］丹尼尔·辛格：《谁的千年——他们的还是我们的》，曹荣湘等译，中国人民大学出版社 2002 年版。

［美］莱斯特·R. 布朗：《B 模式 2.0：拯救地球　延续文明》，林自新、暴永宁译，东方出版社 2006 年版。

［美］罗纳德·奇尔科特、江时学主编：《替代拉美的新自由主义——拉美透视专辑》，江心学译，社会科学文献出版社 2004 年版。

［美］加布里埃尔·A. 阿尔蒙德、西德尼·维巴：《公民文化：五国的政治

态度和民主》，马殿君等译，浙江人民出版社 1989 年版。

［美］热若尔·罗兰：《发展经济学》，金志农译，中国人民大学出版社 2016 年版。

［美］斯塔夫里亚诺斯：《全球分裂——第三世界的历史进程》上、下册，迟越、王红生等译，商务印书馆 1993 年版。

［美］托达罗：《第三世界的经济发展》，于同申、苏蓉生等译，中国人民大学出版社 1991 年版。

［日］秋山裕：《发展经济学导论》，刘通译，中国人民大学出版社 2014 年版。

［瑞典］冈纳·缪尔达尔：《世界贫困的挑战——世界反贫困大纲》，顾朝阳等译，北京经济学院出版社 1991 年版。

［瑞典］冈纳·缪尔达尔：《亚洲的戏剧——对一些国家贫困问题的研究》，谭力文、张卫东译，北京经济学院出版社 1992 年版。

［苏］尼古拉·布哈林：《世界经济和帝国主义》，蒯兆德译，中国社会科学出版社 1983 年版。

［意］乔万尼·阿里吉：《亚当·斯密在北京——21 世纪的谱系》，路爱国等译，社会科学文献出版社 2009 年版。

［英］保罗·科利尔：《最底层的 10 亿人》，王涛译，中信出版社 2008 年版。

［英］保罗·哈里森：《第三世界——苦难·曲折·希望》，钟菲译，新华出版社 1984 年版。

［英］苏珊·斯特兰奇：《赌场资本主义》，李红梅译，社会科学文献出版社 2000 年版。

［英］A.P. 瑟尔沃：《发展经济学》，郭熙保、崔文俊译，中国人民大学出版社 2015 年版。

英文文献：

Berberoglu, Berch, *Class and Class Conflict in the Age of Globalization*, Maryland: Lexington Books, 2008.

Bloom, Peter, *Authoritarian Capitalism in the Age of Globalization*, UK: Edward Elgar Publishing, 2016.

Bottero, Wendy, *Stratification: Social Division and Inequality*, New York: Routledge, 2005.

Choonara, Joseph, "The political economy of a long depression," *International Socialism*, Issue 158, April 2018.

Cramme, Olaf & Diamond, Patrick, ed., *Social Justice in a Global Age*, Cambridge: Polity, 2009.

Ebenau, M., Bruff I. & May, C., ed., *New Directions in Comparative Capitalisms Research*, New York: Palgrave Macmillan, 2015.

Foster, John Bellamy, "What Is Monopoly Capital?" *Monthly Review*, Vol.69, Issue 8, January 2018.

Harvey, David, *The Enigma of Capital and the Crises of Capitalism*, New York: Oxford University Press, 2010.

Humphrey, L. Egaire, ed., *Neo-Capitalism: Capitalism, World War II, Left-wingpolitics, Ernest Mandel, Marxism*, Claud Press, 2012.

Sprague, Jeb, ed., *Globalization and Transnational Capitalism in Asia and Oceania*, New York: Routledge, 2018.

Upchurch, Martin, "Is globalisation finished?" *International Socialism*, Issue 157, January 2018.

后　记

笔者在中国人民大学马克思主义学院读博士时的研究方向是全球化与第三世界，师从中共中央政策研究室原副主任卫建林老师。从那时起，笔者就积累了不少关于落后国家如何发展的资料。到中国社会科学院马克思主义研究院工作以来，我也参与了创新工程的一些相关重大项目，因此，便确定了这个选题。对国外学者特别是国外左翼学者关于南北差距问题、落后国家发展问题的思想进行研究，意义重大。国外学者对南北差距、落后国家的发展问题研究，从总体上看是跨学科研究，研究视野是较为广泛的，特别是许多国外马克思主义学者和左翼学者对落后国家发展的研究是较为深入的。中国近年来推进“一带一路”建设，倡导构建人类命运共同体，这是促进世界和平与发展的创新之举。世界上很多国家的左翼思潮和运动有着较大的影响，在与世界各国、各地区共商共建共享人类命运共同体的过程中，了解这些国家的国情、了解社会各界特别是左翼人士关于发展问题的理论、政策和主张，促进思想文化的交流，共同探讨一些全球和地区性问题，赢得共识，是很有必要的。

本书的写作与出版也是为了纪念和感谢卫建林老师。卫老师已于 2016 年病逝。这么多年来，我因为工作等问题生活一直不稳定，尤其博士毕业后又离开北京回原单位工作，因此，虽然在卫老师指导下，围绕全球化与第三世界、第三世界发展理论等方面进行了学习，但总感到向老师求教太少。几年前，我从军队转业到中国社会科学院，稍稍安定下来，本以为可以常向老师请教了，但卫老师却患病去世了，有太多遗憾无法弥补。谨以此书，以作怀念；教导之恩，永志不忘。卫建林老师大学时就读的是中文专业，但涉猎广泛，他告诉我们，在大学时他就系统深入扎实地学习了马克思、恩格斯、列宁等革命导师的经典著作，这为他之后在文艺、哲学、史学、政治经济学、国际关系学和第三世界发展研究等方面取得重大成果打下了深厚的理论基础。为了研究第三世界发展问题，他在退休之际又阅读了大量发展经济学的著作。这种学习钻研精神足令我们这些弟子、晚辈汗颜，也以身示范激励我们在理论研究的道路上求索攀登。卫建林老师知识渊博、涉猎广泛、学贯中西，是研究马克思主义的理论大家、“全球化与第三世界”课题首席专家。他博采众长，对第三世界问题有很深研究。现代北方国家的发展理论存在着固有局限和不可避免的内在弊端，历史呼唤新的发展学——第三世界发展学。卫建林老师以马克思主义理论工作者的高度责任感和学术敏锐性，关注到了这个问题，并转向这方面的研究。卫老师指出，这是植根于第三世界人民历史创造实践基础上的、推动第三世界全面进步的、作为第三世界人民解放事业理论的发展学，是在自己实践中检验、鉴别、吸收、改造、丰富全部人类文明成果，进行新的创造的发展学。

卫建林老师坚持马克思主义的立场、观点和方法来开展第三世界发展研究，他坚持三个世界划分的理论，坚持使用第三世界的概念，积极探索第三世界人民自己的发展理论。对于第三世界的发展，卫建林老师指出，这是世界资本主义秩序中的发展，是打破这种秩序的发展，是争取自己民族独立、国家主权的发展，又是结束自己作为第三世界存在的发展。世界的发展首先应该是第三世界人民的发展，这只能是人民参与的、为实现人民权益的发展，是解放人民历史创造精神和释放人民社会能量的发展，是人民从历史运动客体向主体转化的发展，是人民权利、物质力量、道义力量相统一的发展。这是第三世界发展的决定性前提。卫建林老师还指出了第三世界发展学的基本理论框架和一系列支持这个框架的基本的理论观点。卫建林老师笔耕不辍，即使在生命的最后阶段，依然坚持学习、思考和写作，留下了数百万字的文章和著作。代表作有《曹雪芹论》《明代宦官政治》《历史没有句号》《全球化与共产党》《全球化与第三世界》《卫建林文集》等20余部。卫建林老师在退休之后，已经著作等身的情况下，本应该颐养天年，却永不停息，始终奋斗在理论研究第一线，关注一些重大理论和现实问题，提出一些重要理论思想，批判一些错误思潮和思想，为党、国家和人民利益鼓与呼。卫建林老师一向旗帜鲜明、立场坚定，始终是共产主义理想的坚定信仰者，人民利益的勇敢捍卫者，与损害人民利益的错误思潮进行毫不妥协的斗争。我们这些学生们将永远怀念他，将继承他的遗志，继续投身到马克思主义理论和第三世界发展研究的事业中。

多年来，我一直在外工作求学，有时甚至一两年未能回家，不能孝敬父母，未尽到为人子之责任，使我愧疚万分。我的父亲已于2015年病逝，这本书的出版也是为了纪念父亲，告慰父亲的在天之灵。为完成该书，我做出了自己的努力，但因为各种原因，主要是囿于自己的水平，还有诸多不尽如人意的地方：有些想法还没有展开，有些问题还有待深入，有些数据材料还需要进一步挖掘，书中也会有不妥之处，在此衷心希望专家学者不吝赐教。谨此为记。

周　森

2019年12月于北京寓所